리질리언스

다시 일어서는 힘

리질리언스
다시 일어서는 힘

초판　1쇄 발행 2018년　6월 11일
개정판 1쇄 발행 2020년 12월 24일

지은이 ┃ 천경호

발행인 ┃ 최윤서
편집장 ┃ 허병민
디자인 ┃ 김수경
펴낸 곳 ┃ 교육과실천
도서문의 ┃ 02-2264-7775
인쇄 ┃ 031-945-6554 두성 P&L
일원화 구입처 ┃ 031-407-6368 ㈜태양서적
등록 ┃ 2018년 4월 2일 제2018-000040호
주소 ┃ 서울특별시 중구 창경궁로 18-1 동림비즈센터 505호
ISBN 979-11-90113-10-6 (13370)

※ 이 책은 <리질리언스>의 개정판입니다.

아이의 회복탄력성을 어떻게 키울 것인가?

리질리언스
다시 일어서는 힘

천경호 지음

우리 삶의 마지막 목적이 행복이라는 것은 누구나 동의한다. 그런데 이상하게도 많은 사람이 막상 행복해지기 위한 노력을 하지 않는다. 그리고 행복을 어떤 마음의 상태가 아니라 외적인 조건에서 찾는다. 그런 조건들을 갖추면 저절로 행복해지는 줄 안다. 학생들은 행복해지는 법을 배우는 대신 그런 외적인 조건을 갖추는 법을 배우느라 시간의 대부분을 쓴다. 그러나 막상 그런 조건을 다 갖추었을 때 찾아오는 것은 행복이 아니라 결핍과 더 큰 욕망이다. 행복은 행복해지는 법을 배우고 익히고 능동적으로 만들어가는 것이지, 어떤 외적 조건을 갖추면 저절로 따라오는 것이 아니다. 여기 평생을 행복이라는 주제로 연구한 교사 연구자의 행복 교육학이 있다. 부모와 자녀가 함께 배우고 익혔으면 한다. 행복해지는 길을.

_ 권재원, 『학교라는 괴물』 저자, 실천교육교사모임 고문

"교육이 뭐예요?" 『학교라는 괴물』 북 콘서트에서 처음 만났을 때, 천경호 선생님이 던진 질문이었다. 그날 이후로 인연을 이어가며 선생님의 그 물음을 책으로 풀어주기를 부탁드렸는데, 2년이 지나서야 그 이야기들을 한 권의 책으로 묶어냈다. 책 쓰기가 힘들다고 할 때면 "희대의 역작 말고 당대의 용작을 쓰라"며 농담을 했었는데, 이 둘을 한꺼번에 다 쓰느라 그렇게 고민이 깊었나 보다. 긍정심리학을 바탕으로 교사와 부모의 삶을 돌아보며 교육이라는 두 글자에 다시 가슴이 뛰게 한다.

_ 정성식, 『교육과정에 돌직구를 던져라』 저자, 실천교육교사모임 회장

리질리언스(회복탄력성)와 가장 유사한 용어는 항상성(恒常性, homeostasis)이다. 추우면 몸을 떨고, 더우면 땀을 흘리는 몸의 항상성과 같이 리질리언스도 정신, 정서

적 갈등과 상처의 회복이란 의미를 지니고 있다. 그러나 저자는 리질리언스는 회복의 의미를 넘어 성장의 기회로 삼아야 한다는 것에 방점을 찍는다. 초등학교 교실에서 벌어지는 정서적 상처와 회복 그리고 성장의 의미를 일목요연하게 잘 풀어놓은 의미 있는 책이다.

_ 차승민, 『교사, 여행에서 나를 찾다』 저자, 실천교육교사모임 부회장

천경호 선생님을 알게 된 후 늘 떠올리는 질문이 있다. '그걸 위해 어떤 실천을 하고 계시는가요?' 자존감이, 긍정적 감정이 중요하다는 것은 알지만, 그렇지 못한 아이들로 안타까워만 하고 있을 때 이 질문은 따끔했다. 『리질리언스 다시 일어서는 힘』은 이 질문에 대한 천경호 선생님의 대답 같은 책이다. 책에서 인용하고 있는 많은 연구 결과가 교실 속 아이들을 이해할 수 있는 지적 토대를 마련해준다면, 뒤따르는 천경호 선생님의 '실천' 이야기는 뭉클하게 가슴으로 들어온다. '아이들이 어떤 좌절에도 다시 일어설 힘을 얻도록 도와주는 일이 바로 교육이다.' 책을 읽고 가장 기억에 남는 문장이다. 머리와 가슴을 모두 울리는 이 책이 '교사들이 어떤 좌절에도 다시 일어설 힘을 얻도록 도와주는' 책이 되면 좋겠다.

_ 최은주, 서울 송화초등학교 교사

교직 생활 중 가장 힘든 점은 '쉽게 지치고, 화내는 모습을 스스로 알아차리는 것'이다. 더 이상 좋은 교사가 되지 못할 것이라는 불안감이 엄습하기 때문이다. 『리질리언스 다시 일어서는 힘』은 그 회복이 더딤을 이해하고 과학적 검증으로 무장한 책이다. 내가 나쁜 교사여서 그런 것이 아니란다. 모두에게 그럴만한 원인이 있다고 말한다. 그리고 원인이 무엇인지 알게 되었으니 극복도 가능하다고

말한다. 당신이 했던 모든 일에 의미가 있다고 안심시켜주고, 더 나은 방법을 제시한다. 현장은 언제나 내 편이 아니다. 그러므로 지금보다 더 나은 방식으로 생각하고 실천하는 것이 중요하다. 이 책은 그 생각과 실천의 훌륭한 조언자가 될 것이다.

_ 김연민, 인천당산초등학교 교사

3월 초, 아이들을 처음 만날 때, 아이들이 일 년 동안 꼭 경험했으면 하는 것들이 있다. 크지 않더라도 기쁨을 맛볼 수 있는 작은 성공 경험, 서로 상처 주지 않는 대화법, 아이들끼리의 갈등을 해결하는 방법 등. 아이들에게 알려줬으면 하는 간절한 마음이 가닿을 땐 아이들의 말과 행동에 변화가 나타난다. 이 책은 아이들에게 믿음을 바탕으로 한 관계를 가르쳐주기 위한 쉽고 구체적인 방법을 제시한다. 소중한 아이들을 위해 관계의 회복을 희망하지만, 방향을 찾지 못했거나 자신의 교육 방법에 확신을 얻고 싶다면 이 책을 손에 들기 바란다.

_ 박소리, 대전대양초등학교 교사

내가 꿈꿔온 교사상이 담긴 책이다. "어떤 교사가 되고 싶니?"라는 질문에 "학생들과 소통하며 더 좋은 영향력을 줄 수 있는 교사가 되고 싶다"라고 대답한다. 생각해보면 어떻게 소통을 하고, 좋은 영향력을 줄 수 있을지 막연하기만 했다. 이 책을 통해 답을 찾았다. 심리학적 측면에서 학생들을 이해하고, 교사의 역할을 생각하며 교사상을 뚜렷하게 할 수 있었다. 그리고 지금 내가 가진 꿈을 이루기 위해 노력할 수 있도록 하는 시간이 되었다.

_ 최진현, 2005년 부천 창영초등학교 제자

대한민국의 교육열은 엄청나다. 자기 자녀가 소위 말하는 '꽃길'만 걷는 삶을 살게 해주고 싶기 때문이다. 그러나 한 번도 넘어지지 않고 다치지 않을 수 있는 인생은 없다. 이 책은 아이들에게 내재되어 있는 '다시 일어서는 힘'에 대해 이야기한다. 인간은 실패를 통해 인내를 배우고 인내를 통해 비로소 건강하게 성장한다. 교사로서 그 성장의 과정을 모든 학생이 누릴 수 있게 해주고픈 저자의 간절한 바람이 책을 읽는 내내 깊게 와 닿는다.

_ 임자헌, 『銘, 사물에 새긴 선비의 마음』 저자

최근 학교에서 일어난 안타까운 사건들을 다룬 기사들을 보면, 일방적으로 학교나 교사들의 잘못으로 단정한다. 그런 이야기를 접한 학부모는 행여나 내 아이가 겪게 되면 어쩌나 걱정하게 되고 교사를 신뢰의 대상으로 보기보다는 불신과 경계의 대상으로 보게 되는 것 같다. 아이들의 교육에 있어서 교사와 학부모의 신뢰 관계가 굉장히 중요함에도 불구하고 어쩌다 이렇게 되었나 싶다. 이 책은 학부모가 학교와 교사들을 이해하는 데 많은 도움이 될 것 같다. 교육은 오롯이 학교와 교사의 책임 아니라 사회, 가정에서 함께 공동의 노력이 필요하다는 점에서 고개를 끄덕이게 한다.

_ 이나래, 워킹맘이자 학부모

넘어져도 끝이 아니다

초등학교 3학년 때였다. 선생님은 밖으로 나가시고, 우리끼리 교실 청소를 하고 있었다. 나는 복도를 맡아서 빗자루로 열심히 쓸었다. 어느 정도 시간이 흘렀는데도 선생님이 오시지 않자, 친구들은 하나둘 집으로 갔다. 복도 청소를 마무리할 즈음 선생님이 내 등 뒤에서 한마디 하시고는 다시 나가셨다.

"경호는 선생님이 없어도 열심히 하는구나."

청소를 마치고 집으로 돌아오는 내내 내 머릿속에는 선생님의 목소리가 메아리쳤다.

'선생님이 없어도 열심히 하는구나. 선생님이 없어도… 선생님이 없어도…'

선생님의 그 말씀이 늘 나에게 격려가 되었고, 나는 결국 꿈꾸던 교사가 되었다. 선생님의 격려는 리질리언스(Resilience)의 3가지 원천 중 하나인 사회적 요인이 되었다. 이렇게 교사가 전하는 따뜻한 한 마디가 학생을 키웠다.

공립학교 교사들은 5년마다 학교를 옮기는데, 그때마다 학구가 좋은 곳으로 가고 싶어 한다. 교통이 좋거나 학부모의 사회경제적 지위(SocioEconomic Status)가 안정적인 곳을 선호한다. 왜 교사들은 학구가 좋은 지역으로 옮기고 싶어 할까? 그 이유는 학구가 좋은 지역의 아이들은 공부할 준비가 되어 있을 가능성이 크기 때문이다.

왜 좋은 학구의 아이들이 공부할 준비가 되어 있는 것일까? 사회경제적 지위가 안정된 가정일수록 부모와 자녀가 함께 보내는 시간의 양이 많은 편이다. 이는 가정교육이 잘 이루어질 수 있는 환경이라는 것을 의미한다. 또한, 부모의 안정적인 사회경제적 지위는 아이에게 다양한 경험을 제공해줄 수 있는데, 그런 경험이 아이의 지적, 정서적 발달에 자극을 줄 수 있다. 가족과 여행을 자주 다니고, 함께 이야기를 나누는 과정에서 생각과 느낌을 주고받는 상호작용이 활발히 일어날 가능성이 크기 때문이다. 이런 아이일수록 정서가 안정되어 있다. 다시 말해, 이런 아이는 학교에서 공부할 준비가 되어 있을 가능성이 크다는 것이다.

내가 처음 초등교사가 되어 만난 2002년의 아이들과 지금의 아이들은 얼마나 달라졌을까? 당시 아이들은 대부분 휴대폰이 없었다. 지금은 1학년 아이들(심지어 유치원 등의 취학 전 아이)도 대부분 휴대폰이 있다. 이뿐만이 아니다. 많은 아이가 가정에서 시설 좋은 물놀이장이나 스키장에 다녀온 경험이 있다. 그래서 청소년 단체들이 방학 때 운영하는 물놀이 캠프나 스키캠프에 대한 수요가 과거에 비해 크게 줄었다.

그런데 과거에 비해 아이들 가정의 경제 수준은 높아졌지만, 아이들의 정신 수준은 오히려 퇴보하고 있는 듯하다. 많은 교사가 아이들 생활지도를 어려워하고, 이에 대응하여 다양한 상담 및 생활지도 서적과 연수로 자신들이 겪는 어려움을 해소하려 애쓰고 있다. 정말 아이들의 정신 발달은 퇴보하고 있는 것일까?

런던대학의 샤이어와 아데이(M. Shayer & P. Adey, 2006)는 영국의 초등학생과 10대 청소년을 대상으로 인지능력에 관한 연구 결과를 발표했다. 2006년 아이들이 7년 전인 1999년 아이들과 견주어 인지능력이 낮고, 15년이나 20년 전 아이들 대부분이 풀었던 문제를 반도 풀지 못한다는 것이다. 인지능력의 저하는 전 연령대에 걸쳐서 일관되게 나타났다. 샤이어와 아데이는 그 원인으로 다음 5가지를 이야기했다.

- 정크 푸드(건강에 해로운 것으로 알려진 음식이나 패스트푸드)
- 지나치게 경쟁적인 학교
- TV
- 인터넷 게임
- 작은 어른을 만들어내는 마케팅

그렇다. 우리 아이들도 정크 푸드를 가까이하고 있으며, 학업 성적만을 우선시하는 경쟁적인 학교생활을 하고 있다. 친구와 어울리거나 친척과 교류하는 것보다 학원 가는 것이 더 중요해서 사회관계는 점점 줄어들고 있으며, TV를 보거나 게임을 하면서 주로 여가 생활을 소비하고, 술과 담배 그리고 화장으로 어른의 흉내를 내고 있다. 이와 같은 현실을 샤이어와 아데이의 연구에 비추어 생각해보면, 가르치는 일이 점점 힘들어지는 이유를 충분히 알 수 있다.

사실이다. '학원에 가느라 혼자 밥 먹는 아이들'(2017.02.07. 조선일보)이란 기사는 아이들의 삶을 상징적으로 보여주고 있다. 아이들이 먹는 식사는 주로 라면이나 햄버거 혹은 도시락 세트였다.

아이들 뒤에는 성적과 인성을 정비례 관계로 바라보는 어른들의 왜곡된 교육관과 더불어 줄어드는 가계소득과 늘어나는 가계지출 때문에 야근과 주말 근무를 끼고 사는 부모가 늘어나는 현실이 견고하게 버티고 있다.

아이들도 성적과 인성을 정비례 관계로 보는 부모의 생각을 따라간다. 아이들도 성적이 좋은 아이가 인성도 좋은 아이라고 여긴다. 성적이 낮으면 인생에서 실패한다고 어른들은 함부로 말한다. 어른들에게 높은 성적은 대학교육이라는 양질의 교육을 받을 수 있는 일종의 자격증 같은 것이 되었다. 따라서 성적이 낮다는 것은 양질의 교육을 받을 자격증을 잃는 것이고, 더 나은 삶을 사는 데 필요한 자격증을 얻지 못하는 것과 같다. 그래서 아이들은 부모들이 걱정하는 것처럼 자신이 실패할까 봐 두려워한다. 한 번 넘어지면 다시는 일어서지 못할 것이라고 느끼기 때문이다.

사실 '넘어지면 끝'이라고 여기는 건 아이들이 아니라 어른들이다. 어른들이 자기충족적 예언(self-fulfilling prophecy)에 따라 각자 자기 인생이란 우물 안에서의 경험이 가진 편향성을 알아차리지 못한 채 아이들의 미래도 그러하리라고 예언을 해버린다. 하지만 인생은 그리 단순하지 않다. 삶에 영향을 끼치는 요인은 셀 수 없이 많고, 어릴 적 어려운 환경에서 자란 아이들이 반드시 사회적 부적응자가 되는 것은 아니며, 오히려 따뜻하고 화목한 가정에서 자란 아이보다 훌륭하게 성장하기도 한다.

　이 책은 이와 같은 어른들의 잘못된 예언을 거부하기 위해서 썼다. 아이들의 실수나 실패가 오히려 성장과 행복의 밑거름이라고, 실수나 실패를 두려워하지 않고 다시 일어서는 삶을 살도록 도와주는 것이 교육이라고, 실패한 아이도 실패한 어른도 다시 일어설 기회를 주는 것이 우리가 사회를 이루고 사는 이유라고 말하고 싶었다. 오롯이 '아이들이 다시 일어설 수 있도록 도와주기 위해 어떤 도움을 주어야 할까?' 라는 관점에서 썼다.

　나는 쓰러져도 다시 일어설 수 있는 사회를 꿈꾼다. 아이들이 다시 일어서도록 돕기 위해 교사와 부모 그리고 사회는 무엇을, 어떻게 해야 하는지 함께 이야기하고 노력하는 사회를 꿈꾼다. 이 책을 읽어 주시는 모든 분이 그 꿈에 함께해주기를 바라는 마음으로 이 책을 썼다.

이 책에서 소개하는 리질리언스(Resilience)는 흔히 회복탄력성, 혹은 탄력성이라고도 부른다. 많은 이가 사용하는 회복탄력성이라는 말 대신 리질리언스라는 표현을 고집한 이유가 있다.

나는 현재 용문상담심리대학원 긍정심리 박사과정 학생이다. 내가 긍정심리에 관심을 두게 된 이유는 바로 연세대학교 언론정보학과 김주환 교수의 『회복탄력성』이라는 책 때문이었다. 교육의 목적은 아이들의 행복에 있고, 행복이란 자기 삶의 역경이나 시련으로부터 다시 일어서는 힘, 즉 리질리언스에 의해 결정된다고 생각했기 때문이다. 그러나 『회복탄력성』을 읽는 내내 답답한 점이 두 가지 있었다.

첫째로 리질리언스는 누구나 갖고 있으며 어디에서나 볼 수 있기에 40여·년간 아동청소년의 리질리언스에 대한 연구를 해온 매스텐(2001)은 '일상의 마술'(Ordinary Magic)이라고 불렀다. 하지만 『회복탄력성』이란 책에는 그것을 어떻게 키워 주어야 하는지에 대한 설명이 모호했다. '누구든 지지해주는 한 사람만 있으면 된다' 라는 주장이 현실에 부딪치면 회의적인 문장으로 변해 버렸기 때문이다. 둘째로 '회복탄력성' 이라는 용어의 한계가 불편했다. 회복탄력성이라는 말에는 회복만 있고, 성장이 없다. 회복의 사전적 의미 역시 '원래의 상태로 돌아옴' 이다. 과연 리질리언스가 원래의 상태로 돌아옴만을 말하는 것인가?

긍정심리 박사과정 지도교수인 이정미 교수님의 강의에서도 같은 고민을 들을 수 있었다. 리질리언스는 회복뿐만 아니라 성장의 의미도 있다는 것이다. 그래서 많은 학자가 상실과 역경을 통한 성장[*], 외상 후 성장[**], 역경 후 성장[***]이라는 말을 썼는지 모른다.

불교에도 난즉공덕(難卽功德)이라는 말이 있다. 어려움이 자기 성장의 기회라는 뜻이다. 즉, 역경이나 시련이 오는 것을 두려워하지 않고 오히려 성장의 밑거름으로 삼을 수 있는 힘을 긍정심리에서는 리질리언스라고 말한다.

교육의 목적은 인간의 행복이다. 그런데 인간의 행복은 역경이나 시련이 없는 상태를 가리키지 않는다. 오히려 역경이나 시련을 극복할 수 있는 힘을 가진 상태가 행복이 아닐까 생각한다.

그래서 리질리언스로 학교를 바라보는 관점을 이야기한다. 어떻게 하면 아이들이 자신에게 주어진 역경을 성장의 밑거름으로 삼도록 도울 수 있는가? 아이들 개인이 갖추어야 할, 교육을 통해 길러져야 할 능력인 리질리언스를 키워주기 위해 가정과 사회는 어떤 노력을 기울여야 하는지를 이야기한다.

---

[*]   Growth Through Loss and Adversity: GTLA-Fazio, R.J., Rashid, T., Hayward, H., 2008
[**]   Post-Traumatic Growth: Tedeshi, R.G., & Calhoun, L.G., 2004
[***]   Adversarial Growth: Linley & Joseph, 2004

차 례

시작하며. 넘어져도 끝이 아니다 008
이 책을 읽기 전에 013

1장. 행복은 지지 않는 것이다

왜 리질리언스인가? 021 • 개인의 노력만으로는 이겨낼 수 없다 029 •
역경과 시련을 대하는 성인들의 태도 039 • 역경을 명곡으로 승화시킨
베토벤 046 • 시련을 삶의 의미로 바꾼 이승복 교수 050 • 리질리언스
는 누구에게나 있다 055 • 사랑받는 사람에서 사랑하는 사람으로 061

2장. 지지 않는 힘을 기르는 요인 1 _개인 요인

인지적 자기조절
꽃과 쓰레기, 도덕과 톨스토이 069 • 조기교육이 아이의 건강한 발달을
가로막는다 079 • 무기력은 아이만의 책임이 아니다 086 • 아이들이
겪는 일상의 트라우마 092 • 인지적 자기조절은 배우는 힘을 길러준다
101 • 교실에서 인지적 자기조절을 높이는 방법 105

정서적 자기조절

정서 안정이 주의집중력을 키운다 121 · 잘 자는 아이가 건강하다 127
· 스트레스 해소법과 정서적 자기조절 134 · 급식지도와 정서적 자기조
절 140 · 빛과 소리 그리고 정서적 자기조절 145 · 정적정서의 확장 구
축 이론과 정서적 자기조절 150 · 자기결정이론과 정서적 자기조절 156
· 교실에서 정서적 자기조절을 높이는 방법 161

3장. 지지 않는 힘을 기르는 요인 2 _ 가족 요인

아빠는 외롭지 않아야 한다 169 · 엄마가 행복해야 한다 177 · 사춘기
와 부모의 역할 182 · 부모의 사회성이 곧 아이의 사회성이다 190 · 체
벌은 훈육이 아니다 194 · 포옹과 스킨십이 중요한 이유 200 · 가족의
지지를 높이는 방법 204

4장. 지지 않는 힘을 기르는 요인 3 _ 사회 요인

사회경제적 지위를 넘어서는 리질리언스 213 • 부모를 아이들에게 돌려
주어야 한다 218 • 피그말리온이 주는 두 가지 의미 223 • 업무는 교사
를 학생으로부터 멀어지게 한다 231 • 떠드는 아이 지적하는 교사, 그 악
순환의 고리 끊기 235 • 학교폭력보다 우정을 가르쳐야 한다 242 • 감
사와 거울뉴런 250 • 욕망이 아니라 희망을 가르쳐야 한다 255

5장. 행복은 성장이다

사무엘 울만의 '청춘'과 행복 261 • 학업 탄력성과 성인독서 그리고 삶
의 만족 265 • 청소년과 노인의 삶이 닮아 있다 268 • 자기가치 확인
이론과 삶의 의미 271 • 교육의 목적은 아이의 행복이다 276

나가며. 다시 일어설 수 있기를 280
참고 자료 285

1장

행복은
지지 않는 것이다

왜
리질리언스인가?

어릴 적 내 꿈은 선생님이었다. 아이들을 가르치는 선생님. 아이들이 세상을 넓게 보고, 깊게 바라보도록 도와주는 선생님. 나는 그런 선생님이 되고 싶었다. 세상을 넓게 보고, 깊게 보는 것이 무엇인지도 모른 채 말이다.

막연히 좋은 교사가 되고 싶다는 꿈을 품고 나는 중학교에 올라갔다. 아버지는 내가 중학교에 올라가기 전까지 한 번도 공부하라는 말씀이 없으셨다. 그러다 초등학교 6학년 겨울방학이 시작될 무렵 '나폴레옹이 알프스산맥을 넘는' 그림이 있는 모 출판사의 '영어완전정복'을 사주셨다. 그러나 나는 아버지가 사주신 영어 참고서를 구석에 팽개쳐두고 그저 신나게 놀았다.

중학교 입학 첫날, 담임선생님께서 갱지를 한 장씩 나눠주셨다. 그러고는 알파벳을 써보라고 했다. 그때까지 영어로 쓴 글자는 단 한 번도 본적이 없었던 나는 당황했고, 알고 있는 알파벳 몇 개를 기억나는 대로 적었다. 알파벳을 쓴 종이를 친구들이 걷을 때쯤 나는 알게 되었다. 나보다 알파벳을 모르는 친구가 아무도 없다는 것을. 그러나 알파벳을 모른다고 걱정할 필요는 없었다. 학교는 그런 나를 가만히 내버려 두지 않았기 때문이다. 이후 맞이한 첫 번째 영어시험. 가채점을 해보니 96점이었다. 매우 기뻤다. 알파벳도 몰랐던 내가 96점이라니.

드디어 채점한 시험지를 나눠주는 날이 되었다. 선생님께서는 아이들을 불러 시험지를 한 장 한 장 나눠주었다. 그런데 나는 시험지를 받지 못했다. 조금 이상하다 싶었지만, 선생님이 내 노력을 알아주셔서 따로 부르실 거라 생각했다. 예상대로 선생님은 나를 교무실로 불렀다. 나는 얼굴이 조금 상기된 채 빠른 걸음으로 교무실로 향했다.

교무실에 들어가자마자 따귀를 세 대 맞았다. 맞는 순간 까닭을 알 수 있었다. '선생님이 나를 의심하시는구나.' 정말 그랬다. 선생님은 내가 남의 것을 보고 썼다고 의심했고, 나는 교무실 바닥에 꿇어앉아 영어 시험지를 다시 풀어야 했다. 화가 났지만, 꾹 참고 답을 하나하나 적기 시작했다. 30여 년이 지난 지금도 나는 그때 틀렸던 문제의 정답을 분명하게 기억한다. 정답은 정각을 나타내는 O'clock이었고, 내가 틀린 이유는 O'clock에서 어포스트로피(apostrophe)를 빼먹었기 때문이었다. 답을 다쓰고 선생님께 시험지를 드렸다. 선생님은 내가 푼 시험지를 들고서 무릎을 꿇고 있는 내게 다시 물어보셨고, 나는 정확하게 답을 했다. 그러자 선생님은 내게 교실로 돌아가라고 하셨다. 사과는 한마디도 없었다.

그 후로 나는 영어 시간이 싫어졌다. 영어책을 볼 때마다 선생님에게 맞은 볼이 뜨끔해졌고, 의심의 눈초리로 나를 바라보았던 선생님 눈빛이 생각났다. 나는 화를 참을 수 없었다. 영어 시간 내내 선생님과 눈도 마주치지 않으려고 고개를 들지 않았고, 그렇게 영어 수업은 듣는 둥 마는 둥 했다. 교사가 되고자 했던 내 꿈을 버렸다. 알게 뭐냐. 그따위 선생이라면 안 되는 것이 낫다. 그렇게 선생님이 때린 따귀가, 선생님이 나에게 가졌던 '막연한 불신'이 내 미래를 집어 삼켜버렸다.

화가 난 채로 학교를 오가는 아들의 모습을 아마도 어머니께서 아셨나 보다. 어머니께서는 신앙의 선배들에게 나를 만나달라고 부탁하셨고, 나는 그 선배들을 만나 학교에서 겪었던 영어시험 이야기를 했다. 이야기를 다 들어준 선배는 이렇게 말씀하셨다.

"그래서 경호 씨가 반드시 선생님이 되어야 합니다. 보이지 않는 곳에서의 노고를 알아주지 못하는 교사가 교단에 서지 못하도록 더 열심히 공부하세요. 그래서 반드시 학생 한 사람 한 사람의 노고를 알아주는 교사가 되어주세요."

정신이 번쩍 뜨였다. 그렇다. 나는 선생님이 되어야 한다. 내가 좋아하는 SGI 어서 구절에 이런 말이 있다. '행해에 기위 힘쓰면, 삼장사마라고 하는 장해가 나타나는데 현자는 기뻐하고, 우자는 물러남이라.'

이는 중국의 천태대사가 쓴 마하지관 제5권에 소개된 구절로 원문은 다음과 같다.

행해(行解)를 기위(旣修) 힘쓰면 삼장사마(三障四魔)가 분연(紛然)히 다투어 일
어난다. 내지 따르지 말지며 두려워 말지니라. 이에 따르면 바야흐로 사람으
로 하여금 악도(惡道)에 향하게 하고 이를 두려워하면 정법의 수행(修行)을 방
해하느니라.

열심히 바르게 살다 보면, 온갖 어려움이 사람을 바르게 살지 못하도
록 가로막는데 현명한 사람은 기뻐하고, 어리석은 사람은 물러난다는 의
미다. 현명하다면 이 어려움을 오히려 내 성장의 밑거름으로 삼아야 한
다는 말이다.

시간이 지나고 나서 담임선생님에게 겪었던 시련을 곰곰이 생각해보
니 내가 어떤 교사가 되어야 하는지를 깊이 고민하게 해준 좋은 기회가
된 셈이었다. 나는 교사가 된다면 반드시 일대일의 면담을 해야겠다고
마음먹었다. 내가 그랬던 것처럼 보이지 않는 곳에서 노력하는 아이들
을 놓치고 싶지 않았기 때문이다. 더불어 아이들이 한 학년을 마칠 때쯤
손편지를 써주기로 다짐했다. 여러 가지로 부족한 내가 아이들에게 했을
실수나 잘못을 사과하고 더 나은 미래를 격려하고 싶었기 때문이다.

그 일을 겪으면서 나는 진심으로 교사가 되고 싶었고, 포기하지 않고
공부한 끝에 인천교대 95학번으로 입학할 수 있었다. 그리고 2002년 9월
5일 정식으로 교사가 되었다.

교사가 되고 아이들과 일대의 면담을 하면서 나는 더욱 내 부족함을
절감했다. 아이들에게 미안했다. 미안한 마음으로 살 수 없어서 상담과
심리를 공부하기 시작했다. 사이버대학에서 상담이론을 공부하고, 교육

대학원에서 상담교육을 배웠다. 아이들의 어려움이 눈에 들어왔다. 무엇 때문에 힘들어하는지 하나하나 알게 되었다. 하지만 교사인 내가 해결하기 어려운 문제도 많았다. 우울, 불안, 주의력 결핍 등 사람의 부정적 측면을 많이 공부하다 보니 아이들을 마음속으로 진단을 했다. 나는 이 점이 불편했다.

교육대학원 시절 이동귀 교수님을 통해 긍정심리를 알게 되었고, 『회복탄력성』이라는 책을 접했다. 때마침 긍정심리를 소개하는 책들이 나왔고, 나는 책이 나오는 대로 전부 찾아 읽기 시작했다. 무엇이라도 배우고 싶었다. 배울 길을 찾고 또 찾다가 용문상담심리대학원에 긍정심리 석박사 과정이 있음을 알고 박사과정에 지원했다. 떨어졌다. 교육대학원도 3수 끝에 들어갔기에 포기하지 않았다. 긍정심리를 석사부터 하는 것이 어떠냐는 이정미 교수님의 권유 그리고 가장 중요한 아내의 허락을 얻고 석사과정부터 시작해서 지금은 긍정심리 박사과정을 공부하고 있다.

중학교 시절 선생님의 부당한 체벌로 인해 SGI 선배들을 만나지 못했더라면, 나는 과연 지금까지 공부하고 있었을까? 그 시절의 역경 속에서 내 삶의 의미를 다시 확인하지 않았더라면, 지금 나는 과연 무엇을 하고 있을까?

내가 그토록 꿈꾸던 교사가 된 지도 벌써 20년이 되었다. 그동안 나는 꽤 많은 아이를 가르쳤고, 통합학급을 맡아서 함께한 특수아동도 여럿이 있었다. 어느 날, 특수아동의 어머니와 상담 중에 들었던 한 마디가 교육에 대한 내 생각을 다시 돌아보게 했다.

"우리 애보다 더 오래 살고 싶어요."

상담이 끝나고 집으로 돌아오는 내내 이 말이 머릿속에서 떠나지 않았다. 생각해보면, 꼭 아이가 성인이 되어야 부모가 떠나는 것은 아니다. 아이가 어릴 때 부모가 큰 병이나 사고로 먼저 떠나게 되는 경우도 많다. 사람의 앞일은 아무도 모른다.

왜 부모는 자식을 걱정할까? 자식의 무엇을 걱정하는 것일까? 아마 '나 없이 살아갈 수 있을까'를 걱정하지 않을까? 그렇다면 우리는 아이를 어떻게 키우고, 무엇을 가르쳐야 할까?

보통 학부모들은 크게 두 가지를 걱정한다. 하나는 아이 공부요, 또 하나는 아이 친구 관계다. 아이가 학교에서 학습에 실패를 경험하면 더 이상 공부를 하지 않을까 하는 염려 때문에 학원에서 선행학습을 시키고, 따돌림이나 학교폭력과 같은 관계에서의 실패를 경험할까 걱정하여 늘 누가 때리거나 괴롭히지는 않는지 물어본다. 하지만 공부에 실패해본 적 없고, 관계에 실패해본 적 없는 아이가 있을까? 아니, 우리 어른들도 날마다 실패하고 날마다 일어서고 있지 않은가?

학교라는 공간은 미성숙한 아이들이 안전한 환경에서, 높은 학력과 국가가 공인하는 임용시험을 거친 교사라는 신뢰할 수 있는 전문가의 지도 아래 다양하고 충분한 실패와 좌절을 경험하는 곳이라 생각한다. 실패와 좌절의 경험 때문에 포기하고 싶은 마음이 들 때 교사와 또래 친구들의 격려로 다시 일어서는 곳이 학교다. 그래서 학교는 리질리언스를 갖추어야 한다. 만약 미성숙한 아동·청소년에게 단 한 번의 실패나 좌절에도 다시 일어설 기회를 주지 않는다면, 그것은 학교로서 역할을 포기하는 것이라 생각한다.

學校

배울 學(학)에 학교 校(교)자다. 학교 校(교)자를 뜯어보면, 나무 木(목)에 사귈 交(교)를 쓴다. 자연에서 벗과 우정을 나누며 함께 배우는 곳이 바로 학교다. 우정이란 서로가 서로의 실패나 좌절에도 다시 일어설 수 있도록 격려하는 것이다. 이를 학창 시절에 경험한 아이들이 성인이 되었을 때 우리 사회는 한 걸음 더 따뜻하고 믿을 수 있는 사회가 된다고 나는 생각한다.

왜 리질리언스일까? 돌이켜보면 누구나 내가 겪었던 학창 시절의 아픔 하나쯤 가슴에 안고 산다. 누군가는 교사에게, 누군가는 부모에게, 누군가는 친구에게, 또 누군가는 이웃에게 아픔을 겪고 살아간다. 그런데 아픔을 자기 삶의 원동력으로 만들어간 사람이 있는가 하면, 그 아픔을 견디지 못하고 불행해진 사람도 있다. 누구나 살아가면서 역경이나 시련을 피할 수 없다면, 오히려 그 역경이나 시련을 이겨낼 힘을 키우는 것이 오래도록 행복하게 사는 현명한 길이 아닐까?

학교에서 날마다 만나는 아이들 중에는 내가 겪어보지 못한 역경을 헤쳐나가는 아이가 많다. 한부모 가정이나 조손가정의 아이들, 기초생활수급 아동부터 차상위 계층 아이들, 혹은 가정불화로 고통받거나, 방임 방치 혹은 지나친 통제 중심의 부모 밑에서 자라는 아이들. 그 모든 아이에게 각자가 겪고 있는 역경이나 시련을 딛고 설 힘을 길러주고 싶다. 그 힘은 아이 혼자만의 노력으로 만들 수 없다. 아이와 부모, 교사 그리고 우리 사회가 함께 만들어가야 한다.

우리 어른들은 아이들이 성인이 될 때까지 학교라는 울타리 안에서 아이 한 명 한 명이 훌륭한 개인으로 설 수 있도록 도와주어야 한다. 이를 위해서 학교가 존재한다고 나는 믿는다. 셀 수 없이 실패하고 좌절해도 다시 일어설 것을 믿고 기다려주는 학교, 마음껏 뛰고 마음껏 소리치며 즐겁게 공부할 수 있는 학교, 아이들이 밤늦은 시간에 어디를 가도 안심할 수 있는 사회, 실패해도 다시 일어설 수 있다는 희망을 주는 사회, 그런 학교와 사회를 만들어주는 것이 아이들의 리질리언스를 키우는 일이라고 생각한다.

개인의 노력만으로는
이겨낼 수 없다

한 아이를 키우는 데 온 마을이 필요하다
- 아프리카 속담 -

2001년의 일이다. 경기도에 있는 모 초등학교에 짧게 시간제 교사로 근무한 적이 있었다. 5학년 담임을 했는데, 한 남자아이가 유독 수업을 듣지 않았다. 아니 들을 수 없었다. 너무 피곤했는지 아이는 늘 졸았다. 쉬는 시간에 아무도 그 아이에게 말을 걸지 않았다. 가까이 다가가 보니 아이의 목에는 시커먼 때가 평행선을 그리고 있었고 옷은 지저분하기 그지없었다. 그런데 이상하게도 팔과 손은 깨끗했다. 궁금했다. 아이의 일상이.

점심시간에 아이와 면담을 했다. 방과 후에 무엇을 하는지, 형제는 어떻게 되는지, 부모님은 맞벌이를 하는지, 맞벌이를 한다면 출퇴근 시간은 몇 시쯤인지 물었다. 아이의 대답을 듣고 나는 놀랐다. 아버지는 한 달에 한 번 집에 잠깐 왔다가 다시 나가고, 어머니는 토요일 저녁에 와서 집 안을 치우고, 아이들 먹을 것을 준비해놓은 다음 일요일 점심에 일하러 간다고 했다. 주중에는 부모의 보살핌 없이 아이들 셋만 있는 것이었다. 5학년 아이가 동생들 밥을 먹이고, 설거지하고, 씻기고, 빨래하고, 청소 하며 살고 있었다.

　나는 아이한테 동생들에게 스스로 씻는 법, 청소하는 법, 빨래 개는 법 을 가르치라고 했다. 그리고 목에 까맣게 나 있던 평행선을 없애주고 로 션을 사주며 날마다 바르고 오라고 했다. 며칠이 지나고 쉬는 시간에 아 이가 친구들과 노는 모습을 보고 나서 나는 학교와 계약이 끝났다.

　친구들과 어울리지도 못하고 수업을 들을 기운마저 없는 아이, 침묵 속에 자신이 겪는 시련의 원인을 자신에게 돌리는 아이들이 있다. 부모 의 고생이 자기 책임인 것처럼 여기는 아이, 부모가 싸우는 이유가 자기 때문이라고 느끼는 아이도 있다. 가정에서 벌어지는 온갖 불화나 사건은 고스란히 아이들에게 정서적, 신체적인 충격으로 다가온다. 이런 아이들 에게 학교는 어떤 희망을 줄 수 있을까?

　SES는 사회경제적 지위를 말한다. 교직 사회에서는 소위 '학구'로 불 린다. 좋은 학구와 열악한 학구. 부모의 사회경제적 지위가 낮은 곳에서 는 아이들의 학습동기가 낮고, 문제행동이 자주 일어난다. 왜 열악한 학 구의 많은 아이가 공부하려고 하지 않으며, 친구들과 다툴까?

　2015년 통계청의 '일ㆍ가정 양립지표'에 따르면, 배우자가 있는 가정 의 43.9%가 맞벌이 가구이다. 또한, 우리나라 평균 가구원 수는 1975년 5명에서 2010년 2.7명으로 절반 가까이 줄어들었다. 1인 가구 수는 1990

년 전체 가구 중 9%에서 2010년 26.5%로 수직 상승했다. 더구나 공동주택 거주 비율은 70%가 넘는다.

경기도개발연구원(2013)에 따르면, 수도권 주민이 생각하는 가족의 범위는 1촌이 12.4%, 2촌이 36.6%, 3촌이 13%, 4촌이 35.9%였다. 가족이라 여길만한 범위를 부모와 자녀, 형제자매까지로 생각한다는 것을 알수 있다. 마음을 털어놓는 가족이나 친구는 1~2명에 불과하며, '이웃이없다'라고 응답한 비율이 57.1%나 되었다. 이제 우리 사회에서 이웃사촌은 더 이상 존재하지 않는다. 아이들의 부모는 직장에서 돌아오지 않고, 이웃은 사라졌으며, 친척은 없어진 지 오래되었다는 뜻이기도 하다.

아이들이 친구들과 원만한 관계를 맺으려면, 먼저 가족 구성원을 통해 친밀한 관계를 경험해야 한다. 이것을 심리학에서는 '애착'이라고 부른다. 보통 애착이 형성되는 시기는 생후 6~12개월 이내다. 주로 편도체라 불리는 부위가 발달하는 때다. 편도체는 스트레스 호르몬인 코르티솔(Cortisol)의 영향에 민감하다. 가까이에서 적절한 반응을 제때 보여주는 친밀한 관계의 주 양육자가 있다면 스트레스의 수준이 낮은 상태가 유지되고, 자기조절과 관련된 글루코코르티코이드 수용체의 발달을 촉진한다. 글루코코르티코이드 수용체란 스트레스 상황이 시작되면 코르티솔 분비를 시작하고, 스트레스 상황이 멈추면 코르티솔 분비를 멈추는 기능을 한다. 과도하게, 오랫동안 코르티솔이 분비되면 글루코코르티코이드 수용체가 축소된다. 이를 쉽게 말하면 스트레스 상황이 종료되었음에도 화를 멈추지 못할 가능성이 크다는 뜻이다. 따라서 편도체가 건강하게 발달하도록 가족 구성원 모두 화목하게 지내는 노력을 해야 한다.

언어를 통한 의사소통이 불가능한 어린아이는 주 양육자와 따뜻한 눈맞춤을 하고, 울음소리와 눈빛, 표정 같은 비언어적 방식으로 자신의 의사를 표현한다. 양육자가 아이의 근거리에 있어야 하고(근접성), 아이의 비언어적 표현에 민감하고 적절하게 반응해야만(반응성) 아이는 효과적인 의사소통을 경험하게 된다. 주 양육자의 깊은 관심과 애정이 없다면, 어린아이의 비언어적 표현을 통한 의사소통은 불가능하다. 아이가 자신의 욕구를 드러내는 다양한 표현을 할 때 양육자는 관찰을 통해 패턴을 발견해야 하는데, 이 패턴 발견에 필수적인 것이 바로 깊은 관심과 애정이기 때문이다.

이것뿐만이 아니다. 양육자는 사회적 관계의 1차 모델이다. 남편과 아내의 가사 분담, 의사소통의 수준과 서로를 대하는 태도는 순간마다 아이들에게 평가받고, 사회 학습의 교과서로 작용한다. '자식은 부모의 등을 보고 자란다'는 말은 ㄱ 때문이다. 이렇듯 아이는 날마다 가족과 가정생활 속에서 부모가 자녀의 의견을 경청하고, 부부가 서로 배려하며, 온 가족이 함께 협력하는 경험을 해야 한다. 왜냐하면, '가장 안전한' 가정이라는 환경에서 '가장 신뢰할 수 있는' 가족 구성원과의 관계 형성이 바로 사회적 관계의 초기 경험이기 때문이다. 이 초기 경험은 아이들의 사회성 발달에 기초가 된다.

하지만 모든 아이가 부모와 원만한 관계를 맺을 수 있는 환경에 있는 것은 아니다. 2016년 3월에 실시한 통계청의 경제활동인구 부가조사(2016.05.26. 사회통계국 고용통계과)에 대한 한국노동사회연구소의 분석자료(2016.06.17.)에 따르면, 비정규직 노동자 수는 839만 명이고, 정규직 임금

대비 비정규직 임금은 48.7%이며, 남자 정규직 임금 대비 여성 정규직 임금은 68%, 남자 비정규직 임금은 52.6%, 여자 비정규직 임금은 35.5%에 불과하다.

이뿐만 아니다. 한국은 OECD 국가 중 고용이 가장 불안정한 초단기 근속의 나라다. 10년 이상 근속자가 21.2%로 OECD 국가 중 가장 적다. 비정규직의 수만 비교해보자면, 2001년의 364만 명*에서 약 42%가량 증가한 것이다. 이는 많은 부모가 매우 불안한 고용 상태에 있고, 낮은 임금으로 장시간 근로를 해야 함을 뜻하며, 아이들은 부모 없이 학교와 학원을 전전해야만 한다는 뜻이다.

인간의 이성은 정서가 안정될 때 작동한다. 하지만 지나친 경쟁 사회 구조 속에서 많은 부모는 자신의 정서를 안정 상태로 유지하기 어렵다. 부모의 양육이 자녀에게 안정애착으로 반영되려면, 부모에게 최소한 생리적 욕구와 안전의 욕구가 채워져야 한다. 부모가 직장에서 열심히 일하면, 가족의 기본 생계와 자녀의 교육 그리고 사회적 관계를 지속시켜 줄 경조사비 정도는 지출할 수 있는 안정성이 있어야 한다.

그러나 '노동시장의 유연화'를 통해 기업의 '하부조직'만 '구조'를 '조정'함으로써 정규직은 '명예퇴직'을 강요당하고, 결국 많은 가정의 부모가 비정규직으로의 '고용 불안정' 상태로 떨어지게 된다. 아이들의 부모는 고용 안정성만 위협당하는 것이 아니다.

---

*   통계청, 경제활동인구조사 근로형태별 부가조사, 비정규직 근로자 추이, 12년 8월 발표 자료 참고

동일노동 동일임금(Equal pay for equal work)이라는 국제노동기구(ILO) 헌
장의 원칙이자, 국제 인권법 경제적 및 사회적, 문화적 권리에 관한 국제
협약 제7조는 우리나라에서 예외다. 앞의 통계청 자료를 통해 알 수 있듯
이 정규직과 비정규직, 남성과 여성의 임금 차별이 크다.

비정규직으로 내몰리는 가정은 가계소득이 줄어드는 데도 지출은 쉽
게 줄어들지 않는다. 고정지출 비용이 높기 때문이다. 주거비는 날이 갈
수록 상승하고, 건강에 좋은 식재료는 유기농과 비유기농을 기준으로 차
별화된다. 결국 맞벌이는 생존을 위한 필수요건이 된 것이다.

통계청의 2015년 하반기 지역별 고용조사 '맞벌이 가구 및 1인 가구
고용 현황'에 따르면, 6세 이하의 자녀를 둔 가정은 38.1%, 7~12세는
51.6%, 13~17세는 57.6%가 맞벌이를 하고 있다. 아이들이 학교에 입학
하고, 늦게 하교하는 중·고등학생이 되면 엄마들의 취업률이 더욱 높아
지는 것이다.

정규직 여성은 20대 후반에 최고점을 찍고 이후에 계속 하락하는데(김
유선, 2014), 재취업 시 정규직 취업은 20%에 머물고 있다.(한국여성정책연구
원, 경력단절 여성의 재취업, 2007~2015년 종단연구) 아이들 때문에 경력이 단절
되고, 아이들이 다 커서 재취업을 할 때는 낮은 임금의 일자리로 내몰리
는 것이다.

정리해보면, 고학력 여성조차도 결혼 후 육아 및 가사노동에 대한 부
담으로 직장을 그만두고, 아이가 자란 후 안정적인 가계소득을 위해 취
업을 하려 해도 여전히 비정규직에 머물 가능성이 매우 크다는 것을 알
수 있다. 아빠들의 직장 역시 고용 불안정성이 높아지고, 엄마들의 비정

규직 취업 역시 높아진다.

주거비용에 따라 거주 지역이 결정되고, 거주 지역은 곧 소득의 차이를 구분 짓는 일종의 바로미터가 된다. 이는 학구의 차이로 이어진다. 가계소득이 불안정한 가정이 많은 지역의 아이들은 불안정 애착일 가능성이 크다. 가계소득이 낮거나 혹은 가계 수입이 불규칙한 부모의 생리적 욕구 및 안전의 욕구는 안정적으로 채워지지 못한다. 이로 인해 부모의 스트레스 역치 수준*이 낮아진 상태로 항상성을 유지하려는 경향이 높아진다. 다시 말해, 쉽게 짜증을 낼 가능성이 크다는 것이다. 부모는 결국 미성숙한 아이의 행동에 공격적으로 반응하거나 회피하는 반응을 할 가능성이 커진다. 따라서 아이의 문제행동은 아이 개인만의 문제로 치부할 수 없다.

아이의 어려움은 가정에서 그치지 않는다. 가족과 원만한 관계를 경험하지 못한 아이들은 학교에서 친구들과 자주 다툰다. 자신이 부모로부터 경험한 대로 친구들과 관계를 맺지만, 친구들은 이 아이의 경험(부모를 통해 경험한 지시와 명령 혹은 폭력을 통한 의사소통)을 이해하지 못한다. 친구들의 부모 그리고 어쩌면 교사들마저도 아이를 이해하지 못한 채 지나치기 쉽다. 결국, 아이는 부모가 자신을 대하는 태도를 친구나 친구의 부모 그리고 교사들로부터 똑같이 경험(비공감, 무시, 지시와 명령 등)하게 된다. 더 나은 사회적 관계를 맺는 경험을 해보지 못한 채 아이는 모든 책임을 혼자

---

* 스트레스 반응을 일으키는 수준을 말한다. 다시 말해 스트레스로 인식하고 이에 신체적으로 반응을 보이는 일종의 경계선으로 역치를 넘어서면 해가 된다는 뜻이다.

짊어져야만 한다.

부모도, 친구도 교육의 전문가가 아니다. 가까운 이들의 이해와 공감을 얻지 못하는 아이에게 학교라는 안전하고 믿을만한 울타리 안에서 신뢰받는 존재, 즉 신뢰할 수 있는 교사가 필요하다. 하지만 신뢰할 수 있는 교사가 되는 것 역시 교사에게만 노력을 요구한다.

교사의 삶은 어떨까? 학교에서 오랫동안 근무하면서 6년 동안 부장교사를 했다. 부장교사는 다른 교사들에 비해 업무량이 많다. 업무량은 곧 공문의 양을 의미한다. 처리해야 할 공문이 많다는 것은 그만큼 아이들과 마주할 시간이 줄어든다는 것을 의미한다. 과연 학교는 업무와 학생지도 중 무엇을 우선시할까?

처음 학교에 발령을 받은 초임 시절 어느 날, 수업 중에 전화가 울렸다. 나는 전화를 받지 않았다. 수업 중이었기 때문이다. 잠시 후 또다시 전화가 왔다. 이번에도 받지 않았다. 아직 수업이 끝나지 않았기 때문이다. 잠시 후 교감 선생님께서 교실 문을 열고 들어왔다. 공문을 빨리 처리해야 하는데, 왜 전화를 받지 않느냐고 했다. 그랬다. 학교는 수업보다 공문이 우선인 곳이었다.

시도 때도 없이 쏟아지는 공문은 십여 년이 지난 지금도 줄어들 기미가 보이지 않는다. 교육부 정책, 각 시·도 교육청 사업, 지자체 협력 사업 등 온갖 '교육'이라는 미명 하에 '비 교육'적인 공문이 쏟아진다. 이것이 왜 문제일까?

앞서 사회경제적 지위가 낮은 학구의 많은 아이가 겪는 어려움에 대해 이야기한 바가 있다. 교사는 이들이 겪는 학습과 관계에 대한 어려움에 도움을 주고 함께 해결하기 위해 존재한다. 하지만 학교 시스템은 교사들이 아이들에게 다가갈 시간을 주지 않는다. 왜냐하면, 수업이나 학생지도보다 공문을 처리하는 것이 우선이기 때문이다. 이는 진보 교육감 시절이든 보수 교육감 시절이든 다르지 않다. '혁신'이나 '행복'이라는 이름으로 시행하는 교육청 사업에는 반드시 '계획서'와 '보고서'가 따른다. 각종 계획서와 보고서는 학교 교육과정의 자율성을 반드시 침해하게 되어 있으며, 교사들에게 하지 않아도 되는 '공문처리'에만 집중하게 만들어 수업과 학생지도에서 멀어지게 한다.

좋은 학생이 되기 위해서는 교사와 친구들의 도움이 반드시 필요하다. 좋은 교사가 되기 위해서는 교육청과 교육부의 도움이 반드시 필요하다. 좋은 학생도 좋은 교사도 결국 '사람'을 믿는 것에서 출발한다. 학습동기가 낮고 문제행동을 일으키는 아이의 삶에 귀를 기울이고 마음을 어루만져주는 교사가 필요하다. 아이들 삶에 귀를 기울이고 마음을 어루만져줄 교사에게는 시간과 여유가 필요하다.

교사가 문서작성에서 벗어나려면 먼저 교육부나 교육청의 사업을 줄여야 한다. 교육부나 교육청의 사업은 대부분 특별 교부금 사업에 치우쳐 있다. 특별교부금 사업은 특별한 사유가 발생할 경우에 대비하여 별도로 준비해둔 예산이다. 그런데 3월 개학 이전에 학교 구성원과 오랜 논의를 거쳐서 준비해둔 학교 교육과정과 상관없이 교육부나 교육청이 각 학교의 계획서를 받고 심사를 해서 예산을 내려보내는 사업이 대부분이다. 따라서 학교는 학기 시작 전에 구성원 간 협의를 거쳐 만든 교육과정 운영 계획을 수정해야 하는 일이 빈번해진다. 학생과 학교의 상황을 고려하여 교육과정 상 필요에 의해 수정하는 것이 아니라 교육부나 교육청의 사업에 따라 교육과정이 바뀌는 것이다. 이것이 정말 학생 중심 교육이고, 현장 중심 행정일까?

각종 공모 사업을 줄여 절감한 예산은 단위 학교 예산으로 나눠주면 된다. 한여름 전기료 아끼려고 찜통 같은 교실에서 수업하는 교사와 학생들에게 공부할 수 있는 환경을 만들어주어야 한다. 교사가 학생과 하고 싶은 수업을 할 수 있도록 예산을 마련해주어야 한다.

문서작성 업무가 줄어들면 수업과 학생을 지도하는 시간이 늘어난다. 단위 학교 예산이 늘어나면 교육과정 운영에 대한 교사의 자율성이 생긴다. 이는 교육청과 교육부가 교사를 신뢰한다는 정책 시그널이 되고, 교육부와 교육청이 교사를 신뢰할 때, 교사는 반드시 학생을 신뢰하게 된다. 왜냐하면, 감정은 전이되기 때문이다.

더 이상 학생 개인의 노력, 교사 개인의 노력만을 요구해서는 안 된다. 신뢰받지 못하는 교사는 학생을 신뢰할 수 없고, 신뢰받지 못하는 학생과 교사에게 배움을 강요하는 사회는 인간을 불행하게 만들기 때문이다.

역경과 시련을 대하는
성인들의 태도

우리나라는 유교적 전통이 뿌리 깊다. 그뿐만 아니라 많은 사람이 일요일마다 교회에 다니거나 절에 간다. 왜 사람들은 공자나 예수 그리고 석존을 존경할까? 그리고 왜 그들의 삶을 자기 삶의 방향으로 삼을까? 다시 말해, 왜 종교를 선택했을까?

종교는 근본 '宗' 자에 가르칠 '敎' 자를 쓴다. 즉 종교란 근본을 가르치는 것을 말한다. 그렇다면, 무엇에 대한 근본일까? 그것은 바로 '인간으로서 어떻게 살아가야 하는지'가 근본이고 이를 가르치는 것이 바로 종교가 아닐까 한다. 그래서 나는 많은 사람이 논어나 성경 혹은 불경 속에 나타나 있는 '사람다운 행동'을 배우고 자기 삶으로 실천하기 위해 애쓴다고 생각한다.

만약 인류의 성인이라 불리는 공자나 예수 그리고 석존과 마호메트, 소크라테스가 한자리에 모인다면 그들은 무엇을 이야기할까? 서로 나를 믿지 않으면 지옥에 떨어진다며 싸우지는 않을 것이다. 아마도 '어떻게 해야 이 세상 모든 사람이 행복하게 살아가게 할까?' 하는 고민을 서로 나누며 이야기하지 않을까?

우리가 그들을 존경하고 따르는 이유는 그들의 삶이 훌륭하기 때문이다. 성인(聖人)이라는 말의 뜻은 '지혜와 덕이 매우 뛰어나 길이 우러러 본받을 만한 사람'이다. 그들의 지혜와 덕을 우리는 배운다. 그렇다면 무엇이 지혜고, 무엇이 덕일까? 잠깐 이들의 삶을 들여다보자.

공자는 하급 귀족 무사 출신의 아버지와 어머니 안 씨 밑에서 태어났다. 세 살 때 아버지가 돌아가시고, 열일곱 살 때는 어머니마저 돌아가셨다. 요즘으로 치면, 한부모 가정에서 학창 시절을 보내다가 고등학교 1학년 때 어머니마저 돌아가신 것이다. 공자는 나이 오십쯤 되어서야 세상에 이름을 떨쳤지만, 3년 만에 망명길에 올라 14년을 떠돌았다. 68세에 자기 나라로 돌아온 공자는 가장 아끼던 제자 안연이 세상을 떠나 깊은 실의에 빠졌다. 그러나 그런 가운데서도 삼국지의 관우가 가장 아꼈다는 『춘추』를 완성했다.

부모를 잃고, 나라로부터 버림을 받았으며, 아끼던 제자가 자신보다 먼저 세상을 뜨는 시련과 역경에도 자신의 꿈을 포기하지 않았던 공자. 모두가 행복하기를 바라는 자신의 꿈을 실현하기 위해 마지막까지 제자들을 가르쳤던 삶이 바로 지혜와 덕이 아닐까? 그가 남긴 『논어』와 같은 책을 보면, 그는 버크너(Buckner, 2001)가 말한 리질리언스의 인지적 자기조절의 대가가 아닐까 싶다. 예를 들면,『논어』에 이런 글이 있다.

> 어떤 사람이 공자에게 물었다.
> "선생님은 어째서 정치에 참여하지 않는 건가요?"
> 공자가 말했다.
> "『서경』에 보면, '효도해야 한다! 부모에게 효도하고, 형제간에 우애해서 정치에까지 이 영향력을 퍼뜨린다' 라는 말이 있어요. 그렇다면, 이것도 정치에 참여하는 것이지요. 왜 꼭 관직에 나가야만 정치하는 것이겠어요?" (『군자를 버린 논어』 p.42)

정치에 참여하지 못하는 자신의 역경을 다른 관점으로 해석한 것이다. '한 사람의 노력이 사회에 어떤 영향을 끼칠 수 있겠는가' 라는 회의적 시각에 대한 답으로 볼 수 있다. 공자와 같은 시선으로 세상을 바라보는 사람이 있다. 조동화는 '나 하나 꽃피어' 라는 시에서 이렇게 노래했다.

> 나 하나 꽃피어
> 풀밭이 달라지겠느냐고
> 말하지 말아라
> 너도 꽃피고 나도 꽃피면
> 결국 풀밭이 온통
> 꽃밭이 되는 것 아니겠느냐

나 하나 물들어

산이 달라지겠느냐고도

말하지 말아라

나도 물들고 너도 물들면

결국 온 산이 활활

타오르는 것 아니겠느냐

프랑스의 문호인 로맹 롤랑 역시 "단 한 사람의 악인이라도 그 악행이 인류에게 영향을 끼치며 또 단 한 사람의 선인이라도 그 선행은 인류를 비춥니다. 그렇기 때문에 인류가 좋아지느냐 나빠지느냐는 우리 한 사람 한 사람에게 달려 있습니다"라며 우리 한 사람 한 사람의 삶이 사회에 미치는 의미에 대해 이야기했다.

우리 한 사람 한 사람의 삶이 얼마나 중요한지를 가르쳐준 공자. 그래서 그를 따랐던 문하가 삼천이 넘는다는 기록은 그의 삶을 지지한 사회 계층이 매우 넓었음을 의미한다.

예수의 삶도 다르지 않다. 수많은 이를 위해 헌신하며 살다가 제자에게 배신을 당했음에도 그는 십자가에 매달리면서 모든 이의 죄를 스스로 짊어졌다. 자신의 죽음으로 모든 이의 죄를 책임지려 한 것은 그의 초월성이 드러난 장면이 아닐까? 그가 겪은 수많은 시련이나 역경도 '사람들을 행복하게 만들고 싶다'는 그의 희망과 뜻을 꺾지 못한 것이다.

석존은 왕가의 자식으로 태어났음에도 자신의 사회적 지위를 던져버렸다. 그는 자신보다 지적 능력이 뛰어난 사촌 제바달다에게 끊임없이 살해의 위협을 당했다. 그럼에도 불구하고, 입멸(入滅)을 8년 앞둔 시점에 설했던 「법화경」에서 자신을 죽이려고까지 했던 악인 제바달다의 성불을 약속하는 인간적 경애는 마치 피그말리온 효과(Pygmalion effect)*를 올리게 한다. 석존은 제바달다가 세상에 다시없을 악인임에도 생명에 내재한 불성이 있다고 확신하고, 독고의 연**에 따라 반드시 악인인 제바달다조차도 성불한다고 제자들에게 약속한다. 이는 아무리 배우려는 마음이 없고 온갖 문제행동을 일으키는 아이에게도 분명 스스로 잘하고자 하는 마음이 있으며, 이를 믿고 기다리며 아이를 끊임없이 격려하는 교사의 태도가 떠오르게 한다.

소위 성인이라 불리는 그들 모두 말로 다 할 수 없는 엄청난 역경과 시련을 겪었음에도 오히려 이를 '자기 성장의 밑거름'으로 삼았다. 공자는 '사람이 어려움에 직면한 것은 정말로 지혜를 깨닫는 좋은 기회가 찾아온 것'이라고 했다.(『어떻게 원하는 삶을 살 것인가』 p.255) SGI의 니치렌은 '난(難)이 옴을 가지고 안락(安樂)이라고 알아야 하느니라'(한국 SGI 어서 p.750)라고 했다. 예수는 '누구든 네 오른쪽 뺨을 치거든, 다른 하나도 그에게 돌려대고'(마태복음 5장 39절)라고 하며 선한 마음으로 악한 자가 스스로 뉘우치고 깨닫도록 하라고 했다. 이것이 그들이 역경이나 시련을 대하는 태도였다.

---

*   타인의 기대나 관심으로 인하여 능률이 오르거나 결과가 좋아지는 현상

**   상대에게 정법(正法)을 이야기해서 들려주면 비록 그 즉시 정법을 받아들이지 않고 비방하는 등 반발한다고 하더라도, 설법을 들었다는 것이 연이 되어 반드시 후에 성불의 길에 들어선다는 의미-출처. 열반경

결국, 종교란 인간이 겪게 되는 그 어떤 역경이나 시련에도 지지 않고 이겨내는 지혜롭고 강한 인간으로 성장시키기 위해 존재한다고 볼 수 있다. 그래서 나는 공자, 예수, 석존이 모두 사람들에게 리질리언스를 키워 자기답게 행복한 삶을 살 수 있도록 한 것이 아닐까 생각한다. 그들이 자신의 제자들에게 전하고 싶었던 것도 바로 이것이 아니었을까.

교사와 학생은 '동지(同志)' 다. 같은 꿈을 꾸는 사람이다. 공자도, 예수도, 석존도 제자들에게 자신의 꿈을 전했다. 그들의 꿈은 하나다. 모든 사람을 행복하게 만들어주고 싶다는 꿈. 그들은 제자들이 더 나은 삶, 더 성장하는 삶, 더 행복한 삶을 살게 해주고 싶었다. 많은 이의 삶에 귀를 기울였고, 그들의 아픔에 공감했으며, 마치 일만 명의 힘을 전하듯이 생이 다하는 순간까지 사람들을 만나 격려(激勵) 했다.

새 학년이 시작되는 3월에 아이들에게 나를 소개한다. 그때 빠뜨리지 않고 전하는 내 꿈이 있다.

"너희처럼 어린아이들이 어디를 가건, 언제 나가건 안심할 수 있는 세상을 만드는 것이 내 꿈이란다."

이런 내 꿈을 이루기 위해서는 반드시 아이 한 명 한 명을 훌륭하게 키워야 한다. 우리 아이들로 인해 아이들의 부모님이 행복해지고, 행복한 부모님들 주변의 친구, 직장동료가 행복해져야 한다. 그렇게 해서 우리 사회가 행복해져야 한다. 이를 위해서 먼저 내가 가르치는 학생들이 지혜롭고, 훌륭하며, 늘 성장해야 한다. 그리고 효도해야 하며, 벗과 깊은 우정을 만들어야 한다. 교사보다 훌륭한 학생으로 성장해야만 한다.

그것이 내 꿈을 이루는 길이고, 그것이 우리 아이들에게 전하고 싶은 꿈이며, 내가 교사로서 살아가는 이유다. 생텍쥐페리가 '어린 왕자'에서 '사랑이란 같은 곳을 바라보는 것'이라고 말한 것처럼 나의 꿈을 전하고 알리며 학생 개개인의 성장을 위해 교사와 학생, 학부모가 함께 노력하는 사회를 만들고 싶다.

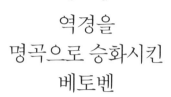

역경을
명곡으로 승화시킨
베토벤

친구들 박수를 치게, 이제 희극은 끝났네.
- 베토벤이 죽기 전 친구들에게 한 말 -

　악성(樂聖) 베토벤. 사람들은 베토벤을 '음악의 성인'이라 부른다. 사람들은 왜 그를 음악의 성인이라고 불렀을까? 그가 쓴 편지를 모아 낸 책 『베토벤, 불멸의 편지』를 읽어보면, 그 답을 조금은 알 수 있다.

　음악가의 집에서 태어난 그는 네 살 때 아버지에게 피아노를 배웠다. 술주정뱅이인 아버지는 베토벤을 모차르트보다 나은 음악가로 키우려고 가혹하게 교육했다. 피아노 앞에서 떠나지 못하게 하거나 바이올린을 주고 방에 가둬두기도 했다. 요즘으로 치면 지나친 조기교육이자 아동학대였던 셈이다.

　당연히 문제가 생길 수밖에 없었다. 한창 밖에 나가 친구들과 어울려야 할 어린아이를 방에 가두고 악기만 가르치니 당연히 베토벤의 사회성에 문제가 생겼다. 그는 학교생활에 잘 적응하지 못했고, 오직 음악 안에서만 행복할 수 있었다. 아버지의 가혹한 음악교육으로 그는 열한 살에 오케스트라 단원이 되었고, 열세 살에 오르가니스트가 되었다. 음악적으로 하나씩 성취를 이루어 갔지만, 삶에서는 커다란 상실과 감당하기 어려운 책임이 이어졌다. 열일곱 살에는 어머니가 폐병으로 죽고, 동생들의 생계까지 책임져야 했던 것이다. 설상가상으로 한창 음악가로서 인정을 받아갈 서른 즈음에 음악가에게 가장 중요한 청력마저 잃고 말았다. 그가 어떤 심정이었을지 상상만 해도 고통스럽다.

병약한 어머니와 술주정뱅이 아버지 밑에서 장남으로 태어나 어린 시절부터 가정을 책임져야 했던 베토벤. 그래서인지 그의 정서는 늘 불안했다. 작곡가로 인정받을 즈음 청력을 잃었고, 그래서 자신이 사랑한 여인에게 늘 버림을 받아야 했다. 청력을 잃은 것과 사랑하는 여인에게 버림받은 것이 어떤 연관이 있을까? 당시에는 무도회에서 남녀가 춤을 추고 귓속말을 하며 대화를 나누었다. 하지만 베토벤은 소리가 들리지 않아 크게 말할 수밖에 없었고, 큰 소리에 놀란 여인들은 그를 멀리했다. 원만한 의사소통을 할 수 없는 그와 연애할 여인은 없었던 것이다.

그뿐만 아니다. 사랑하는 이와 결혼을 할 수 없었던 베토벤은 동생의 아들인 조카 카를을 친자식처럼 여겨 과도한 기대와 사랑을 쏟았으나 배신을 당했다. 또한 자신이 끝까지 반대한 결혼을 밀어붙여 주먹싸움을 하고, 자신의 이름을 팔아 사업에 이용하고, 자신도 모르게 악보도 팔아치우는 등의 짓을 한 동생 요한 판 베토벤으로 인해 다시는 일어설 수 없는 병을 얻었고, 동생의 아내에게 철저하게 이용을 당했다.

누가 보아도 그의 인생은 불행의 연속이었다. 아버지에게 피아노를 배우기 시작한 네 살부터 가족은 물론 그가 사랑했던 여인 가운데 누구 하나 그에게 따뜻한 손길을 내민 적이 없었다. 마치 삶이 베토벤에게 이제 그만 무릎을 꿇고 너 자신을 포기하라고 말하는 것 같지 않은가. 그럼에도 불구하고 그는 음악을 통해 사람들에게 용기와 희망을 전했다. 역경 따위에 지지 않고 음악가로서 사람들을 격려하는 자신의 사명을 다하는 것이 진정한 행복이라는 것을 인생으로 증명해갔다.

그는 죽기 4년 전인 1823년 3월 〈장엄미사〉를 작곡한다. 1819년에 이듬해에 있을 루돌프 대공의 즉위식에서 연주할 미사곡을 의뢰받았지만 완성하지 못하고 4년 동안 매달려 작곡한 노래가 바로 〈장엄미사〉다. 이 노래는 그가 '가난한 사람들을 위한 그랜드 오라토리오'라고 부르며 〈피델리오〉보다 더 높게 평가했던 노래다. 마치 삶에서 마주하는 수많은 번뇌에 지지 않고 끝까지 싸우는 것이 진정한 행복이라는 것을 깨달은 것처럼.

그는 자신의 환경을 부끄러워하지 않았다. 자신의 처지를 비관하거나 좌절하지 않았다. 어떻게 그럴 수 있었을까? 그에게는 음악의 중요성과 기술 그리고 인간의 정신세계에 대한 철학을 가르쳐준 크리스티안 고틀로프 네페(Christian Gottlob Neefe)가 있었기 때문이다. 네페는 베토벤에게 모차르트와 하이든을 만나게 해주었다. 가족으로부터 버림받았던 그를 응원하고 지지해준 많은 사람이 있었던 것이다.

그는 생의 마지막 순간에 친구들 앞에서 숨을 거두면서 이런 말을 남겼다. "친구들 박수를 치게, 이제 희극은 끝났네." 누가 보아도 그의 인생은 시작부터 끝까지 절망의 연속, 비극의 연속이었다.

요즘 시대로 치면 학대 가정의 아이였고, 청각장애가 있었으며, 사랑하는 가족에게 배신과 착취를 당했다. 그럼에도 그는 자신의 인생을 '희극'이라고 말하고 숨을 거두었다. 끝까지 희망을 놓지 않았으며, 자기 인생의 역경을 음악가로 성장하는 데 밑거름으로 삼아 수많은 명곡으로 승화시켰던 것이다. 그래서 베토벤이 공자나 석존, 예수와 같은 음악에서의 성인(聖人)으로 불리는 것이 아닌가 생각한다.

베토벤이 비극적인 자신의 삶을 '희극'으로 마무리 지을 수 있었던 것은 끝없는 역경에도 음악이라는 도구를 통해 자신의 마음을 표현할 수 있었고, 그를 가르친 스승 네페가 있었으며, 그를 지지한 여러 음악가가 있었기 때문이 아닐까. 나와 같은 역경을 겪는 사람도 끝까지 물러서지 않는다는 것을 음악을 통해 사람들에게 알리는 것을 자신의 사명으로 삼은 것. 그것이 누가 보아도 비극이었던 자신의 삶을 희극으로 바라본 베토벤이 보여준 리질리언스의 힘이었을 것이다.

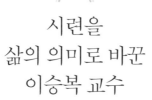

시련을
삶의 의미로 바꾼
이승복 교수

땅에 깊이 뿌리박고 있기에 그래서 내 꽃은 아름답다.
- 괴테 -

『기적은 당신 안에 있습니다』라는 책이 있다. 이 책의 주인공이자 저자
는 재활의학 전문의 이승복이다. 그는 현재 재활의학으로 유명한 미국의
존스홉킨스대학의 재활의학 의사로 재직하고 있다. 그의 삶도 역시 리질
리언스로 가득 차 있었다.

그는 1965년 서울에서 태어나 아홉 살인 1974년에 부모와 함께 미국
으로 이민을 떠났다. 그의 가족은 아메리칸드림을 꿈꾸었지만, 삶은 꿈
같지만은 않았다. 한국에서 약사였던 아버지는 약과는 전혀 상관없는 가
게 청소부를 했고, 어머니는 세탁소 일을 했다. 아메리칸드림을 이루기
위해 가장 밑바닥에서 시작해야만 했다. 그런 가운데 이승복의 삶에 활
력을 주었던 것이 하나 있었다. 그것은 바로 체조였다.

고등학교 3학년 때 전미 올림픽 최고 상비군으로 선발된 그는 미시간대와 UCLA, 펜실베이니아 주립대, 스탠퍼드대, 웨스트포인트 군사학교 등 여러 대학에서 스카우트 제안을 받았다. 하지만 1983년 7월 4일, 공중회전을 하다가 목을 쭉 늘인 상태로 턱을 땅에 박는 사고가 일어났다. 그 사고로 결국 그는 사지가 마비되었고, 더 이상 체조를 할 수 없게 되었으며, 올림픽 참가라는 오랜 꿈은 물거품이 되었다. 얼마나 고통스러웠을까? 온 삶을 다해 노력했던 꿈이 다른 누구도 아닌 자신의 실수로 꺾여버린 것이다.

하지만 주변 사람들은 좌절에 빠진 그에게 조금씩 희망을 불어넣었다. 의사와 간호사들은 척추를 다쳤지만 다행히 아이를 가질 수 있고, 홀로 소변을 볼 수 있다며 그를 위로해주었다. 또한, 그가 구해다 놓은 성경책을 간호사가 날마다 몇 구절씩 읽어주며 그에게 용기를 주었다. 절망적인 현실과 마주하게 되었지만, 사막과 같은 마음에 씨앗을 뿌리고 물을 주어 희망이라는 싹을 틔우려는 리질리언스가 일어나기 시작한 것이다.

더구나 뉴욕대학교 재활의학과에서 재활의학의 아버지라 불리는 하워드 러스크 박사가 설립한 러스크 인스티튜트에서 잠자는 근육을 깨우는 물리치료와 먹고, 자고, 쓰는 일상생활을 수행하기 위한 작업치료를 함께 받을 수 있었다. 사회 제도가 그의 치료를 철저하게 뒷받침했다. 이승복은 스스로 움직이고 생활하기 위해 누구보다 열심히 재활에 매달렸고, 빠르게 회복이 되어 스스로 휠체어를 밀 수 있게 되었다.

그는 사고 탓에 고등학교 과정을 다 마치지 못했다. 그래서 방문교육을 받았는데, 영문학을 가르치던 방문교사 엘리스가 그에게 SAT (Scholastic

Aptitude Test, 대학진학적성검사)를 준비해보라고 제안했다. 사고가 있기 전까지는 유망한 체조선수였던 그에게 유수의 대학들이 입학을 제의했지만, 사고 후에는 더 이상 연락이 오지 않았을 때였다.

장애 때문에 대학에 가지 못했다는 말을 듣기 싫었던 그는 SAT를 준비하기 시작했고, 그러던 중에 재활훈련 과정에 관심을 갖게 되었다. 자신의 장애와 관련 있는 책을 구해 읽으며 지내던 어느 날 한 간호조무사로부터 하워드 러스크의 『돌봄을 위한 세상(A World to Care for)』을 선물 받았다. 그는 이 책을 통해 의학에 깊은 관심을 갖게 되었고, 사고로 차갑게 식어버렸던 그의 가슴이 다시 뛰게 되었다. 그는 자신과 비슷한 처지에 있는 사람들을 도울 방법을 생각했고, 결국 의대에 가서 의사가 되어야 한다고 다짐했다. 스나이더(C. R. Snyder)가 『희망 심리학(The Psychology of Hope)』에서 말한 희망의 3요소를 드디어 갖게 된 것이다.

1. 목표
2. 의지력
3. 경로의 힘

이승복의 다짐을 희망의 3요소에 따라 생각해보자.

1. 그가 마음속에 상상하고 바라는 '의사' 라고 하는 직업(목표)
2. 그리고 자신이 의사가 되어 누군가에게 도움을 주고 싶다는 희망에 찬 의지력(의지력)

3. 더불어 원하는 의사가 되기 위해서 지금 준비해야 할 노력이 무엇인
   지 분명히 알게 된 것(경로의 힘)

이렇게 절망적인 상황에서 희망을 찾고, 이를 실현할 수 있는 경로를 찾는 것을 리질리언스의 개인 내적 요인이라고 부른다. 자신이 가진 자원이 무엇인지 분명히 알고, 그 자원을 어떻게 활용할지를 끊임없이 탐색하는 능력 그리고 스스로 경험하는 부적정서를 조절하고, 자신의 욕구나 충동을 통제할 수 있는 능력들을 결국 자기조절이라고 부를 수 있다.

버크너와 그의 동료들(Buckner et al, 2003)은 자기조절을 인지적 자기조절과 정서적 자기조절로 나누어 설명했다. 인지적 자기조절은 과제를 지엽적인 측면에서 바라보는 것이 아니라 문제 해결에 유연하게 접근하고 거시적인 측면에서, 즉 나무가 아닌 숲을 보는 능력을 말한다. 정서적 자기조절은 말 그대로 자신의 부정적 정서를 타인의 부적 반응을 일으키지 않으면서 자연스럽게 표현할 수 있는 능력을 말한다.

이승복은 자신의 실수로 척추에 깊은 손상을 입어 18년간 꿈꿔온 체조선수를 포기했다. 하지만 그는 자신이 겪은 시련을 자기 삶의 의미로 재해석했다. 자신과 같은 사고를 겪은 사람들에게 도움을 주기 위해 스스로 희망이 되고자 한 것이다. 그는 의학을 공부했고, 필요한 도움을 사람들에게 요청했으며, 그 도움에 보답하고자 애썼다. 재활훈련 동안 자신을 도와주는 간호사와 간호조무사, 치료사들에게 그는 진심으로 고마워했다.

우리가 가르치는 아이들도 살면서 자신의 실수로 수많은 실패를 경험

한다. 그 순간 가장 괴로운 사람은 교사도, 부모도 아닌 바로 '아이들 자신'이다. 우리가 아이들을 '미성년자'라고 부르는 이유도 아이들이 자신의 무모하거나 어리석은 행동이 불러올 결과를 예상하고 조심할 만큼 성숙하지 못하기 때문이다. 아이의 모든 순간을 부모나 교사가 함께할 수 없다. 아이는 수없이 실수하고 실패하기 마련이다. 미성숙한 아이가 삶에서 직면하게 될 역경을 어떻게 스스로 딛고 서게 해야 할까? 이러한 역경을 딛고 서게 하려면 어떤 힘이 필요할까? 그 힘이 바로 리질리언스가 아닐까 생각한다.

아이 스스로 자신에게 닥쳐 온 역경을 딛고 설 힘을 키우기 위해 가정에서, 학교에서 아이들의 실패나 실수를 잘 딛고 설 수 있도록 기회를 주어야 한다. 아이들이 다시 일어설 힘을 키울 수 있는 배움이어야 한다. 이승복 박사처럼 아이들도 자신과 같은 역경을 마주한 수많은 사람에게 희망이 될 수 있도록 함께 일어서자고 부모와 교사가 손잡아 주어야 한다.

가정과 학교에서 리질리언스를 키우지 못한 아이들도 있다. 이들이 성인이 되어 사회에 나와 실패하더라도 스스로 배우거나 노력하는 이상 다시 일어설 기회를 제공하여 리질리언스를 기를 수 있도록 사회적 제도를 마련해야 한다. 이것이 가족과 학교, 그리고 사회가 존재해야 하는 이유가 아닐까? 그것이 삶의 시작부터 끝까지 배움을 지속해야 하는 이유이자 교육의 목적인, 아이들의 행복을 온전히 이루는 길이라고 생각한다.

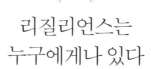

리질리언스는
누구에게나 있다

선생님은 언제나 절 다시 찾아오셨어요.
- 『교실 속 자존감』 p.156 -

리질리언스란 심각한 삶의 도전에 직면하고서도 다시 일어설 뿐만 아니라 심지어 더욱 성장하는 인간의 능력을 의미한다. 이는 '설마 쟤는 없겠지?' 라고 생각되는 아이에게도 있는 능력이다. 믿지 못하겠지만, 분명히 모든 아이에게 리질리언스는 존재한다. 사실 처음부터 학자들이 리질리언스라는 개념을 알고 있었던 것은 아니다.

워너와 스미스(Werner & Smith, 1982, 1992)는 1950년부터 하와이의 카우아이(Kauai)섬에서 태어난 800여 명의 아이를 전수 조사하여 40년 동안 이들을 추적 조사했다. 에미 워너(Emmy Werner)는 그중에서 가난, 부모의 정신장애, 가족 간의 갈등 그리고 아이를 키우기에 열악한 환경적 여건과 같은 위험에 2세 이전부터 노출된 201명을 따로 분류하여 연구했다.

워너와 스미스는 201명 중에서 무려 72명의 아이가 사회에 원만하게 적응하고, 학업 성취도도 높으며, 학생회장에 뽑히는 등 다른 사람에게 헌신적이고, 역량 있는 성인으로 성장했다는 것을 알게 되었다. 어떻게 절망적인 환경에서 태어난 아이들이 사회에 단순히 적응하는 수준을 넘어서 역량 있는 개인으로 성장하게 되었을까?

매스텐과 리드(Masten & Reed, 2001)는 아동 · 청소년을 위한 리질리언스 3가지 보호 요인에 대해 다음과 같이 이야기했다.

1. 개인 내적 보호 요인(Protective factors within the individual): 어릴 때 엄마로부터 안정애착을 경험하거나, 타고난 기질이 활달하고 사교적인 성향이나 성격을 보인 아이들은 유년기에 리질리언스를 갖게 되는 것으로 나타났다.
2. 가족 내 보호 요인(Protective factors in the family): 아이를 사랑하고 지지해주는 정신적으로 안정적인 가족 구성원이 있었던 아이들도 리질리언스를 갖게 되었다.
3. 사회 속 보호 요인(Protective factors in the community): 가족이 아니어도 지역 사회 내에서 존경하는 선생님, 관심 갖고 신경 써주는 친절한 이웃, 친한 친구 등 자신을 지지해주고 아껴주는 사람이나 역할 모델(Role Model)이 있는 아이들도 리질리언스를 갖게 되었다.

워너와 스미스의 카우아이 연구에서 열악한 환경에도 불구하고 훌륭하게 성장한 72명의 아이 모두에게는 공통적으로 자신을 믿고 지지해준 사람이 한 명 이상 있었다.

　루마니아는 1965년 차우셰스쿠가 권력을 잡았다. 그는 한 세대 안에 루마니아의 인구가 두 배로 증가하기를 원했고, 그래서 차우셰스쿠는 루마니아 여성이 45세까지 5명의 아이를 가질 것을 요구했다. 하지만 당시의 루마니아 경제 사정은 열악했고, 차우셰스쿠는 자국 내에 먹을 것이 부족했음에도 해외 차관을 갚기 위해 곡물을 수출했다. 그래서 국민의 필수 식량을 배급제로 해야 했다.

　이토록 가혹한 환경에서 수많은 아이가 태어났고, 가정에서 책임지지 못하는 많은 아이가 국가에서 운영하는 고아원으로 넘어갔다. 하지만 국가가 운영하는 고아원 역시 사정은 다르지 않았다. 열악한 고아원으로 옮겨진 아이들은 영양실조에 시달렸고, 더러운 침대 하나에서 4명의 아이가 같이 자기도 했으며, 담요는 소변을 가리지 못하는 아이들로 인해 절어 있고, 온갖 세균에 감염되어 아이들은 심한 설사와 전염병으로 고통받았다. 겨울임에도 속옷만 입거나 신발을 신은 아이가 거의 없었고, 자주 난방이 끊겼으며, 창문조차 깨져 있었다. 그야말로 지옥이 있다면 이곳이 아닐까 할 정도였다.

　차우셰스쿠가 물러난 이후 루마니아 아이들이 처한 현실이 언론에 알려지고 많은 사람이 아이들의 입양을 추진했다. 에임스와 루터(Elinor Ames & Michal Rutter)는 입양된 아이들의 이후 경과를 추적 조사했다.

　에임스(1997)에 따르면, 이 아이들에게는 4가지 큰 문제가 있었다. 지능지수가 85 이하였고, 행동상의 문제는 전문가의 도움이 필요할 정도였으며, 불안정 애착의 문제가 있었다. 그리고 잠을 자려고 자신의 요람에서 스스로 몸을 흔드는 행동을 반복했다. 특히 3세 이후에 입양된 아이들 30%가 이 중 서너 가지의 문제를 갖고 있음을 발견했다.

그런데 입양 2년 후 이 아이들에게 놀라운 변화가 있었음을 알게 되었다. 35%의 아이들은 4가지 문제 중 하나도 해당되지 않았고, 다른 35%는 한두 가지 문제만 갖고 있었다. 모두 생후 6개월 이전에 입양된 아이들로, 이 아이들에게는 이런 문제를 전혀 발견하지 못했다. 놀라운 일이었다. 지옥과 같은 곳에서 자랐으나 이후 자신을 지지하고 보호해주는 양육자가 생기자 정상적인 삶을 살 수 있었던 것이다.

리질리언스와 관련하여 마지막으로 살펴볼 연구가 있다. 미국의 불우한 청소년들에 대한 연구다. 1999년을 기준으로 미국 인구조사에 따르면, 전체 아동의 20%가 가난하게 살고 있었다. 18세 이하 아동·청소년 1,350만 명에 해당되었다. 많은 연구가 가난하게 사는 아이들이 정서 장애나 약물 사용, 학업 실패, 청소년 비행 따위의 위험에 직면해 있다고 했다. 그럼에도 불구하고 가난한 아이 상당수가 범죄에 빠지거나 학교를 그만두거나 정서 문제를 호소하지는 않았다.

우리는 부모를 선택해서 태어나지 않는다. 어떤 아이는 훌륭한 부모의 양육환경 아래에서 자라고, 또 어떤 아이는 열악한 양육환경 속에서 자란다. 하지만 학교는 다르다. 학교에서는 사회적 합의에 따라 선발된 지적, 도덕적으로 우수한 교사가 의무교육의 책임을 맡는다. 또한, 학교에서는 좋은 양육환경에서 자란 훌륭한 친구를 만날 수도 있다. 타고난 환경과 상관없이 학생을 지지해줄 교사를 제공하고, 함께 배우며 지지해줄 친구를 만나게 해준다. 다시 말해서, 다시 일어서도록 손잡아 줄 교사와 친구를 만나는 곳이자 이들과의 상호작용을 통해 스스로 일어설 힘을 기르는 곳이 바로 학교이다. 이것이 학교에서 벗과 사귀고, 우정을 키우며 지속시켜 가는 법을 가르쳐야 하는 이유이자, 교사가 학생을 지지하고 격려해야 하는 근본 이유가 아닐까 한다.

매스텐(Masten, 2001)은 누구나 역경으로부터 스스로 보호하는 요인을 갖고 있고 그것이 바로 리질리언스라고 했다. 그는 리질리언스를 '일상의 마술(Ordinary magic)'이라고 불렀다. 리질리언스는 누구나 갖고 있기 때문이다. 그렇다. 내가 가르쳐온 수백 명의 아이 중에는 한부모 가정도 있었고, 조손가정도 있었다. 부모의 알코올 의존 때문에 오랫동안 시달리거나 가정폭력이나 사고로 가족을 잃은 가정도 있었다. 하지만 그 모든 아이가 범죄자가 되거나 학교를 그만두거나 자기 삶을 망가뜨리지는 않았다. 오히려 역경이나 시련이 없이 자란 아이들보다 더 훌륭하게 성장한 경우도 많았다. 이는 무엇 때문일까? 아이들 주변에 아이들을 믿고 지지해준 한 사람 이상의 훌륭한 사람들이 있었기 때문이다.

'헬조선' 요즘 우리 사회를 부르는 말이다. 왜 우리 사회는 지옥이 되었을까? 곰곰이 생각해보면, 사람을 믿지 못하기 때문이 아닐까 싶다. 친구가 친구를 믿지 못하고, 학생이 교사를 믿지 못하며, 교사가 학생을 믿지 못하고, 부모가 자식을 믿지 못하며, 자식이 부모를 믿지 못하기 때문이다.

달마다 혹은 학기마다 친구가 한 말이나 행동을 '학교폭력'이라는 프레임을 떠올려 실태조사에 임해야 하는 학교, 스스로 배우려는 마음도 없이 수업에 임하는 아이, 수업에 흥미가 없는 이유는 무작정 수업이 재미없기 때문이라고 무기력의 책임을 교사에게 미루는 학생, 아이의 일상에 관심도 기울이지 않고 보이는 것만으로 아이를 판단하는 교사, 내 아이가 훌륭한 교사를 만나기 바라면서 정작 자신은 그 어떤 교사도 믿지 못하는 학부모. 이들 모두 말로는 사람을 믿는다고 하지만, 사람을 믿는 행동을 하지 않기 때문에 '헬조선'이라고 부르는 것이 아닐까?

날마다 쏟아지는 수많은 언론 기사는 내 가족을 의심하게 하고, 내 이웃을 경멸하게 하며, 내 친구를 증오하게 만든다. 우리는 오래도록 사람을 불신하게 되었고, 그래서 커진 불안은 우리가 사는 이곳을 지옥으로 만들었다. 마음속에 높이 세워진 불신의 벽은 누구도 넘을 수 없다는 깊은 회의감이 우리를 작은 역경에도 쓰러지게 하는 것이 아닐까?

모든 사람에게는 리질리언스가 있다. 이 리질리언스를 키우는 것은 '서로서로 믿고 지지해주는 것'에서 출발한다. 미성숙한 아이들이 학교에서 친구를 기해자로 바라보게 하지 말고, 평생을 함께할 벗을 사귀는 기회를 얻도록 해야 한다. 실패해도 다시 일어서도록 친구와 교사가 함께 손잡아주어야 한다. 사람은 부모와 가정형편을 선택해서 태어날 수는 없다. 그래서 학교라는 공교육이 우리 아이들에게 손을 내밀어야 한다. 서로 손잡아주고 일으켜 세우는 법을 가르쳐야 한다. 그래서 나는 아이들의 리질리언스를 키우는 일은 우리 사회를 지옥이 아닌 천국으로 만드는 '사람'을 키우는 일이며, 학교와 가정 그리고 우리 사회가 해야 할 일이라 생각한다.

사랑받는 사람에서
사랑하는 사람으로

덕이 높은 사람은 외롭지 않다.
반드시 그를 따르는 이웃이 있기 때문이다.
- 공자 -

부모는 아이가 태어나면 먼저 건강하게 태어났는지 살펴본다. 그런데 부모가 아닌 사람들은 아이의 외모가 좋은지 '본능적으로' 살펴본다. 왜 그럴까? 그 이유는 실제로 외모가 인간관계에서 많은 영향을 끼치기 때문이다. 듀오휴먼라이프연구소의 '연애와 행복 인식 보고서'(2015)에 따르면, 행복과 관련된 삶의 주요 구성 요소별 만족도 순위가 1위는 외모, 2위는 학력, 3위는 직업, 4위는 경제력이었다.

이는 부모가 자녀에게 물려주고 싶은 것과 일치한다. 외모와 학력 그리고 탄탄한 직업과 경제력을 가진 내 아이. 더구나 많은 이의 관심과 사랑을 받는 아이로 자라는 것. 내 아이가 모든 것을 다 갖추고 살아가게 하는 것이 과연 부모가 물려줄 수 있는 최고의 유산일까?

헤르만 헤세의 '아우구스투스'라는 단편소설이 있다. 아우구스투스의 어머니 엘리자베스는 결혼 초 남편을 잃고 힘들게 살다가 빈스반겔이라는 노인의 도움으로 아우구스투스를 순산하게 되고, 아우구스투스가 '모든 이에게 사랑받는 아이'로 자라기를 소원한다. 소원대로 아우구스투스는 아주 귀엽고 영리한 아이로 자라며, 모든 이에게 사랑을 받았다. 하지만 '남을 사랑할 줄 모르는 아이'가 되었다.

이에 크게 실망한 엘리자베스는 자신의 '아이를 위한 소원'이 잘못된 소원이었음을 후회한다. 아우구스투스 자신은 사람들을 사랑하지 않으면서, 자신을 좋아하는 사람들을 한없이 무시하고 경멸했다. 오히려 자신을 사랑하는 사람들을 괴롭히고 싶은 충동에 사로잡혔고 '아무런 노력 없이 얻는 사랑과 관심'에 깊은 권태와 허무를 느꼈다. 괴로운 삶에서 벗어나고자 온갖 노력을 다했음에도 벗어나지 못해 자신에 대해 깊은 좌절을 느꼈다. 결국, 아우구스투스는 자살로 자신의 괴로운 생을 마감하려 했으나, 다시 한번 삶의 기회를 얻게 되었다. 그는 소원한다. "제가 사람들을 사랑하도록 만들어주십시오."

누구도 진정 사랑한 적 없었던 아우구스투스. 그는 자신이 상처 준 사람들을 만나 진심으로 사과하고, 그들의 좋은 점을 기억하려 애썼다. 자신이 상처 준 이들을 위해 힘닿는 데까지 도움을 주려고 노력했고, 도와줄 수 없을 때는 밝은 미소와 친절한 인사 같은 따듯한 태도로 사람들을 대했다. 그렇게 아우구스투스는 행복하게 자신의 삶을 마감했다.

헤르만 헤세의 단편소설 '아우구스투스'로 얻을 수 있는 첫 번째 교육적 의미는 아이들을 다른 사람으로부터 사랑받는 수동적 존재가 아닌,

'다른 사람을 사랑하는 능동적 존재로 키워야 한다'는 것이다. 또 한 가지는 다른 사람을 사랑할 줄 모르는 영리함이나 총명함은 다른 사람뿐만 아니라 자신을 공격하기도 한다는 것이다. 즉, 행복이란 '남에게 물품을 베풀면 자신에게 도움이 되는 법인데, 비유하면 남을 위해 불을 밝히면 내 앞이 밝아지는 것과 같다'(SGI 어서, p.1598)는 말에 통한다.

실제 '타인을 사랑하는 행위'가 자신을 더 이롭게 만든다는 여러 과학적 증거가 있다. 먼저 신경과학적 증거로 헬퍼스 하이(Helper's High)와 마더 테레사 효과(The Mother Teresa Effect)를 들 수 있다. 미국의 내과 의사 앨런 루크스(Allen Luks)는 자원봉사자 3,000명을 대상으로 조사를 했는데, 남을 돕는 행위가 에너지의 분출과 도취감을 느끼게 하고, 스트레스를 줄여주며, 고통을 없애는 데 도움을 주는 엔도르핀을 분비시킨다는 것을 발견했다.

다른 연구도 있다. 1988년 하버드 의과대학교 연구진은 700여 명의 학생을 두 팀으로 나누어 한 팀에는 아무런 대가 없이 남을 돕는 봉사 활동을 하도록 하고, 다른 팀은 돈을 받고 일하는 아르바이트 활동을 1개월 동안 하게 한 뒤 변화를 관찰했다. 변화는 아무런 대가 없이 남을 돕는 봉사 활동을 한 쪽에서만 일어났다. 이들만이 타액 속에 바이러스와 싸우는 면역항체 Ig A 수치가 월등히 높아진 것이다.

하버드 의대의 1996년 연구도 있다. 실험 전에 실험에 참가하는 학생들의 면역항체 Ig A 수치를 조사하여 기록한 후, 테레사 수녀의 일대기를 그린 영화를 보여주고, Ig A 수치가 어떻게 변화하는지 비교했다. 실험 결과, 참가한 모든 학생이 Ig A 수치가 실험 전보다 일제히 높게 나타났다. 이는 타인의 선행을 지켜보기만 해도 신체의 면역기능이 크게 향상된다는 것을 보여준다.

2003년 미시간대학에서는 오래 사는 부부의 공통점을 조사했다. 이들의 상당수가 정기적으로 몸이 불편한 사람들이나 거동이 불편한 사람들을 꾸준히 찾아가 봉사를 하고 있었다. 아무런 대가도 받지 않고 정기적으로 봉사 활동을 하는 그들을 조사했더니 혈압과 콜레스테롤 수치가 정상 범위로 하락하고, 엔도르핀은 정상치의 3배가 증가하며, 타액 속 면역항체 Ig A가 증가하는 '헬퍼스 하이'를 봉사자 자신이 경험하는 과학적 증거를 발견했다.

이번에는 심리학에서 살펴보자. '학습된 무기력'으로 유명한 마틴 셀리그먼(Martin Seligman)과 동료들은 행복이 크게 즐거운 삶(pleasant life), 적극적인 삶(engaged life), 의미 있는 삶(meaningful life)이라는 3가지 요소로 구성된다고 했다. 이를 쉽게 풀어보면, 자기 자신보다 더 큰 무언가, 즉 높은 이상을 추구하며(meaningful life), 자기 삶의 목적에 의미를 부여하는 활동에 능동적으로 참여하며 타인과 관계에 집중하고(engaged life), 일상의 소소함에 감사하며 기쁨을 느끼는 상태(pleasant life)를 말한다. 여기서 말하는 '의미 있는 삶'은 결국 자신보다 더 큰 무엇, 즉 타인을 사랑하는 삶을 의미하는 것으로 추정할 수 있다.

다시 헤르만 헤세의 '아우구스투스' 이야기로 돌아가 보자. 모든 사람이 아우구스투스를 사랑했을 때 아우구스투스 자신은 아무런 땀과 노력 없이 항상 좋은 결과를 얻었다. 이는 결국 아우구스투스의 높은 이상을 향한 시선을 가리고, 삶을 무의미하게 느끼게 했으며, 일상의 작은 기쁨에 무감각해지게 만든 원인이 되었다.

그렇다면, 우리는 아이들에게 무엇을 물려주어야 할까? 아우구스투스의 말속에 답이 있다. "사람들을 사랑할 수 있도록" 하는 것이다. 우리는 사람들을 사랑하려 할 때마다 많은 상처를 경험한다. 그러나 상처받는 것이 두려워 사랑하지 않은 것, 이 역시 불행이다.

그 두려움은 곧 인간을 믿지 못하는 마음의 표현이기 때문이다. 우리가 아이들에게 물려주어야 할 것은 사람이 사람을 믿지 못하는 것이 아니라 믿게 하는 것이다. 어디를 가도, 누구를 만나도 믿을 수 있는 세상이 된다면 얼마나 행복할까? 따라서 우리가 아이들에게 물려주어야 할 진정한 유산은 돈이나 외모, 학력이 아니라 '사람을 향하는 따듯한 인간애'여야 하지 않을까. 이러한 인간애를 가진 아이들로 모두가 성장한다면 얼마나 행복한 세상이 될까? 그 출발은 바로 아이들의 리질리언스를 키워주는 것에서 시작한다고 생각한다.

2장

지지 않는 힘을
기르는 요인 1

- 개인 요인 -

꽃과 쓰레기,
도덕과 톨스토이

올바른 사상은 반드시 풍요로운 결실을 가져다준다.
- 톨스토이 -

화향백리(花香百里) 인향만리(人香萬里).

꽃향기는 백 리를 가고, 사람 향기는 만 리를 간다는 뜻으로 퇴계 선생의 글이다. 사람의 향기란 덕을 쌓음을 말한다. 즉 덕을 많이 쌓을수록 사람의 향기가 널리 퍼진다는 뜻이다. 덕은 선을 실천할 때만 쌓인다. 불교에서도 '악을 멸(滅)함을 공이라 하고, 선을 생(生)함을 덕이라고 한다.' (SGI 어서, p.763)

도덕 첫 시간에 아이들에게 해주는 이야기가 있다. 꽃과 쓰레기의 공통점과 차이점 찾기다. 꽃과 쓰레기는 어떤 공통점이 있을까? 바로 후각을 자극한다는 점이다. 꽃은 향기를, 쓰레기는 악취를 내뿜는다. 그렇다면, 차이점은 무엇이 있을까? 꽃은 향기와 그 아름다운 모습으로 사람들을 끄는 매력이 있는 반면에 쓰레기는 악취와 그 지저분한 겉모습으로 사람들이 멀리하게 하는 혐오감이 있다. 꽃은 벌과 나비를 불러 모으고, 쓰레기는 해충을 불러 모은다. 꽃은 꿀을 만들지만, 쓰레기는 오염물질을 만들어낸다.

사람도 그렇다. 향기가 나는 사람이 있는가 하면, 악취가 나는 사람이 있다. 향기가 나는 사람이란 생각도, 말도, 행동도 아름다운 사람이다. 이들은 다른 사람의 이야기에 귀 기울이고, 나이나 직업에 따라 사람을 차별하지 않으며, 다른 사람의 장점을 찾아서 배우려는 삶의 태도를 지녔다. 무엇이든, 누구에게든 배우려는 태도를 지닌 사람은 나에게도 남에게도 이로운 사람이다. 그래서 자기 주변에 사람들이 모이게 하는 매력이 있다. 사람들은 향기 나는 사람 주변에 모이기 마련이다.

악취가 나는 사람은 생각도, 말도, 행동도 아름답지 못하다. 선한 일을 실천하는 사람을 가벼이 여기고, 오히려 미워하며 질투하고 원망하는 사람이 있다. 자신은 선을 실천하지 않으면서 선을 실천하는 사람을 오히려 무시하고, 미워하며, 질투하고 원망하는 사람은 주변 사람들이 하나둘 멀어진다.

아이들 삶 속에도 향기와 악취가 있다. 학급에서 힘든 일을 나서서 하는 친구를 무시하고, 그 노고를 칭찬받으면 질투하고 모함하는 아이가 있다. 반면에 노고하는 자신을 무시하고 질투하며 모함하는 아이를 오히려 따뜻하게 대하는 아이도 있다. 이렇게 향기 나는 아이 때문에 자신의 말과 행동 그리고 수준 낮은 생각이 드러날까 두려워 미워하고 원망하는 아이도 있다.

그래서 도덕(道德)의 의미를 이야기한다. "도덕은 어떤 뜻일까?"라고 물어보면 아이들은 착하게 사는 일, 사람답게 사는 걸 배우는 것, 덕을 쌓는 것, 선을 베푸는 것, 효도, 감사 따위의 여러 대답을 한다. 사람들이 많이 쓰는 말 중에 공덕(功德)이라는 말이 있다. 남을 미워하고 원망하는 삶에서 벗어나는 것이 공이라면, 남을 칭찬하고 격려하는 삶을 살아가는 것을 덕이라고 할 수 있다. 즉, 도덕의 덕(德)은 선을 실천하는 것을 의미한다.

톨스토이의 '세 가지 질문'이라는 단편소설이 있다. 이 소설의 시작에 등장하는 왕은 매우 철학적인 질문 3가지를 갖고 있었다.

"가장 중요한 때는 언제인가?"

"가장 중요한 사람은 누구인가?"

"가장 중요한 일은 무엇인가?"

왕은 자신의 질문에 대한 해답을 얻기 위해 한 성자(聖者)를 찾아가지만, 그는 왕에게 답을 주지 않는다. 왕은 성자로부터 답을 얻지 못한 채 왕궁으로 돌아가려 한다. 그때 성자가 사는 곳의 창고에 장작이 거의 없음을 발견한 왕은 나이 많은 성자를 위해 장작을 패준다. 장작을 다 패준 왕이 궁으로 돌아가려 할 때, 이번에는 다친 사람이 성자의 집으로 찾아온다. 왕은 다친 사람을 모른 체할 수 없어 성자의 집에 남아서, 다친 그를 치료해준다. 나중에 알고 보니 그가 치료해준 사람은 자신을 죽이려고 한 사람이었다. 왕이 나이 많은 성자를 위해 장작을 패느라 성자의 집에 머물렀기 때문에 왕을 만나지도 못한 채 군사들에게 부상을 입고 간신히 성자 집으로 도망쳐온 것이다. 결국, 왕은 자신을 죽이려 했던 사람을 치료하고 보살펴준 것이다. 자신도 모르는 사이에 스스로 목숨을 구한 왕에게 성자는 말한다.

"가장 중요한 때는 바로 지금입니다. 지금이라는 시간이야말로 모든 것을 지배하기 때문입니다. 가장 중요한 사람은 당신과 함께 있는 사람입니다. 지금 당신과 함께 있는 사람 말고, 다른 사람과는 그 어떤 일도 도모하지 못하기 때문입니다. 마지막으로 가장 중요한 일은 지금 당신과 함께 있는 사람에게 선행을 베푸는 일입니다."

나는 아이들이 꽃과 같은 삶을 살아가기를 바란다. 말과 행동 그리고 생각마저도 향기로운 사람이길 바란다. 그 향기는 지금 우리 옆에 있는 이에게 선행을 베푸는 말과 행동이다. 그렇게 사람다운 향기를 가득 품고 널리 퍼뜨리는 아이로 자라기를 기대한다.

아이들의 말과 생각 그리고 행동이 향기로워진다고 우리가 사는 세상이 행복해질까? 만약 우리가 사는 이곳의 삶이 어떤 노력에도 변화하지 않는다면, 아이들은 변화하려 할까? 그래서 다음과 같은 질문을 다시 던진다.

"천국과 지옥은 어디에 있을까?"

질문을 하면 많은 아이가 '하늘이요', '우주요' 혹은 교회에 다니는 아이들은 '하나님의 나라에 있어요' 라고 말한다. '지옥은 땅속에, 어둠 속에 혹은 사탄의 나라에 있어요' 라고 말한다. 이렇게 아이들의 이야기를 충분히 듣고 나서 나는 말한다.

"천국도 지옥도 전부 여기에 있단다."

하루는 우리 반 아이 둘이 집에 가기 전에 나에게 와서 억울한 목소리로 이렇게 이야기했다.

"선생님, 친구가 제가 하지도 않은 말을 했다며 화를 내요."

"저희 반 아이들이 춤추는 것을 보고 그게 뭐냐고 놀려요."

다른 친구로부터 하지도 않은 일을 했다고 혹은 열심히 노력한 행동을 비난받은 것이다. 친구로부터 모함을 받고, 비난을 들은 아이들은 당연히 상처받는다. 자신도 모르는 이유로 비난을 받은 아이들 마음에는 친구에 대한 서운함과 원망이 자리를 잡고, 이는 복수심을 자극한다. 이제 지옥이 펼쳐지려고 한다.

"만약에, 네가 넘어져 크게 상처가 났다고 생각해보자. 누군가가 네 깊은 상처에 닿았다면 어떨까?"

"아파서 화를 내겠죠."

"네 몸에 닿은 친구의 마음은 어떨까?"

"억울하겠죠."

사실 그랬다. 우리 반 아이에게 상처를 주는 말을 했던 아이는 원래 상처가 깊은 아이였다. 학년 선생님들끼리 모여 문제행동을 보이는 아이 이야기를 나누다가 그 아이의 가정사와 이전 학년에서 있었던 일들을 돌아보게 되었고, 그 과정에서 아이가 가진 상처를 이해하게 되었다.

생텍쥐페리가 말한 것처럼 중요한 것은 눈에 보이지 않는다. 눈에 보이지 않기 때문에 관심(觀心)이 필요하다. 마음을 보아야 한다. 아이의 마음을 보려면 아이의 행동을 관찰해야 한다. 오랫동안 아이의 삶을 지켜보아야 한다. 나는 아이들에게 친구의 마음을 보게 해주고 싶었다.

상처 난 사람은 자신의 상처를 드러낼 때 고통의 신음을 동반한다. 그 신음에는 분노와 비난이 담기기 가장 쉽다. 부적정서는 시야를 좁히고, 신속한 판단을 강요한다. 이는 다른 사람의 행위를 맥락적 관점에서 이해하지 못하게 하고, 그 순간에 집중하게 만든다. 그렇기 때문에 갈등은 필연이다. 상처받은 아이들이 내는 분노와 비난은 결국 부메랑이 되어 자신에게 돌아온다. 그러므로 교사는 던져진 부메랑을 응시하고 붙잡아 상처 주지 못하게 버티고 서야 한다. 그리고 버텨주는 법을 아이 친구들에게 가르쳐주어야 한다.

비난을 들은 아이에게 다시 물었다.

"왜 상처 이야기를 했을까?"

아이는 대답했다.

"그 친구가 상처가 많은 아이라고 말하시려고요."

"그렇다면, 네가 어떻게 해주어야 할까?"

"제가 그 친구를 이해해주고 더 따뜻하게 대해주어야죠."

그래서 나는 다시 아이에게 말했다.

"그래, 그런데 힘들 거야. 그래도 포기하지 마, 네 친구를. 그게 바로 우정이야."

그리고 손바닥을 마주쳤다.

옆에서 다른 아이가 말했다.

"저에게도 상처가 있어요. 마음의 상처."

그래서 나는 또 말했다.

"맞아. 너에게도 나에게도 마음의 상처가 있어. 그런데 그 상처를 어루만져주고, 치료해줄 누군가가 네 옆에도 있고, 내 옆에도 있어서 우리는 괜찮은 거야. 선생님은 네가 그 친구의 상처를 어루만져주고 치료해줄 그 누군가가 되어주었으면 해."

아이들은 교실을 나가면서 두 번, 세 번, 나를 부르며 손을 흔들고 집으로 돌아갔다.

나는 고통의 신음이 반복되는 지옥에서 다시 상처를 어루만져주는 이들이 존재하는 천국으로 바꾸는 건 우리뿐이라고 아이들에게 이야기하고 싶었다.

나는 천국도, 지옥도 전부 우리가 사는 이곳에 있다고 생각한다. 우리가 함께 있는 교실은 어떤 아이에게는 지옥이 되기도 하고, 어떤 아이에게는 천국이 되기도 한다. 자신을 괴롭히는 친구가 같은 반이면 지옥이 되고, 좋아하는 친구가 같은 반이면 천국이 된다. 교실이 더러우면 지옥이 되고, 깨끗하면 천국이 된다.

선생님이 학생을, 친구가 친구를 차별하지 않고 서로에게 선을 베푼다면 아이들에게 교실은 천국이 된다. 교사에게도 역시 학생이 열심히 배우려 하고 친구들과 사이좋게 지내면 교실은 천국이 된다. 우리가 사는 곳을 천국으로 만드느냐, 지옥으로 만드느냐는 온전히 우리, 교사와 학생 모두의 책임이다.

우리가 사는 교실을 천국으로 만들기 위해 아침에 등교하면 교실 뒤 칠판에 적힌 다음 3가지 문장을 읽는다.

나는 모든 일에 노력의 1등이 되겠습니다.

나는 모든 친구를 사랑하겠습니다.

나는 소리 내 웃겠습니다. 하하하.

스스로 어제의 자신과 오늘의 자신, 오늘의 자신과 내일의 자신의 노력을 비교하는 아이. 서로에게 힘이 되어주는 아이. 다 함께 소리 내 웃으며 행복한 교실로 만들고 싶다. 그리고 하교할 때 다음의 3가지를 읽는다.

나는 부모님을 행복하게 만들겠습니다.

나는 가장 건강해지겠습니다.

나는 소리 내 웃겠습니다. 하하하.

부모가 나를 행복하게 만들어주는 것이 아니라 내가 부모를 행복하게 만들어 드릴 것을 고민하고 실천하는 아이, 스스로 성장을 위해 애쓰며, 벗을 소중히 여기고, 부모를 행복하게 만들어주려는 아이들이 오래도록 건강한 삶을 살기를 바라는 마음으로 날마다 함께 읽는다.

교실이든, 가정이든 내가 가르친 아이들이 있는 곳이라면 어디든 행복한 곳이 되기를 꿈꾼다. 내가 있는 이곳을 천국으로 만드느냐 지옥으로 만드느냐는 오로지 우리 자신에게 달렸기 때문이다.

나는 아이들과 행복한 교실, 행복한 사회에서 살고 싶다. 아이들과 함께 행복한 교실, 행복한 사회를 만들고 싶다. 서로를 위하는 따뜻한 환경의 교실에서 서로를 존중하고 배려하는 아이들, 배우려는 열정으로 가득

찬 아이들과 함께하고 싶다.

그래서 교사인 내가 더 배우고, 내가 더 배려하고, 내가 더 먼저 손을 내밀려고 노력한다. 사람은 말보다 행동을 더 기억하고, 아이들은 들은 것은 하지 못해도, 본 것은 실천하기 때문이다.

조기교육이
아이의 건강한 발달을
가로막는다

더 편리해졌지만, 시간은 더 없다.
학력은 높아졌지만, 상식은 부족하고
지식은 많아졌지만, 판단력은 모자란다.
전문가들은 늘어났지만, 문제는 더 많아졌고
약은 많아졌지만, 건강은 더 나빠졌다.
- 제프 딕슨 『우리 시대의 역설』 중에서 -

조기교육은 '아이들의 평균 발달 시기보다 이른 시기에 학습을 가르치는 것'을 말한다. 예전에 아이를 영어유치원에 보낼까 하는 문제를 아내와 이야기 나눈 적이 있었다. 영어를 한 살이라도 빨리 배우게 하는 것이 아이의 미래를 위한 선택이라고 하는 부모가 많다. 그들의 선택은 아이의 미래를 위하기보다 부모의 자기 불안에서 기인한다고 나는 믿는다. 부모의 불안에서 시작하는 조기교육과 부모가 기대하는 내 아이의 리질리언스 사이에는 어떤 관련이 있을까?

'교과서'를 가르친다는 것은 배울 내용의 선택권이 학생이 아닌 교사, 아니 더 정확히 말해서 교육부에 있다는 것이며, 이는 아이의 자율성을 제한한다. 특히 정서적 자기조절 능력이 부족한 유아기 아이들에게 인지적 학습을 '시키는' 행위는 모든 학생의 내면에 있는 '스스로 배우고자 하는 본능(자율성)'을 제한하므로 스트레스 호르몬인 코르티솔의 분비를 촉진한다.

하지만 자율성만을 침해한다고 하여 아이들의 스트레스 역치 수준이 낮아지지는 않는다. 문제는 인지 발달보다 높은 수준의 학습이 이뤄지기 때문에 아이들이 유능성을 경험하기 어렵다는 것이다. 그뿐만 아니라 친밀하고 신뢰하는 부모로부터 아이가 스스로 유능성을 경험할 수 없는 조기교육을 강요받으면 부모와 아이의 관계성마저 무너지게 된다. 이것이 스트레스 호르몬, 즉 코르티솔의 분비를 더욱 촉진하는 원인이 된다.(물론 코르티솔이 반드시 나쁘기만 한 것은 아니다)

조기교육은 학습과 관련된 뇌 부위인 전전두엽 피질을 키우는 것이 목적인데 코르티솔의 과도한 분비는 오히려 편도체를 부정적으로 자극한다. 코르티솔의 지나친 분비는 편도체를 지나치게 예민하게 반응하도록 만들고 전전두엽 피질은 편도체를 통제하지 못하게 되어 결국 정서조절이 자꾸만 불능 상태로 빠지고 만다. 이렇게 실패한 정서조절 경험의 누적은 정서조절 관련 뉴런들의 수초화(myelination)*를 방해한다. 소위 아이가 자신의 감정을 잘 조절하지 못하고 행동으로 표출할 가능성이 큰 것이다.

---

* 미엘린 수초가 뉴런의 축삭돌기에 감기어, 자극의 전달 속도를 더욱 빠르게 하는 현상으로 어떤 주제와 관련된 경험이나 사고를 할 경우 해당 부위의 뉴런 간 연결이 활성화된다는 의미임. 예를 들어, 새로운 기술이나 정보를 접할 때 이해나 숙달이 어렵지만 다양한 접근을 통해 이해의 폭이 넓어지고 행위가 익숙해지는 것이 바로 뉴런 간 연결이 빈번하게 이루어진 까닭이라고 이해할 수 있음

아이들은 바깥에서 친구들과 함께 놀아야 한다. 특히 자연을 가까이하는 것이 좋다. 왜 아이들이 자연에서 친구들과 함께 노는 것이 정서조절에 유리할까?

아이들은 어른에 비해 자기조절력이 부족하다. 예를 들면, 힘을 강하게 써야 할 때와 약하게 써야 할 때의 차이를 조절하지 못하거나 상황에 어긋나게 사용하기도 한다. 또한, 아이들은 감각이 예민하다. 이는 변화에 민감하게 반응한다는 것을 의미한다. 이 말에 반박할지도 모르겠다. 어른들은 아이들의 동작이 어른에 비하여 둔하고, 말귀를 잘 알아듣지 못한다고 여겨서 감각이 둔하다고 생각하는 경향이 있기 때문이다. 여기서 아이들의 감각이 예민하다는 것은, 다시 말해서 변화에 대한 반응은 주위 환경의 변화에 민감하다는 것을 뜻한다.

잠깐 변화에 대한 반응에 관해서 이야기해보자. 아이를 키우는 엄마들은 집에서 아이들과 함께 노는 것이 힘들다. 왜 그럴까? 아이의 주의를 끄는 물건이 거의 없기 때문이다. 왜 아이들의 주의를 끄는 사물이 없을까? 앞서 아이들은 변화에 대한 감각이 예민하여 이에 잘 반응한다고 말했다. 그런데 집 안에 있는 사물은 전부 고정되어 있다. 다시 말해, 살아서 움직이는 생명체가 아니다. TV나 컴퓨터와 같은 가전, 가구, 장난감은 전부 스스로 변화하지 않는다. 그래서 아이들은 변화하지 않는 사물에 대한 '주의'를 '지속'하지 못한다. 장난감을 사주면 금세 싫증을 내는 까닭이 여기에 있는 것이 아닐까 생각한다.

밖으로 나가면 눈에 보이는 많은 사물이 움직인다. 변화하는 것이다. 이러한 움직임은 아이들의 주의를 끈다. 그런데 도시에 있는 많은 사물은 변화하지 않거나 혹은 지나치게 빠르게 움직인다. 그러나 자연에 가면 다르다. 대다수의 사물이 조금씩 천천히 변화하며 그 자리에 머물러 있다. 가만히 앉아서 지나가는 개미를 관찰하기도 하고, 숲에서 들려오는 풀벌레 소리에도 귀를 기울이며, 밟고 선 땅의 흙과 모래의 차이에 시선을 주기도 한다. 어른들은 고정되어 있다고 여기는 산이나 바다는 사실 시간이 흐름에 따라 계속해서 조금씩 조금씩 변한다. 아이들은 이렇듯 천천히 제자리를 지키며 변화하는 생명의 움직임에 반응한다.

이러한 생명의 움직임에 아이가 반응을 보이는 것은 아이의 자율성을 높여준다. 왜일까? 아이 스스로 주의의 대상을 선택한 반응이기 때문이다. 장난감 따위는 하나도 없는 자연에서 아이들이 잘 노는 이유가 여기에 있다. 이러한 환경에서 자란 아이들은 능동적 주의력이 높아진다. 주의를 끌려고 애쓰는 사물이나 사람이 없어도 아이들 스스로 반응하여 주의를 기울이기 때문이다.

이처럼 주의를 끄는 사물을 스스로 선택하는 것이 능동적 주의력이라면, 이에 반대되는 것이 바로 수동적 주의력이다. 부모가 사주는 장난감이나 TV 혹은 컴퓨터나 휴대폰 등의 매체에서 나오는 영상에 빠져 사는 아이가 많다. 이처럼 다른 사람이 제공하는 사물에 주의력이 주로 반응하는 것이 익숙해진 아이들이 학령기에 들어가면 자연에 가서도 더 이상 반응을 하지 않는다. 자연의 미묘한 변화가 아이들의 감각을 자극하기에는 이제 너무 약하기 때문이다.

아이들은 자연에서 생명과 서로 반응하는 또래와 쉽게 교감을 나눈다. 어른들은 자연 속 사물에 대해 생명으로 반응하지 못해 둔감하다. 직관이 약해지고, 이성이 강해진 어른은 자연에 쉽게 교감하지 못한다. 아이들이 주의를 기울이는 사물의 변화에 어른은 미처 따라가지 못하기 때문이다. 그래서 아이들과 놀면 금세 피곤해진다. 반면 아이들은 바닥에 기어 다니는 개미 한 마리의 움직임에도 반응하고, 이러한 반응을 또래 친구와 나눈다. 다시 말해, 자연에서 자신의 주의를 스스로 선택하는 능동적 주의력을 계발하면서 자율성을 키우고, 또래와 서로 반응하면서 관계성을 키우고, 주의를 지속하는 지속적 주의력을 기르면서 유능성을 경험하는 것이다.

다시 조기교육으로 돌아가 보자. 발달에 비해 이른 시기에 이뤄지는 교육은 아이의 유능성이 길러질 기회를 제한한다. 따라서 조기교육은 비고츠키 근접 발달 영역*에 반한다. 자신의 발달 시기에 할 수 없는 과제를 받으면 아이들은 실패와 좌절을 '주로' 맛보게 되고, 이는 아이의 자존감에 깊은 상처를 남긴다. 부정적 정서 경험으로 학습된 실패 경험은 유능성을 낮추고 이후 동기부여 과정에도 매우 부정적인 역할을 한다. '나는 할 수 없다'는 무기력이 뿌리 깊게 자리할 확률이 높아지기 때문이다.

지능은 결정지능과 유동지능으로 나뉜다. 결정지능은 학습에 의해 축적되는 정보나 지식과 관련이 있고, 유동지능은 작업기억, 주의 조절, 억제 조절 능력과 관련이 있다.(커텔의 지능 2요인) 결정지능은 평생에 걸쳐 쌓이므로 삶의 지혜로 쓰인다. 잘 모르는 것이 있을 때 어른들에게 여쭤

---

* 타인의 도움을 받아서 할 수 있는 영역이 스스로 할 수 있게 되는 영역으로 나아감

보면 자신의 과거 경험을 이야기해주는데 이 이야기의 밑거름이 바로 결정지능이다.

반대로 유동지능은 십 대 후반에 절정에 이르렀다가 서서히 낮아진다. 예를 들면, 나이 들어 책을 읽으면 잘 기억이 나지 않는다거나 주어진 정보를 가지고 문제를 빠른 시간 안에 해결하는 데 어려움을 겪는 이유는 작업기억이 낮아졌기 때문이다. 나이가 들면서 배움을 지속하지 않거나 그만두게 되면, 유동지능은 급속히 쇠락해져서 설명서를 보고도 금방 이해를 하지 못하게 되고 과제를 해결하는 데 어려움을 겪는다. 더구나 직접 보여주거나 같이 하지 않으면 쉽게 포기하는 주의억제 조절 능력의 부족이 쉽게 나타난다.

유동지능과 관련이 깊은 부위가 바로 해마*다. 해마는 기억, 학습, 동기와 관련이 깊다. 조기교육은 발달보다 이른 시기에 이뤄지는 인지적 교육인데, 이는 코르티솔의 분비를 높이므로 해마를 위축시킨다. 이 호르몬의 공격을 피하려고 인지적 교육을 거부하는 현상(유치원이나 어린이집 등교를 거부하는 따위 행동)이 일어나는데, 부모는 어쩔 수 없이 아이의 해마를 공격하는 유치원에 보내야 하므로 부모로부터 확장되어야 할 아이의 관계성이 무너진다.(특별활동이라는 이름으로 실시되는 지나친 학습이 이루어지는 어린이집이나 유치원이 해당된다)

IQ와 학업성취의 상관계수는 .32이고, 자제력과 학업성취의 상관계수가 .67이다. 그렇다면 아이의 자제력, 다시 말해 자기조절 능력을 키워주

---

* 　기억뿐만 아니라 과도한 정서 반응을 막아주는 역할을 하는 뇌 부위

는 것이 교육의 핵심이어야 한다. 그런데 지나친 조기교육은 자기조절 능력을 키우는 데 가장 방해가 된다.

매스텐과 리드가 말한 리질리언스의 보호 요인 중 개인 내적 요인이 있다. 버크너와 그의 동료들은 개인 내적 요인을 인지적 자기조절과 정서적 자기조절로 나누었다. 그들의 연구는 인지적, 정서적 자기조절을 잘하는 아이들이 역경이나 시련을 잘 이겨낸다는 것을 밝혀냈다. 정서적 자기조절의 훼손은 인지적 자기조절에도 부정적 영향을 준다.

인지적 자기조절을 하려면 해결책을 찾는 데 있어서 유연한 사고를 하고, 나무보다 숲을 보아야 한다. 정서를 조절하지 못하면 스트레스 반응을 보이게 되고, 이는 경직된 사고, 즉 숲보다는 나무를 보게 만들기 때문이다. 그러나 많은 부모가 이른 시기에 아이의 가능성을 발견하고 키우겠다는 목적으로 조기교육을 시킨다. 아이의 행복을 위해서라는 핑계로 말이나.

이처럼 지나친 조기교육은 아이가 가진 근본적인 리질리언스 보호 요인을 망가뜨릴 수 있다. 아이 스스로 학습 내용을 결정할 수 있는 자율성을 침해하고, 발달에 맞지 않는 학습으로 유능성을 해치며, 아이 스스로 성장하는 것을 방해하는 과정에 참여할 것을 강요하는 부모로부터 관계성을 공격받기 때문에 아이의 자존감이 훼손되고, 이로 인해 모든 일에 무기력한 모습을 보이게 된다. 더구나 이 과정에서 아이의 해마는 위축되거나 성장을 멈추고, 코르티솔이 높은 수치로 지속해서 분비되어 아이의 면역력까지 떨어뜨린다. 그래서 자주 아프거나, 알레르기성 질환에 쉽게 노출되고, 이는 다시 학습과 관련된 주의집중력을 떨어뜨리는 원인이 된다.

그래서 내 아이를 위한 교육을 하고 싶다면, 많은 돈을 들여가면서 조기교육을 하기보다는 함께 시간을 나누고, 자연에서 여러 친구와 같이 놀 수 있는 환경을 만들어주는 것이 훨씬 효과가 있다. 그것이 아이가 가진 리질리언스를 키워주고, 이후에도 학습과 관련된 인지적 기능을 키우며, 학습에 대한 동기를 높여 배움을 삶의 즐거움으로 만들 수 있기 때문이다. 지나친 조기교육으로 아이들의 건강한 발달을 가로막지 말아야 하는 이유가 여기에 있다.

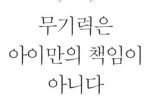

무기력은
아이만의 책임이
아니다

나는 죽고 싶지 않다.
나의 재능을 최대한 충실하게 발휘하고,
내 안에 뿌려놓은 씨앗을 키워,
마지막 작은 가지까지 싹 틔울 때까지는.
- 케테 콜비츠 -

"싫어요. 이길 제가 왜 해요? 저 못하는데요. 안 할래요."

교사로서 해마다 여러 번, 여러 아이에게 듣는 말이다. 이건 벽이다. 아이들이 마음속에 높이 세워놓은 무기력이라는 벽. 대체 무엇이 이 아이를 무기력하게 만들었을까?

먼저 한 가지 살펴볼 것이 있다. 심리학자인 라이언과 데시(Ryan & Deci, 2000, 2001)는 모든 인간에게는 자율성, 유능성, 관계성을 충족하려는 심리적 기본 욕구가 있다고 했다. 그들은 인간이 이 3가지 기본 욕구를 충족할 때 행복을 경험한다고 했다. 자율성의 욕구는 자기 삶의 모든 행위를 스스로 선택할 때, 그리고 자기개념과 일치할 때 충족된다. 유능성은 자신의 능력에 더 큰 기대를 걸고 그 기대에 부응하는 자신의 노력으로 바라던 결과를 얻었을 때 충족된다. 마지막으로 관계성은 다른 사람과의 친밀하고 긍정적인 연결로 채워진다. 자, 이제 라이언과 데시의 이론을 바탕으로 아이들의 무기력을 풀어가 보자.

우리 뇌에서 공부와 밀접한 관련이 있는 부위는 해마다. 해마는 만 2~3세부터 발달하기 시작하여 사춘기 때 절정에 이른다. 이 해마의 발달을 가로막는 행위가 '친밀한 관계의 정서적 지지 철회'다. 다시 말해, 자신의 삶을 전적으로 의지하는 부모로부터 체벌이나 폭행을 당하는 경우, 방임이나 방치 혹은 학대를 당하는 경우가 여기에 해당한다. 그렇다고 꼭 때리거나 욕을 하는 것만이 체벌이고 학대는 아니다. 때로는 부모의 의지와 상관없이 아이들이 방임 혹은 방치되기도 한다. 사회 현실이 방임을 강제하는 경우가 있기 때문이다. 바꾸어 말하면, 부모가 자녀를 잘 키우고 싶어도 사회가 이를 가로막는 환경 요인을 제공한다는 뜻이다.

비정규직 천만 시대다. 가정형편이 불안정한 아이의 수도 그만큼이다. 맞벌이는 여성의 자아실현을 위한 수단이기도 하지만, 가정의 생존을 위한 방법이기도 하다. 여성의 사회진출로 줄어든 '자녀를 향한 어머니의 관심'이 함께 사회생활을 하는 '아버지의 관심'으로 이어지지 않고 오롯이 어머니의 '무책임'으로 왜곡되었다.

이처럼 여전한 가사노동이 여성의 책임이라는 사고방식은 '자녀를 향한 부모의 관심'이 '경제적으로 여유 있는 사람들의 전유물'처럼 생각하게 만든다. 맞벌이에 지친 부모는 자녀와 함께 시간을 보내지 못하는 현실에 괴로워하고, 아이들은 자신들에게 무관심해 보이는 부모를 원망하거나, 자신들 때문에 고생하는 부모를 지켜보며 부모에게 '시간'을 선물해달라고 말하지 못한다. 이렇게 아이들이 가져야 할 가족 간 친밀한 '관계성'은 메말라간다.

관계성은 가족 안에서만 메말라가는 것이 아니다. 기본생활소득이 줄어들면서 그에 따라 친족 간의 왕래도 줄어들었다. 경조사에 참석하는 것조차 부담스러울 정도로 일상이 무너진 가정이 많기 때문이다. 친족만이 아니다. 이웃은 더 이상 사촌이 아니라 잠재적 범법자라 할 정도다. 층간 소음, 성폭력, 묻지마 강도 따위가 언론에 나오면서 불특정 다수에 대한 불신은 끝 모를 정도로 커져만 간다. 그야말로 불신으로 가득 차 문밖으로 나서기조차 불안한 세상이 되었다. 아이들에게는 가족과 친척은 물론 옆집에 사는 이웃도 공포의 대상이 되어버렸다. 아이들의 인간관계는 결핍이 극대화되고, 관계성 결핍을 채우기 위해 여자아이들은 소셜네트워크(SNS)에, 남자아이들은 결핍을 외면하기 위해 게임에 매달린다.

아이들의 자율성은 어떨까? 이이들과 함께하지 못하는 부모들에게 부족한 것은 바로 '시간'이다. 아이들의 선택을 기다려줄 시간 따위는 없다. 시간이 없다는 강박은 부모의 스트레스 역치 수준을 낮추고, 이로 인해 자녀의 뭉그적거림(선택을 위한 자기조절)을 받아줄 여유가 없다. 그래서 선택은 늘 부모의 것이다. 어떤 옷을 입고, 어떤 양말을 신고, 어떤 신발을 신느냐를 선택하는 일은 온전히 부모의 몫이다. 아이들에게 자율성을 키워줄 물리적, 심리적 여유 따위는 없다.

유능성은 어떨까? 역량중심 교육과정은 우리나라 교육과정의 핵심이다. 교육학에서 말하는 역량은 'competency'이고 심리학에서 말하는 유능성은 'competence'다. 이를 쉽게 풀어보면 '무엇을 아느냐'가 아니라

'무엇을 할 줄 아느냐' 가 역량이라는 것이다. 유능성은 앞서 말했듯이 스스로 노력해서 바라던 결과를 얻었을 때 느낄 수 있다. 모든 아이의 발달 영역은 시기와 수준이 전부 다르다.

그런데 지금의 교육과정이 개인 발달에 맞는 과제를 부여하고 성취를 기다려주고 있는가? 교사가 개별 아동의 발달을 관찰할 수 있는 시간과 환경에서 근무하는가? 학교는 아이들을 가르치는 수업이나 상담이 우선인가? 아니면 공문처리, 업무처리가 우선인가? '감히' 일개 교사가 국회의원 요구자료나 교육청 공문을 기한을 어기지 않고 아이 한 명, 한 명의 발달과 성장에 관심을 기울이고 이에 알맞은 피드백을 하는 것이 가능하기나 한가?

사실 아이들이 학교에서 유능성을 경험할 기회는 교사가 주어야 하지만, 공문처리 혹은 업무 때문에 아이들에게 기회를 줄 여유를 잃어버린다. 다시 말해, 교사로서의 역할 괴리에 빠져드는 것이다. 아이들이 학교에서 역량이나 유능성을 키울 기회를 적절히 제공받지 못할 가능성이 큰 환경인 셈이다.

리처드 니스벳(Richard Nisbett)의 『무엇이 지능을 깨우는가』에 보면, KIPP(Knowledge is Power Program, www.kipp.org)라는 학교가 소개된다. 이 학교는 비용 대비 아이들의 학업성취가 높고, 인성이 바르다는 평가를 받고 있다. 학업성취가 높고, 인성이 바른 원인으로 교사와 학생이 접촉하는 시간이 다른 학교에 비해 60%가량 높다는 점을 꼽았다. 교사와 학생이 서로 인지적, 정서적 상호작용을 자주 하도록 도와주었다는 것이다. 그렇다. 아이들의 학업성취와 인성, 이 두 가지가 교육의 핵심이라면 업무나 공문처리보다 교사와 학생의 상호작용에 훨씬 중점을 두어야 한다.

우리나라 역시 교사들의 업무를 줄이기 위해 각 학교에 행정실무사를 배치하거나, 교원업무경감팀을 만드는 노력을 기울이고 있다. 문제는 교육부나 교육청이 각종 공모 사업이나 특별교부금 사업을 줄이지 않아 공문 양이 줄지 않는다는 것이다. 그뿐만 아니다. 교육기본법 혹은 시행령에도 없는 돌봄이나 방과후학교 업무가 눈덩이처럼 일선 교사들에게 쏟아져도, 의문을 갖고 질문을 하는 것은 권위에 대한 도전이라고 여기는 학교문화 속에서 교사는 말없이 업무에 매진할 수밖에 없다.

아이들의 무기력은 온전히 아이들만의 책임이 아니다. 인간이라면 누구나 행위를 스스로 결정하려는 자율성을 추구한다. 아이들은 스스로 선택한 행위에 책임감을 느끼고, 스스로 결정한 과제에 노력을 기울이며, 노력을 기울이는 것에 관심을 보이고 격려해주는 사람과 관계를 깊게 하려 한다. 이렇게 넓혀진 관계성은 아이들을 중독으로부터 멀어지게 하고, 무기력에서 벗어나게 한다. 그래서 학생중심 교육과정, 배움 중심 수업이 사람들의 마음을 울리는 것이고, 역량중심 교육과정을 외쳐대며, 교원의 업무를 경감하려는 것이 아닐까 생각한다.

아이들이 스스로 자신의 무기력을 딛고 서게 하려면 어떻게 해야 할까? 먼저 아이들의 자율성을 키워줄 부모를 가정으로 보내주어야 한다. 저녁 식사는 가족이 함께할 수 있도록, 주말에는 가족과 함께 보낼 수 있도록 시간적, 경제적 여유를 만들어주어야 한다.

또한, 아이들의 유능성을 키우기 위해서는 학생을 직접 관찰하고 가장 잘 이해하는 교사들이 만든 학교 교육과정의 자율성을 높여야 한다. 따라서 학교 교육과정의 자율성을 침해하는 교육청이나 교육부 중심 사업을 축소하고, 학기 중간에 개입하는 것을 줄여야 하며, 단위 학교 예산을 늘려 학교 교육과정에 대한 자율성을 확대해야 한다. 교사는 아이들이 유능성을 발휘할 수 있도록 시간적, 물리적 공간을 마련해주어야 하며, 학생이 스스로 선택한 과제를 성취할 수 있도록 교사의 교육과정 운영에 대한 자율성을 확대해주어야 한다. 그것이 아이들이 무기력에서 벗어나고 스스로 배우고자 하는 마음을 길러주는 가장 효과적인 방법이다.

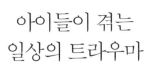

아이들이 겪는
일상의 트라우마

세상의 중요한 업적 중 대부분은
희망이 보이지 않는 상황에서도
끊임없이 도전한 사람들이 이룬 것이다.
- 데일 카네기 -

외상(Trauma)이란 무엇일까? 모든 아이가 외상을 피하고 인생을 살아갈 수 있을까? 아니다. 모든 아이는 외상을 경험할 수 있고, 경험하기도 한다. 누구나 삶에서 한 번쯤은 겪을 수밖에 없는 것이 외상이다. 그럼 도대체 사람들은 왜 외상, 즉 트라우마를 두려워할까?

야노프 불먼과 프리즈(Janoff-Bulman & Frieze, 1983)는 외상으로 인해 사람들이 심리적으로 고통받는 이유가 외상이 우리가 일상에 대해 갖고 있는 기본 가정 3가지를 무너뜨리기 때문이라고 했다. 그 3가지 기본 가정은 다음과 같다.

첫째, 심각하고 충격적인 일은 나에게 일어나지 않을 것이다.

둘째, 선한 일을 한 사람에게는 좋은 일이, 나쁜 일을 한 사람에게는 나쁜 일이 생길 것이다.

셋째, 나는 내 주변의 환경을 통제할 수 있고, 강한 존재이다.

외상을 경험하는 순간, 심각하고 충격적인 일이 나에게 일어나지 않을 거라는 믿음이 무너지고, 선하게 살았는데 나쁜 일이 생겼으며, 내 주변 환경을 통제할 수 없다는 무기력에 빠져 일상에 대한 항시적인 불안에 휩싸이게 된다.

그럼 무엇이 외상일까? 외상은 우리가 신체적, 정신적으로 '견딜 수 있는 범위를 넘어서는 경험'을 말하는데, 스몰 트라우마(Small Trauma)와 빅 트라우마(Big Trauma) 두 가지로 나뉜다. 빅 트라우마가 전쟁, 재난, 강력 범죄 같은 일상에서 일어날 가능성이 매우 작고, 쉽게 감당할 수 없는 충격적인 경험이면, 스몰 트라우마는 부모의 불안정 애착 혹은 가정불화, 교사의 인격적 모독과 지속적인 체벌, 친구들이 다 보는 앞에서 급한 용무를 참지 못하고 실수를 하거나, 친구의 지속적인 따돌림 같은 학교폭력이 해당한다.

스몰 트라우마는 사건이 해결되지 않은 채로 남아서 지속해서 스트레스를 일으키고, 이것이 이후의 삶에 빅 트라우마로 인한 증상과 같은 고통을 야기한다. 이는 마치 가랑비에 옷이 젖듯이 권투선수가 카운터펀치(Big Trauma)에 쓰러지기도 하지만, 잦은 펀치 허용(Small Trauma)으로 쓰러지기도 하는 것과 같다.

다시 야노프 불먼과 프리즈의 이론을 따라서 부모와 자녀, 교사와 학생 관계를 살펴보자. 아이들은 세상에 태어나 가장 안전하고 믿을만한 존재인 부모에게서 양육을 받는다. 오로지 의지할 대상은 부모뿐이다. 아이들은 부모의 말과 행동을 경험하면서 사회를 만나고, 사회적 기술을 습득한다.

그런데 부모가 아이의 욕구에 무관심해서 아이의 관계성 욕구를 키우지 못하거나, 혹은 욕구를 알아차렸으나 아이 자신의 욕구를 채우기 위한 수단의 선택을 부모가 일방적으로 결정하는 경우 아이의 자율성을 침해하게 된다. 부모라면 당연히 내 욕구를 알아차리고 이에 적절한 선택을 자신에게 맡길 거라는 자녀의 믿음을 저버리는 것이다.

에릭슨이 심리·사회적 발달단계에서 말하는 태어났을 때 얻어야 할 인간에 대한 '신뢰'가 사라지고, 혼자 걷고 움직이며 주변을 탐색하면서 키워야 할 '자율성'이 무시되는 것이다. 이런 양육 과정을 거치면서 야노프 불먼과 프리즈가 말한 일상에 대한 기본 가정 3가지 중에서 '고통스러운 일이 나에게는 일어나지 않을 것이라는 믿음'이 사라지게 된다.

아이가 어린이집이나 유치원에 다녀도 마찬가지다. 부모의 말에 따라 어린이집도 가고 글도 공부하지만, 더 높은 성취를 기대하는 부모의 태도는 변함이 없다. 반대로 아이가 어린이집이나 유치원에서 열심히 공부한 것을 이야기해도 어떤 부모는 여유가 없어 자녀의 이야기를 들어주지 못한다. 즉, 부모의 뜻에 따라 어린이집이나 유치원을 갔지만, 아이는 자신의 자율성을 충족시킬 기회를 얻지 못하고, 유능성을 보여줄 시간을 얻지 못하며, 유능성을 보여줄 대상(부모)과의 관계성을 경험하지 못하는 것이다. 이러한 경험은 앞서 이야기한 일상에 대해 갖고 있는 기본 가정

두 번째인 좋은 일(부모의 뜻을 따라 유치원에 간)을 한 사람에게는 좋은 일(유치원에서의 노력을 부모가 알아주는 것)이 일어나고, 나쁜 일을 한 사람에게는 나쁜 일이 일어날 거라는 가정을 무너뜨린다.

학교에 들어가도 마찬가지다. 어떤 부모는 일하느라 집에 늦게 돌아오고 주말에도 출근을 하지만, 반대로 어떤 부모는 아이가 공부하는 자리 옆에 앉아 '감시'한다. 또 어떤 부모는 아이가 원하는 대로 주말마다 함께 여행을 가기도 하지만, 여행지를 선택하거나 준비를 전부 부모가 한다. 부모와 함께 여러 정서적 경험을 나눌 '시간'은 어디에도 없다. 따라서 아이는 가족과 함께 있지 못해서 혹은 함께 있다 해도 자신의 자율성, 유능성, 관계성을 경험할 기회를 얻지 못한다.

가족의 생존을 위해 직장으로 내몰리는 부모에게 함께하자고 말하지 못하는 아이들, 아이의 행복을 위해 아이의 일거수일투족을 지켜보고 (조언을 가장한) '지시'하며 오로지 공부만을 강요하는 부모, 아이의 자율성과 유능성을 경험할 기회를 빼앗는 부모에게 내가 선택한 일을 하고 싶다고 말하지 못하는 아이들. 아이들은 야노프 불면과 프리즈가 말한 일상에 대해 갖는 기본 가정 세 번째, 즉 자신의 상황을 더 이상 통제하지 못한다고 느끼는 것이다.

아이들은 특별한 외상이 없어도 야노프 불면과 프리즈가 말한 3가지 가정 모두가 스몰 트라우마에 의해 무너지는 경험을 하게 된다. 이처럼 부모의 방임이나 지나친 통제, 둘 다 아이들을 일상에서부터 무너뜨리는 것을 볼 수 있다.

아이들이 겪는 스몰 트라우마는 주로 친밀한 관계에서 온다. 특히 부모, 친구, 교사로부터 날마다 작은 트라우마를 겪는다. 부모와 함께 놀러 가려면 시험 점수를 잘 받아야 하고, 숙제는 완벽히 해내야 하며, 학원은 빠지지 않아야 한다. 교사에게 칭찬을 받으려면 책을 몇 권 읽어야 하고, 숙제는 반드시 해야 하며, 수업 시간에 발표를 잘하고, 교사의 말을 잘 따라야 한다. 이건 조건적 사랑이다. 부모나 교사는 아이를 사랑한다고 말하지만, 아이는 사랑을 가슴으로 느끼지 못한다. '이렇게 해야만 사랑을 받는구나' 하고 머리로 생각할 뿐이다.

어떤 아이들에게는 아침 일찍 출근하고, 밤늦게 퇴근하는 부모에게 자기 삶을 이야기할 여유조차 없다. 아이는 천천히 마음의 문을 닫게 되고, 이는 아이 뇌의 정서회로와 관련된 뉴런의 발달을 방해한다. (부모에게 사랑받고자 하는) 자기 욕구를 드러내면 상처받을까 봐 자기 욕구를 인식하지 않으려 한다. 다시 말해, 감정인지 불능 상태에 빠지는 것이다.

자기감정을 인식하지 못하는 아이들은 결국 다른 사람의 감정도 알아채지 못한다. 소위 공감 능력이 결여되어 가는 것이다. 부모에게 사랑받지 못한 채 스트레스 역치 수준이 낮아진 상태로 학교에 온 아이들은 작은 자극에도 욕을 하거나 폭력을 행사한다.

서로에게 상처를 주는 말과 행동을 한 아이들의 해마는 위축되거나 기능을 멈추게 되고, 아이들은 인지적 기능이 멈춘 상태에서 수업에 참여한다. 바로 전 수업에서 학습한 내용도 기억하지 못하고, 지금 배우는 내용을 학습하지도 못하며, 배울 마음도 없는 아이들을 만나는 교사는 교사로서의 자존감에 상처를 입고 스트레스 반응(도전 혹은 도주, fight or flight)을 보인다. 다시 말해, 수업에 참여하는 아이를 외면(도주, flight)하거나 야단(도전, fight)을 치는 것이다.

그렇다면, 아이들의 무너지는 일상을 가만히 지켜만 보아야 할까? 그렇지 않다. 인지적 해결 방법으로 의미 만들기(meaning-making)라는 것이 있다. 바우마이스터와 보흐(Baumeister & Vohs, 2002)는 자신에게 벌어진 외상사건을 어떻게 해석하느냐, 어떤 의미가 있느냐로 재평가하는 과정이 필요하다고 했다. 놀런 호크세마와 데이비스(Nolen-Hoeksema & Davis, 2002)는 이를 두 가지로 나누어 설명한다. 사건을 이해하는 것과 사건 그 자체에서 이로움이나 긍정적 결과를 발견하는 것이다.

이해하기(sense-making)는 다음과 같은 방식을 말한다. 아이들에게 왜 밥을 꼭꼭 씹어 먹어야 하는지, 왜 양치를 해야 하는지, 왜 공공장소에서 조용히 해야 하는지 등을 자세히 설명해주는 것이다. 무조건 꼭꼭 씹어 먹으라고, 양치하라고, 공공장소에서 조용히 하라고 말해서는 안 된다. 아이들은 느낌으로 알아차릴 뿐 머리로 이해하지 못하기 때문이다. 따라서 어른들은 아이들이 이해할 수 있는 말로 차분히 설명을 해주어야 한다. 사건을 이해할 수 있도록 도와주어야 하는 것이다.

다음으로 이로움 찾기(benefit-finding)이다. 이로움이나 긍정적인 의미를 주어야 한다. 예를 들면, 중학교 때 선생님의 오해로 뺨을 맞은 내가 교사가 되고 나서 아이들의 보이지 않는 노력을 오해하지 않기 위해 일대일의 면담을 하는 교사가 되겠다는 다짐을 한 것, 아이들의 문제행동을 문제라고만 인식하지 않고 이를 이해하고 보다 효과적인 해결 방법을 찾기 위해 공부를 한다고 생각하는 것이 '의미 만들기'이다. 이 과정을 통해 얻는 이점은 첫째로 자신을 보다 강한 존재로 지각하게 되고, 둘째로 타인과 보다 친밀한 관계를 맺을 수 있게 되며, 셋째로 삶에서 가장 중요한 것이 무엇인지를 보다 명확히 알게 된다.

정서적인 해결 방법도 있다. 어떤 교장 선생님은 교문에서 아침맞이(학생들과 하이파이브를 하거나, 포옹을 하거나, 눈을 맞추고 인사를 나눈다)를 한다. 교사들은 교실에서 아침맞이를 하거나, 아이들과 차를 마시며 일상 이야기를 나누는 다모임을 한다. 또는 등교를 하면 학생이 자기감정을 표현할 수 있는 카드를 칠판에 게시해두기도 한다.

누군가와 손뼉을 맞추거나, 교사나 친구가 자신의 감정을 읽어주기만 해도 아이들의 스트레스를 더 잘 견뎌낸다. 학교에서 교사와 친구들이 서로의 마음을 읽어주는 행위가 꾸준히 이어지면, 아이는 자신의 정서를 좀 더 잘 조절할 수 있게 된다. 물론, 정서만 조절한다고 문제가 해결되는 것은 아니다. 지지해주는 교사나 친구가 없으면, 아이는 또다시 자신의 정서를 조절하는 데 실패할 가능성이 크다.

문제 상황의 과정을 예측하고, 그것에 맞게 적응행동을 그려보는 연습이 필요하다. 이를 위해서 월요일 아침마다 주말에 있었던 이야기를 나눈다. 각자의 감정과 삶을 공유하면서 더 나은 해결책을 함께 모색할 수 있다. 교사도 함께 참여하면서 보다 성숙한 방법을 제안하기도 한다. 이러한 과정은 인지적 자기조절에 해당한다.

또 하나의 인지적 자기조절에 해당하는 우리 반의 글똥누기 활동을 살펴보자. 아이들은 '실천이 말보다 낫다'라는 명언을 읽었다. 이 문장을 읽고 한 아이가 이렇게 썼다.

'한 사람이 쓰레기를 쓰레기통에 버리지 않고 아무 데나 버렸을 때 내가 "쓰레기는 쓰레기통에 버리세요"라고 말로 하기보다는 내가 직접 쓰레기를 쓰레기통에 버려준 후 나도 앞으로 그 행동을 실천해야 한다.'

타인의 잘못된 행위를 목격했을 때 보다 성숙한 행동을 보여줌으로써 스스로 부끄러움을 느끼도록 하겠다는 이 아이의 사고가 바로 타인에 대한 낙관적 전망이다. 타인에 대한 낙관적 전망은 다음과 같다.

'인간이라면 누구나 양심이 있고, 그 양심에 따라 행동할 것이라는 기대.'

그 기대는 먼저 타인을 존중하는 것에서 출발한다. 비난은 타인을 변화시키지 못한다. 오히려 더 성숙한 행위를 보여주고, 타인이 이를 모방하도록 하는 데서 시작한다.

다시 가정으로 돌아가 보자. 가족이라는 가장 안전하고, 친밀한 환경에서 경험하는 일상의 작은 외상은 부모가 의도하지 않은 상황에서 시작되는 경우가 대부분이다. 대부분의 부모는 자신의 행위가 자녀에게 어떻게 일상적인 외상경험이 되는지, 그것이 아이에게 어떤 고통을 주는지를 알지 못한다. 그래서 아이들은 부모를 미워하지 못한다. 이는 이중 감정 혹은 양가감정이다. 다시 말해서, 반대되는 감정이다.

여기서 잠깐 애착으로 넘어가 보자. 아이에게 가장 잔혹한 양육 방식이 있다. 바로 이중 구속(Double Bind)이다. 예를 들면, 자녀가 안아달라고 다가오면 부모는 자녀를 밀쳐낸다. 밀쳐낸 부모가 자신을 싫어한다고 생각해서 다가가지 않으면, 다시 부모는 날 사랑하지 않느냐며 자녀에게 서운해한다. 한마디로 이러지도 저러지도 못하게 만드는 것이다. 부모가 나를 사랑하는지, 사랑하지 않는지 전혀 확신할 수 없는 불안한 상태가 유지된다.

앞에서 말한 일상에 대해 갖고 있는 기본 가정 3가지가 무너지는 과정에서 아이들은 부모가 나를 사랑하는지, 사랑하지 않는지 확신이 서지 않는다. 그래서 부모나 교사는 아이들에게 사랑을 확인시켜주어야 한다. 말하지 않고 알 수 있는 건 없다. 말하지 않으면, 오해만 쌓일 뿐이다.

아이와 이야기를 나눌 때 하는 눈 맞춤, 악수와 포옹의 의미를 다시금 언어로 확인시켜주어야 한다. 외국 영화에서 아빠와 아들이 만나면 둘만의 약속된 행동을 하는 장면을 자주 볼 수 있다. 손뼉을 맞추고 둘만의 약속된 말과 행동을 하는 장면은 그 부자 사이의 친밀함을 나타내는 일종의 지표처럼 느껴진다. 이것뿐만이 아니다. 아침에 학교에 갈 때 늘 포옹과 가벼운 키스를 나눈다. 마음은 말이 아니라 행동으로 완성된다. 사랑의 마음을 전하는 일상의 작은 행위들이 필요하다.

실제 해마의 성장 발달에 가장 좋은 방법은 친밀한 관계의 정서적 지지와 접촉이다. 이러한 행위가 아이의 정서적 자기조절력을 키워주고, 양가감정을 없애주며, 이중 구속에서 벗어나 안정애착을 얻을 수 있게 한다. 우리 아이들이 일상에서 겪는 작은 시련에서 스스로 일어서는 힘을 키워주려면, 가정에서 그리고 학교에서 아이들의 이야기를 들어주고, 나누며, 작은 격려의 행동을 나누는 것에서 출발하면 된다.

인지적 자기조절은
배우는 힘을 길러준다

인간의 생애를 종단으로 연구한 하버드의 그랜트(GRANT) 연구를 살펴보면, 사람들의 성공 요인은 학벌이 아니라 학력이었다. 좋은 대학을 나온 사람이 성공한 것이 아니라 "살아가기 위해 배워라. 배우기 위해 살아라"라는 괴테의 어머니 말씀대로 살았던 사람들이 성공했다는 것이다. 학력(學歷) 아닌 학력(學力)을 길러야 한다. 이는 자기 삶을 배우는 데 쓰는 힘을 말한다.

다른 사람의 인생을 들여다보며 타산지석으로 삼고, 선현들의 가르침이 드러나 있는 고전이나 경전을 보며 삶의 진정한 가치를 찾아 내 것으로 여기는 일, 평생 추구해야 할 가치를 찾아 선택하고 그 가치가 본래 지향하는 바대로 내 삶의 순간순간을 살아가는 것이 학력(學力), 즉 배우는 힘이고, 리질리언스의 인지적인 자기조절이라고 할 수 있다.

이렇게 진지하게 배우는 과정을 거치면 학습능력과 관련 있는 주의집중력과 메타인지 기능이 자연스레 키워진다. 그 까닭을 리질리언스를 연구한 학자들의 이야기를 빌어 살펴보자.

매스텐과 리드는 아동·청소년의 리질리언스를 키우기 위한 개인적 요인을 ① 훌륭한 지적 능력과 문제 해결 능력, ② 낙관적인 기질과 변화에 적응할 수 있는 성격, ③ 긍정적인 자기상과 개인적인 효율성, ④ 낙관적인 전망, ⑤ 정서와 충동을 조절하고 통제할 수 있는 능력, ⑥ 자신과 자신이 속한 문화에 의해 존중되는 개인적인 재능, ⑦ 건전한 유머 감각 등으로 설명했다.

한편 버크너와 그의 동료들은 탄력적인 아동·청소년들이 비탄력적인 아동·청소년들에 비해 인지적, 정서적 자기조절의 측정치에서 유의미하게 높은 점수를 얻었다는 것을 발견했다. 여기서 말하는 인지적 자기조절은 행동의 방향을 설정하고 문제를 해결하는 데 있어 집행기능을 맡는 역할을 한다. 삶의 순간순간 맞닥뜨리는 문제마다 자신이 추구하는 가치와 일치하는 선택을 하도록 돕는 능력으로 나무보다는 숲을 보는 능력을 말한다. 이러한 인지적 자기조절 능력이 발달할수록 끝까지 과제를 할 수 있으며, 성공적인 완수를 위해 과제의 주요한 측면에 주의하며 노력을 지속할 수 있다. 그 이유를 잘 나타내주는 문장이 있다.

비관론자는 모든 기회 속에서 어려움을 찾아내고,
낙관론자는 모든 어려움 속에서 기회를 찾아낸다. _ 윈스턴 처칠 과제를 수행하는 과정에서 어려움을 마주하게 되는데, 이 어려움을 이겨낼 방법을 찾는 힘이 바로 인지적 자기조절이라 할 수 있다.

정서적 자기조절은 어려운 상황에서 심리적으로 안정을 유지하고, 다른 사람에게 부정적 반응을 불러일으키지 않으면서도 자기 정서를 적절하게 표현하는 방법을 찾는 데 매우 능숙한 능력을 말한다. 이렇게 자기 정서를 잘 조절하는 아이는 다른 사람과 지지적인 관계를 만들고 유지하는 데 능숙하다.

매스텐과 리드가 말한 개인적 요인은 지적 능력과 문제 해결 능력, 기질과 변화에 적응할 수 있는 성격을 말한다. 이는 버크너가 말한 인지적 자기조절, 즉 나무보다 숲을 보며 행동의 방향을 설정하고 문제를 해결하는 데 중요한 집행기능과 관련이 깊으며, 과제의 핵심에 주의를 기울이며 노력을 지속하는 능력과 관련이 깊다.

이와 같은 인지적 자기조절은 학생의 학습능력을 높이는 데도 큰 도움이 된다. 스탠퍼드대학교 심리학과 교수인 캐롤 드웩(Carol Dweck)은 자신의 책 『마인드 셋(MINDSET)』에서 성장 사고방식(Growth Mindset)의 중요성을 이야기했다. 이는 자기 자신이 나아질 수 있다, 발전할 수 있다고 믿는 사고방식이다.

호주의 교육학자 존 해티(John Hattie)는 『비저블 러닝(Visible Learning)』에서 교육방법의 효과성에 대한 메타연구 800개를 다시 메타 분석한 결과를 보여준다. 연구에서 학생의 성취와 관련된 개인적 요인 중 가장 효과 크기[*](effect size)가 큰 것으로 보고된 것은 '자기보고 등급(self-report grades. 자신에게 거는 기대)'이었다. 이는 캐롤 드웩이 말한 성장 사고방식과 일치

한다. 성장 사고방식을 가진 아이는 '자기보고 등급'이 높다. 성장 사고방식은 자신의 노력에 따라 자신의 능력이 향상될 거라는 믿음을 의미하기 때문이다. 이러한 믿음을 갖고 노력하는 학생의 학업성취가 매우 높다는 것이 존 해티 연구 결과였다.

다시 버크너가 말한 인지적 자기조절로 돌아가 보자. 나무보다 숲을 보는 능력은 메타인지와 관련이 있다. 2014년에 방영된 EBS의 '학교란 무엇인가─0.1%의 비밀'은 메타인지의 중요성에 관해 이야기했다. 성적이 우수한 아이들의 특징은 자신이 아는 것과 모르는 것을 잘 아는 메타인지 능력이 좋다는 것이다. 교과를 전체적으로 내다보고, 자신이 부족한 부분을 찾아서 학습할 수 있는 능력이 있다는 것이다.

버크너가 말하는 인지적 자기조절의 숲을 보는 능력은 '교과'에만 한정되지 않는다. 이는 학습에서 삶으로 확대된다. '0.1%의 비밀'을 보면 메디인지가 높은 아이들은 자신이 틀린 문제를 확인하고 반드시 다시 풀어보는 과정을 거친다. 이를 삶으로 가져오면 자신이 맞닥뜨린 어려움을 회피하지 않고, 끝내 해결하는 것으로 볼 수 있다. 문제를 해결하는 과정에서 자신이 모르는 것을 명확히 하고, 자신의 것으로 만든다. 역경이나 시련을 정면으로 부딪쳐서 이겨냄으로써 자신의 역량으로 만드는 것이다. 그렇다면, 결국 인지적인 자기조절 능력을 잘 키운 아이가 학습능력도 키워질 수밖에 없는 것이다.

---

*   실험처치의 효과가 없다는 것을 영가설이라고 함. 효과크기는 영가설이 기각된 정도를 말하며, 값이 클수록 현상이 잘 드러난다. 즉 효과가 크다는 의미다

교실에서
인지적 자기조절을
높이는 방법

유능한 사람은 항상 배우는 사람이다.
- 괴테 -

어떻게 하면 아이들의 인지적 자기조절 능력을 향상시킬 수 있을까? 나무만 보는 아이들에게 숲을 볼 수 있는 능력을 키워주기 위해서는 어떤 방법이 효과적일까?

아이들은 어른에 비해 자기조절 능력이 부족하다. 따라서 장기적인 관점으로 자신의 행동을 결정하지 못하는 경우가 대부분이다. 또한, 경험이 부족하기 때문에 더 나은 행동이 무엇인지 잘 모르는 경우가 태반이다. 숲을 볼 수 있는 능력이 길러질 경험이 없는 것이다. 다시 말하면, 숲을 보는 능력은 메타인지라 할 수 있다. 메타인지는 자신이 아는 것과 모르는 것을 정확히 구별할 수 있는 메타인지적 지식과 지식을 바탕으로 어떤 방법으로 공부를 할지 전략을 세우는 메타인지적 기술로 나뉜다.

여기서 잠깐 시를 하나 읽어보자.

춤추라, 아무도 바라보고 있지 않은 것처럼

사랑하라, 한 번도 상처받지 않은 것처럼

노래하라, 아무도 듣고 있지 않은 것처럼

일하라, 돈이 필요하지 않은 것처럼

살라, 오늘이 마지막 날인 것처럼.

– 알프레드 디 수자, '사랑하라, 한 번도 상처받지 않은 것처럼'

이 시를 해마다 3월 초에 아이들과 함께 읽는다. 내가 애쓴 만큼 아이들이 따라주지 않아도 실망하거나 좌절하지 않도록, 그리고 아이들이 대가를 바라고 타인에게 선을 베풀지 않기를 바라는 마음에서 같이 읽었다. 이 시는 우리가 어떤 태도로 어떻게 살아가야 하는지를 알려준다.

이 시를 외우는 활동은 아이들과 나 자신의 삶을 대하는 태도를 집중적으로 혹은 반복적으로 돌아보게 하는 일종의 장치가 되었다. 삶에서 경험하는 다양한 사건들을 개인의 성장에 도움이 되는 방향으로 해석하는 인지적 자기조절에 시가 도움을 주는 것이다.

그래서일까? 신영복 선생님은 『담론』에서 이렇게 말씀하셨다.

중국에서는 초등학교에서 시 300수를 암송하게 한다고 합니다. '시'가 세계를 인식하는 '인식틀'이고, 시를 암기한다는 것은 시인들이 구사하던 세계 인식의 큰 그릇을 우리가 빌려 쓰는 것이라는 사실이 주목되어야 합니다.(p.35)

시인들의 세계관을 시를 통해 빌려 쓴다는 것이다. 다시 말해서, 시인들의 인지적 자기조절 방법을 학습하는 도구로 시를 활용한다는 것이다.

나무만 살피는 것을 지식이라고 한다면, 숲을 바라보는 것은 지혜에 빗대어볼 수 있다. 방금 들은 낱말은 기억하지만, 그 낱말을 활용하여 자기 생각을 표현하는 것은 어려워하는 경우가 있다. 눈앞의 고생만 생각하고, 자신의 미래에 지금의 노고가 어떤 성취의 밑거름이 될지를 예상하지 못하는 경우가 있다. 아이들은 미성숙해서 '미성년자'라고 부르고, 어른들은 성숙해서 '성인(成人)'이라고 부른다. 그래서 눈앞에 벌어진 일에만 신경을 쓰는 어른들에게 '아직도 철이 덜 들었다'라고 하는지도 모른다.

우리 인생에서 지혜는 지식이란 도구가 가져야 할 나침반과 같다. 예를 들어, 컴퓨터라는 도구가 프로그래머에게는 자신의 역량을 발휘할 도구가 되지만, 게임에 깊이 빠져든 자녀를 둔 부모에게는 애물단지와 같다. 도구나 정보가 어떤 목적으로 사용되느냐에 따라 성장의 밑거름이 되기도 하고, 장애물이 되기도 한다.

아이들이 살아가면서 마주하게 될 성장을 가로막는 장애물이 많다. 휴대폰 속 SNS, 게임, 음주, 흡연, 음란물 말고도 셀 수 없을 정도로 많다. 부모나 교사가 아이들 일상을 늘 함께하며 이러한 장애물로부터 아이들을 보호하는 것은 불가능하다. 오히려 장애물로부터 아이들 스스로 자유로워지도록 돕는 것이 효과적이다. 그래서 필요한 것이 바로 자기조절 능력이다. 그중에서도 자신이 마주한 현실의 어려움을 직시하고, 그 속에서 기회를 발견하는 인지적 자기조절이 필요하다.

긍정심리치료로 각광받는 수용전념치료(ACT: Acceptance and Commitment Therapy)라는 것이 있다. 이 치료법은 관계틀 이론(RFT: Relational Frame Theory, Hayes, Barnes-Homes & Roche, 2001)을 바탕으로 한다. 관계틀 이론은 우리가 보고, 듣고, 맛보고, 냄새 맡고, 느끼는 것과 같은 경험을 사회적 관습에 따라 관련짓는다는 것이다.

예를 들어, 아무리 뛰어난 장점이 있어도 스스로 자신을 부정적으로 바라보며, '나는 가치가 없으므로 누구에게도 사랑받을 수 없다' 라거나 '나 같은 건 누구도 도와주지 않을' 거라고 혼자 단정 짓고 위축된 행동을 보이는 '자기부정' 사고를 갖고 있는 아이, 남이 도와주어야만 무언가를 할 수 있는 아이, 중요한 일은 내가 아닌 다른 사람이 결정하는 것이 편안하다는 아이, 한두 가지 사건으로 전부 그렇다고 생각하는 아이, 자신과 관계되지 않은 문제도 자신이 원인이라고 여기거나 자신의 잘못임에도 친구들 탓으로 미뤄버리는 아이, 악의가 없는 것까지 악의로 느끼는 부정적 자기 서사를 가진 아이들이 있다. 그런 아이들을 해마다 꼭 만난다.

그런데 이런 아이들은 자신이 무엇이 잘못되었는지 잘 모르는 경우가 대부분이다. 저학년과 달리 고학년은 자신이 가진 사고의 틀을 쉽게 바꾸지 않는다. 이미 오랜 기간 자동으로 사고하는 인지 패턴이 굳어져 버렸기 때문이다. 이러한 인지편향(認知偏向, Cognitive bias)*은 아이가 스스로 느끼고 고치도록 도와주어야 한다.

---

* 사람이나 상황에 대한 비논리적인 추론에 따라 잘못된 판단을 내리는 패턴

굳어버린 인지 패턴을 스스로 느끼고 고치도록 돕기 위해 아이들과 두 가지 활동을 한다. 먼저 달마다 한 편의 시를 외운다.

3월 알프레드 디 수자 '사랑하라 한 번도 상처받지 않은 것처럼'

4월 이해인 수녀 '나를 키우는 말'

5월 심순덕 '엄마는 그래도 되는 줄 알았습니다' 또는 랭스턴 휴즈 '엄마가 아들에게 주는 시'

6월 안도현 '너에게 묻는다', 박노해 '사람만이 희망이다'

7월 톨스토이 '지금 이 순간', 도종환 '흔들리며 피는 꽃'

9월 윤동주 '서시'

10월 김준엽 '내 인생의 가을이 오면' 또는 조동화 '나 하나 꽃 피어'

11월 나짐 히크메트 '진정한 여행' 또는 도종환 '담쟁이'

12월 킴벌리 커버거 '지금 알고 있는 걸 그때도 알았더라면'

한 해에 아홉 편의 시를 아이들과 함께 읽고 생각과 느낌을 나눈다. 시를 이해하고, 느끼기 위해 애쓰는 것이다. 이렇게 느껴본 시를 이야기로, 연극 대본으로, 그림으로 표현하기도 한다.

시를 이야기로 바꿔 쓰기

6학년 국어에서는 시를 이야기로 바꿔 쓰는 활동이 있다. 이야기의 3 요소인 인물, 사건, 배경에 맞추어 시의 메시지를 풀어보는 활동이다. 3 월에 '사랑하라, 한 번도 상처받지 않은 것처럼'이라는 시를 읽고, 느낌과 생각을 나누며, 외우고 곱씹기를 반복한 끝에 아이들은 자신의 이야기를 풀어냈다.

제목 : 사람들에 눈길이 부끄러운 사람들을 위한 시집

○○초등학교 6학년 4반 21번 김○○

커다란 책장에 금색 테두리로 되어 있는 시집이 눈에 보였다. 잘 닫지 않는 팔을 뻗어 책을 잡았다. 그때 엄마의 목소리가 들렸다.

"벨, 잘 시간이야. 내일은 이곳저곳 돌아다녀야 하니 자렴."

벨이라고 불리는 이 아이는 방금 찾은 책을 들고 방에 들어가 잠에 들었다.

"보글보글" 집안에 맛있는 냄새가 풍겼다. 밥을 먹고 있는 벨에게 엄마가 말씀하셨다.

"벨, 얼른 밥 먹고 파티장에 가야 한다. 너무 늦어 버렸어." 벨은 밥을 먹고 화사한 옷을 입고 파티장에 도착했다. 이미 시작한 듯 사람들이 많이 있었다. 벨의 엄마는 인사하러 간다며 벨을 두고 갔다. 벨은 한쪽 구석에 앉아 어제 찾은 책을 읽었다. '사랑하라, 한 번도 상처받지 않은 것처럼' 이라는 시를 읽었다. 그러다 춤추지도 못하고 이리저리 돌아다니기만 하는 어린아이들을 보았다. "왜 그러는 거야?" 벨이 물었다. "춤을 추고 싶은데 나는 춤을 못 춰. 그래서 사람들이 놀릴 것 같아서 못 추겠어." 그 아이가 대답했다. 벨은 '사람들에 눈길이 부끄러운 사람들을 위한 시집'이라는 시집에 나온 시를 읽어주었다. "춤춰라, 아무도 바라보고 있지 않은 것처럼....................." "?" 아이가 무슨 말이냐는 듯 쳐다보자 벨이 말했다. "이 시에서 나온 내용처럼, 아무도 바라보고 있지 않은 것처럼 춤을 춰봐. 넌 꼭 잘 추게 될 거야." 벨에 말을 듣고 고개를 끄덕이며 사람들 사이로 걸어갔다. 사람들 사이로 들어간 아이가 보이지 않자, 벨은 다시 시를 읽었다. 벨은 벨의 엄마가 부를 때까지 벨은 그 시를 읽고 또 읽었다.

시를 읽고 마음 안의 벽을 찾아보기

아이들과 도종환 님의 '담쟁이'라는 시를 읽었다. 시에 대한 소개 없이 한 구절 한 구절 읽으면서 아이들의 생각과 느낌을 물어보았다. 한 명씩 일어나 천천히 읽어보고 자신의 마음을 울린 구절을 적은 다음 그에 대한 자신의 느낌을 나누었다. 이어서 내가 생각하는 '벽'을 이야기해준 다음, 시에서 말하는 '벽'이 아이들에게도 있는지 돌아보고 그 생각들을 모아보았다. 아이들이 '벽'을 느낄 때가 언제인지 적어보도록 했다. 아이들이 쓴 '벽'을 모아 시를 지어보았다. 어느새 '벽'이라는 하나의 시가 만들어졌다.

벽 1 (공부)

숙제할 때
영어공부 할 때
집중을 못할 때
기말고사 볼 때
모든 공부를 할 때
문제 풀다 막혔을 때
학원에 가기 싫을 때
수학문제가 어려울 때
구몬이 너무 어려울 때
공부가 잘 되지 않을 때
매험 외우는 긴 시들이 외워지지 않을 때
기껏 공부했는데 긴장해서 시험을 망쳤을 때
친구들은 다 이해가 된다 하는데 나는 이해되지 않을 때
내가 열심히 공부를 해서 시험을 봤는데 점수가 낮을 때
학원에서 공부할 때 몇 번 설명을 들어도 내가 알아듣지 못할 때

나는 벽을 느낀다.

벽 2 (가족)

오빠가 때릴 때

아빠와 싸웠을 때

엄마와 싸웠을 때

동생이 반말할 때

동생이랑 다퉜을 때

동생이 귀찮게 할 때

엄마 아빠랑 싸울 때

부모님에게 혼났을 때

아빠가 집에만 있을 때

동생이 나를 약 올릴 때

동생이 내 돈 갖고 튈 때

엄마가 숙제하라고 할 때

아빠가 자꾸 공부하라고 할 때

아빠가 별것도 아닌데 화를 낼 때

아빠가 자기 보고 싶은 거만 볼 때

아빠가 TV만 보고 나가지 않을 때

엄마가 무언가를 약속했을 때 어길 때

동생이 내 말을 듣지 않고 말대꾸할 때

엄마가 치킨 사준다면서 2주 뒤에 사줄 때

부모님이 야구 보러 가기로 했는데 안 갈 때

동생과 다투고 나서 부모님이 동생 편만 들 때

내가 엄마한테 설명을 했는데 못 알아 들으실 때

동생이 내 옷장을 뒤져놓고 정리를 안 해놓을 때

엄마가 트럼프 사기로 해놓고 몇 달 동안 미룰 때

엄마가 내 눈을 보지도 않고 말하면서 뭐 시킬 때

외삼촌이 컴퓨터를 주려고 했는데 엄마가 막았을 때

동생들이 잘못해서 부모님께 혼날 때 동생들이 한심해서

엄마가 6살 때 닌텐도 사준다 놓고, 5학년 때 내 세뱃돈으로 사줄 때

나는 벽을 느낀다.

벽 3 (나와 친구)

짜증날 때

돈이 없을 때

키가 안 클 때

뭘 해도 안 될 때

모든 게 귀찮을 때

게임 금지 당할 때

애들이 나를 놀릴 때

친구가 약속을 어길 때

인내심에 한계가 왔을 때

미로를 탈출하다 막힐 때

싫어하는 버섯이 나올 때

운동장 8바퀴를 돌았을 때

다른 사람과 나를 차별할 때

친구랑 마음이 맞지 않을 때

친구가 나에게 심한 말을 했을 때

아무리 노력해도 달라진 게 없을 때

좋아하려고 해도 오히려 더 싫어질 때

친구나 동생이 내 말을 못 알아들을 때

게임하다 나보다 잘하는 사람을 만날 때

게임을 하다가 판을 못 깨고 계속 죽을 때

나랑 동갑이거나 어린데도 나보다 잘 그릴 때

게임 팀원이 내 말을 안 따르고 혼자 가서 질 때

시험 보는데 기억이 날락 말락 한 문제로 가득할 때

집을 어질렀는데 현관문 비밀번호 누르는 소리가 들릴 때

제일 친했던 친구가 다른 반이 되고 나서 다른 친구와 놀 때

매일 그림을 그리고 발전하고 싶어서 노력하는데 퇴화할 때

나는 벽을 느낀다.

시를 읽고 찾은 마음 안의 벽 그리기

시를 그림으로 표현하기도 한다. 미술 시간에는 아이들 가슴 속에 담

겨진 벽돌 하나하나를 그림으로 그렸고, '벽' 돌을 모아 '벽'을 만들었다.

시를 읽고, 시를 통해서 시인이 가졌던 세계관을 자신의 이야기로 풀어내는 과정은 아이들이 세상을 대하는 새로운 태도를 갖게 한다. 더구나 시를 읽고, 느끼고, 생각하고, 말하고, 외우는 과정은 시를 통해 자신이 세상에 대해 무엇을 알고, 무엇을 몰랐는지 알게 해준다. 이러한 과정은 자기 삶에서 중요한 것이 무엇인지를 깨닫는 데 도움을 주고, 중요한

것을 추구하도록 이끌어준다.

글똥누기

　다음으로 아이들의 인지적 자기조절을 높이기 위해서 하는 활동은 글
똥누기다. 이는 이영근 선생님과 반 아이들이 매일 자유롭게 자신의 생
각을 글로 쓰는 '글똥누기' 활동에서 이름을 빌려왔다. 우리 반의 글똥
누기는 명언을 읽고 자기 생각이나 느낌을 세 줄 이상으로 표현하는 활
동이다. 일류의 인물들이 자기 삶의 경험을 드러낸 문장을 읽고 소화해
서 자신의 생각과 느낌을 '글똥'으로 표현해보는 것이다.

2016. 12. 09. 글똥누기

나는 천천히 걸어가는 사람이다. 그러나 뒤로 가지는 않는다.
I walk slowly, but I never walk backward.
- 에이브러햄 링컨 -

- 천천히 조금씩 노력해서 걸어가기는 하지만 그 일을 후회
  하여 다시 뒤로 걷는 일은 없도록 하라는 뜻 같다. _ 권○○
- 천천히 걸어간다는 천천히 앞으로 나간다는 거 같고, 뒤로
  가지 않는다는 후회할 일이 없고, 다시 하지 않도록 한다는

거 같다. _ 김○○

- 나는 천천히 앞으로 나아간다. 꿈을 포기하지 않고 자신의 꿈을 향해 느리게 다가가지만, 절대 뒤로 가지 않는다는 것처럼 그 꿈을 포기하지 않는다는 뜻이라고 생각된다. _ 홍○○
- 어떤 사람이든 간에 천천히 걸어 나가는 게 좋을 꺼 같다. 서둘러 가면 내가 가장 필요한 것도 놓칠 수 있기 때문에, 그리고 이미 놓친 것은 다시 잡을 수 없으니 서두르지 말고 천천히 가서 필요한 기회는 잡으란 것 같다. _ 모○○

이처럼 링컨의 '나는 천천히 걸어가는 사람이다. 하지만 뒤로는 가지 않는다' 라는 문장을 읽은 아이마다 생각하는 점이 조금씩 다르다. 하지만 그 생각이 가리키는 방향은 '자기부정' 사고로부터 벗어나 있다. 글똥누기에서 매일 교사가 적절한 피드백을 써주는 활동은 마치 철학 하기와 닮아 있고, 아이가 가진 자기부정과 같은 인지편향을 스스로 느끼고 깨닫고, 고치도록 도와준다.

인지적 자기조절을 높이기 위한 활동은 매슬로의 욕구위계 이론과 연결 지어 생각해볼 수 있다. 매슬로의 욕구위계 이론은 오른쪽의 표와 같이 이루어져 있다.

하위 욕구이자 결핍 욕구(Deficiency needs)인 생존, 안전, 사랑과 소속, 그

8단계	초월성의 욕구(Self-transcendence)
7단계	자아실현의 욕구(Self-actualization)
6단계	심미안적 욕구(Aesthetic needs)
5단계	인지적 욕구(Cognitive needs)
4단계	자존감의 욕구(Esteem)
3단계	사랑과 소속의 욕구(Love/Belonging)
2단계	안전의 욕구(Safety)
1단계	생존의 욕구(Physiological)

리고 자존감의 욕구가 부모에 의해 채워진다면, 상위 요구이자 성장 욕구(Growth needs)에 해당하는 인지, 심미안, 자아실현, 초월적 욕구는 학교에 의해서 채워져야 한다.

여기서 잠깐 5단계 인지적 욕구의 뜻부터 살펴보자. 매슬로가 말한 인지적 욕구는 지식이나 삶의 의미를 추구하는 욕구를 말하며, 심미안적 욕구는 아름다움이나 형태 혹은 패턴을 추구하는 욕구를 가리킨다. 자아실현의 욕구는 다른 모든 욕구를 채우려는 욕구이나 삶에서 마주하는 역경에 의해 중도에 포기하는 사람이 많아서 누구나 채울 수 있는 것은 아니다. 마지막으로 초월성의 욕구는 타인의 자아실현을 도와주려는 욕구를 뜻한다. 『죽음의 수용소에서』를 쓴 빅터 프랭클(Viktor Frankl)은 자기 초월성의 욕구를 통해서만이 자아실현이 가능하다고 말했다. 아이들에게 자기 초월성의 욕구를 가르치고 추구하도록 한다면 아이들의 자아실현이 가능해진다는 의미다.

초월성의 욕구를 크게 보면 공자나 예수, 부처나 소크라테스 같은 인류의 스승으로 불리는 이들이 추구하는 욕구이며, 작게 보면 부모나 교사가 아이들을 가르치는 이유이기도 하다.

시를 읽고 생각이나 느낌을 나누는 활동, 명언을 읽고 자기 생각을 표현하는 활동은 아이들이 삶의 의미를 추구하는 욕구를 충족시키고, 보다 가치 있고 인간적인 삶의 아름다움을 느끼게 하며, 더 나아가 서로의 자아실현을 도와주려는 욕구를 자극할 것이다.

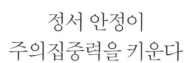

정서 안정이
주의집중력을 키운다

집중력은 마음의 근육이다.
사람은 집중하는 습관을 들임으로써
마음의 근육인 집중력을 발달시킬 수 있다.
- 대니얼 골먼, 『정서지능』 -

교실에서 아이들을 만나다 보면 주의가 산만하고, 충동을 조절하지 못하는 아이들이 적지 않다. 요즘 많은 교사와 부모가 산만하고 충동적인 아이를 보면 주의력 결핍 및 과잉행동 장애(ADHD)가 아닌지 의심한다. 그만큼 주의가 결핍되어 있고, 때와 상황에 맞지 않게 부적절한 행동을 하는 아이가 많기 때문일 것이다.

꽤 오래전부터 교사와 학부모들 사이에서 자주 회자되는 말이 바로 ADHD다. 전 세계적으로 3~8%에 이르는 아이들이 ADHD로 고통받고 있다고 한다. 우리나라에서도 ADHD로 인한 건강보험 진료 인원이 2009년 약 5만 2천 명에서 2013년 약 5만 8천 명으로 25%가 증가했고, 이 중 70%가 10대이며, 남성이 여성에 비해 4배가량 더 많은 것으로 나타났다.

　도대체 왜 아이들은 주의가 산만하고 집중하지 못할까? 까닭을 몇 가지 살펴보자.

　첫째, 부모가 자녀와 함께하는 시간이 줄어들고 있기 때문이다. 2015년 9월 6일 국토교통부의 '2014년도 신혼부부 가구 주거실태 패널조사'에 따르면, 맞벌이의 비율이 37.2%에 달했다. 부모 모두 직장을 다니는 비율이 약 40% 정도라는 뜻이다. 그런데 2015년 11월 29일 한국노동사회연구소에서 발표한 '연장근로시간 제한의 고용효과' 보고서에 따르면, 2014년 현재 우리나라 노동자들의 노동시간은 연간 2,285시간으로 OECD 회원국 중에서 1위를 차지했다. OECD 평균인 1,770시간보다 515시간이나 더 회사에서 근무한다는 것이다. 즉, 아이와 함께할 저녁이나 주말에 회사에서 일을 하는 부모가 많다는 뜻이다.

　이는 스트레스 연구의 창시자인 한스 셀리에(Hans Selye)가 말하는 감각의 결핍을 초래하는 원인이 된다. 감각 결핍이란 '아기와 엄마의 분리나 대인 접촉의 가능성을 거의 남겨두지 않는 온갖 형태의 자리바꿈'을 말한다. 여기에는 야간 돌봄, 스마트폰 등의 매체에 과도한 접촉, 빈번한 주양육자의 변경 등이 포함된다. 그래서 북유럽 국가들은 영유아 부모의 양육 시간과 경제적 지원을 법과 제도로 철저히 보장한다.

　둘째, 아이들의 행동이 위축되고 있기 때문이다. 우리나라 전체 인구의 90%가 도시에 살고, 그중 50% 이상이 아파트에서 거주한다. 아파트를 비롯한 공동주택 거주율은 65%를 웃돈다. 이는 아이들이 집안에서 마음껏 뛰어놀지 못하고 있다는 것을 뜻한다. 이뿐만이 아니다. 국토교

통부의 2020년 8월 24일 보도자료에 따르면, 우리나라 자동차 등록 대수가 2,400만 대를 돌파했다. 1975년에 19만 대 수준이었던 것이 1985년에는 111만 대, 1995년에는 846만 대 그리고 2020년 현재 2,400만 대를 넘어섰다는 것은 아이들이 뛰놀던 골목이 더 이상 놀이터가 아니라는 것을 의미한다.

사실 학교마저도 아이들에게 더 이상 놀이터가 아니다. 방과 후에 학교에서 벌어지는 갖가지 강력 사건 때문에 아이들을 보호할 인력이 부족한 학교의 선택은 귀가 조처가 최선이었다. 학교라는 공간이 더 이상 아이들의 안전을 담보하지 못하는 상황에서 부모의 선택은 학원으로 이어진다. 아이를 학원에 보내는 이유가 학업성취뿐만 아니라 부모가 부재한 상황에서 아이의 안전을 확보할 수단이기 때문이다. 그렇다면, 어떻게 해야 아이들의 주의집중력을 높이고, 정서를 스스로 잘 조절하도록 도울 수 있을까?

아이들은 자신의 주의를 끄는 대상을 스스로 찾는다. 이렇게 스스로 주의를 끄는 대상을 찾는 것을 능동적 주의력이라고 한다. 반대로 다른 사람이 아이의 주의를 끄는 대상을 제공하는 것을 수동적 주의력이라고 한다. 다시 말해, 주의를 끄는 주체가 자기 자신인가, 아니면 다른 사람인가에 따라 능동적 주의력 또는 수동적 주의력으로 나뉘는 것이다. 그렇다면, 우리는 어떤 주의력을 키워야 할까? 당연히 능동적 주의력을 키워주어야 한다.

능동적 주의력은 어떻게 키울 수 있을까? 밖으로 나가야 한다. 아이들은 어른에 비해 직관이 뛰어나다. 직관적인 아이들의 감각은 예민하다.

예민한 감각은 작은 변화에도 민감하다. 그래서 어린아이들은 장난감이 많은 놀이방보다 놀이터나 자연에서 더 잘 논다. 장난감은 고정되어 있어 변화하지 않지만, 자연의 사물은 변화한다. 어제와 오늘이 다르고, 오늘과 내일이 다르다. 아이들은 변화에 반응한다. 이러한 반응은 아이들의 능동적 주의력을 키운다.

무엇이 아이를 집중하게 할까? 집중은 주의를 지속시키는 힘이다. 이렇게 주의를 지속시키는, 즉 관심을 기울이는 것은 동기와 관련이 있다. 스스로 선택한 대상은 아이들의 자율성을 충족한다. 이렇게 선택한 대상에 대한 관심을 지속하는 것은 자신의 유능성을 경험하게 한다. 그뿐만 아니다. 이는 아이들에게 '몰입'을 경험하게 하고, '몰입'은 아이들의 창의성을 키우며, 아이 스스로 선택한 대상에 관심을 지속시킬 수 있도록 지켜봐 주는 부모와의 관계성도 좋아진다.

자율성과 유능성 이 두 가지 조건은 아이가 스스로 선택한 대상에 주의를 기울이는 몰입으로 이끌고, 이는 세로토닌의 생성을 돕는다. 이 세로토닌이 부족하면 우울증이나 불안증이 생긴다. 세로토닌은 탄수화물 섭취와 가장 관련이 있는 화학물질이다. 세로토닌이 증가하면 식욕이 떨어지고, 감소하면 식욕이 증가한다. 호르몬이 아닌데도 행복 호르몬(Happiness Hormone)이라고 불린다. 무언가에 집중하면 배고픈 줄 모르고 빠져드는 이유가 이 때문이다. 즉, 세로토닌이 증가한 상태이므로 식욕을 느끼지 못하는 것이다.

스스로 선택한 대상에 주의를 기울이는 능동적 주의력을 키우고, 능동적 주의를 지속시키는 환경을 제공하면 아이들의 뇌는 감정, 행동, 욕망과 관련이 있는 변연계 내의 편도체를 안정시킨다.

이 편도체와 관련된 정서회로는 크게 두 가지로 나뉜다. 하나는 시상-편도체 회로이고, 또 하나는 피질-편도체 회로다. 긴장과 각성 상태의 아이는 시상-편도체 회로가 작동하기 쉽다. 시상-편도체 회로는 대략적인 정보만을 해석하고, 이에 따라 즉각 반응하기 때문에 주어진 상황이나 맥락을 잘못 이해하기 쉽다. 즉, 이런 아이는 주의가 산만한 것으로 교사가 인식하기 쉽다는 의미다. 하지만 적절한 수준의 긴장과 이완을 오가는 아이는 피질-편도체 정서회로가 작동하기 쉽다. 상황에 대한 구체적이고 충분한 정보를 고려해서 알맞은 정서 반응을 이끌어내는 회로를 말한다. 이 두 가지 회로는 정서적 안정과 관련이 깊고, 정서적 안정은 결국 아이의 주의집중과 관련이 깊다는 것을 짐작해볼 수 있다.

정리해보면, 아이의 주의집중력은 정서적 안정과 관련이 깊고, 아이의 정서 안정을 위해서는 스스로 선택한 대상에 주의를 기울이고, 이러한 주의를 지속시킬 수 있는 환경을 제공하는 것이 중요하다.

그래서 아이가 스스로 선택한 대상에 주의를 기울이게 하려면, 실내보다는 실외활동이 더 효과적이다. 산림청의 연구에 따르면, 푸른 숲을 바라볼 때 뇌에서 발생하는 알파파가 5.4% 증가하고, 물과 산림이 같이 있는 경관에서는 8.4%가 증가하며, 숲을 15분간 바라보는 것으로도 스트레스 호르몬인 코르티솔의 수치가 15.8%나 낮아지고, 혈압도 2.1%가 낮아진다. 스트레스 호르몬이 낮아지면 편도체가 안정되고 이는 기억, 학습, 동기와 관련이 깊은 해마의 작동을 촉진하며, 피질-편도체 정서회로가 작동하여 작은 변화에도 주의를 기울이고, 지속시킬 수 있다.

실외활동이 어렵다면, 몸을 움직이는 감각 활동이 효과적이다. 우리의 정서와 가장 밀접한 관련이 있는 편도체는 감각을 통한 감정기억과 관련이 깊다. 예를 들어, 서술기억과 관련이 깊은 해마는 만 2, 3세부터 시작해서 사춘기까지 발달이 지속된다. 하지만 그 이전에는 편도체를 통한 감정기억이 남는다.

왜 그럴까? 아이가 언어를 습득하기 전에는 웃거나 우는 것과 같은 소리, 목소리, 표정 따위의 비언어적 표현으로 의사소통을 한다. 아이의 비언어적 의사소통이 부모와 원활하게 이뤄지는 감정기억 또는 부모가 비언어적 의사소통을 잘못 해석하거나 무시했을 때 아이의 감정기억이 전부 편도체에 인지 패턴으로 자리 잡는다. 즉, 아이의 비언어적 의사소통이 부모와 어떻게 상호작용 하느냐가 사람을 대하는 아이의 태도를 결정한다.

이렇게 편도체에 자리 잡은 감정기억에 영향을 줄 수 있는 기관이 있다. 바로 섬엽(insula)이다. 섬엽은 감각을 키우는 활동에 자극받고, 확장되며, 편도체에 영향을 주어 정서조절을 잘할 수 있는 능력을 키워준다. 따라서 아이들의 감각을 키울 수 있는 야외 활동과 신체적, 정서적 상호작용이 가장 빈번하게 일어나는 또래와의 놀이가 어린 시절 충분히 이뤄져야 한다. 충분한 야외활동과 또래와의 놀이. 이 두 가지 조건에 의해 아이들의 주의집중력이 높아질 수 있다.

잘 자는 아이가
건강하다

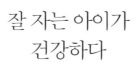

좋은 잠이야말로 자연이 인간에게 부여해주는
살뜰하고 그리운 간호사다.
- 셰익스피어 -

잠을 잘 자야 공부를 잘한다. 이 말은 참이다. 그러나 얼마나 자야 하는지, 어떤 환경에서 자야 하는지 잘 모른다. 잠은 공부뿐만 아니라 사회성에도 영향을 준다. 핀란드의 한 연구에 따르면, 건강한 7~8세 아동들이 연령대에 비해 아주 적은 7.7시간의 수면을 취하거나, 수면 습관이 불규칙한 경우에 정상적인 수면을 취한 아이들보다 과잉행동을 하는 비율이 뚜렷이 높았다. 즉 정서조절에 실패했다는 뜻이다. 자신의 정서를 잘 조절하지 못하고 과잉행동을 하는 비율이 높다면, 효과적인 사회적 관계를 맺는 데 자주 그리고 매우 어려움을 겪을 거라고 예측할 수 있다.

2013년 5~7월까지 4학년 이상의 초등생과 중 · 고등학생 9,521명을 대상으로 한국청소년정책연구원에서 초 · 중 · 고생의 평균 수면시간을 조사했다. 조사 결과, 초등학생은 하루 평균 8시간 19분, 중학생은 7시간 12분, 고등학생은 5시간 27분 동안 잠을 잤다. 평균 여가시간이 2시간 미만인 경우는 초등생이 49.3%, 중학생이 56%, 고등학생이 80.7%로 나타났으며, 최근 일 년간 자살을 생각해봤다고 답한 중·고등학생은 36.9%에 달했다.

그래서였을까? 경기도 교육청은 지난 2014년 9월 1일부터 경기도 내 모든 초, 중, 고등학교에 9시 등교제를 시행했다. 등교 시간이 적게는 30분, 많게는 1시간가량 늦춰진 것이다. 송진주 교사(이천 아미초)의 연구에 따르면, 9시 등교제로 인하여 아이들의 자기 효능감 및 수업 태도는 좋아지고, 자살 충동은 낮아졌다. 아이들의 정서가 이전보다 안정되었다는 뜻이다.

이 외에도 청소년기 아이들의 수면 주기에 관한 광범위한 연구가 있었다. 독일의 틸 뢰네베르그(Till Roenneberg) 연구팀이 실시한 25,000명의 수면시간 유형 연구에 따르면, 사춘기에 접어들고 성년이 되기까지 아이들은 계속 야행성으로 변화한다고 한다. 이와 같은 야행성 경향이 꺾이는 시기는 여성이 19.5세, 남성은 20.9세라고 한다. 이를 근거로 생각해보면, 10대에서 20대 초반까지 청소년들은 기본 수면의 양이 성인보다 더 많고, 성인에 비해 더 늦게 자고 늦게 일어나는 생체리듬을 갖고 있음을 알 수 있다.

우리나라와 독일뿐만 아니라 다른 나라에서도 등교 시간과 수면에 대한 아이들의 정서조절, 학습능력에 관한 연구를 해왔다. 미국 로드아일랜드 미들타운의 세인트 조지 하이스쿨은 9~12학년(우리나라의 고등학생)

의 등교 시간을 8시에서 8시 30분으로 늦춘 뒤 학자들과 함께 아이들의 변화를 살펴보고 그 결과를 2010년에 발표했다. 8시 등교에서는 8시간 이상의 수면을 취했던 비율이 6분의 1에 불과했는데, 8시 30분으로 조정하자 2분의 1로 늘어났다. 수면시간이 늘어나자 아이들의 수업 집중력이 개선되었고, 학교 보건실 출입도 줄었으며, 우울감을 느끼는 비율도 줄어들었다.

스위스 바젤대학의 심리학자 사카리 레몰라(Sakari Lemola)와 그의 동료들은 2,716명의 청소년을 대상으로 수면 습관과 등교 시간을 조사했다. 이 청소년들의 평균 나이는 15세이고, 평균 수면 필요량은 9시간이었다. 그러나 아이들이 실제로 취하는 수면량은 8시간 40분이었다. 이 중에서 8시간 미만의 수면을 취한 아이들은 학업 성적이 좋지 않았고, 삶의 자세도 부정적이었으며, 피로감에 시달리는 비율이 더 높은 것으로 나타났다.

적은 수면은 학습능력에도 치명적이었다. 잠자지 않고 17시간 동안 깨어있는 사람들의 학력 검사 결과는 혈중 알코올 농도 0.5프로밀(promille) 정도에 해당하는 능력 감퇴를 보이는 것으로 나타났다. 미국의 한 연구에서는 나이가 들면서 깊은 잠을 자는 시간이 줄어드는 것이 노화와 학습능력(유동지능) 감퇴의 원인 중 하나라고 밝혔다. 한마디로 과거 우리나라 고등학생들 사이에 유행했던 삼당사락(三當四落)*은 과학적 근거가 전혀 없는 이야기다.

사실 어른들도 잠을 잘 자지 못하면 쉽게 짜증을 낸다. 노래를 들어

---

* 3시간 자고 공부하면 붙고, 4시간 자고 공부하면 떨어진다는 속설

도 들리지 않고, 책을 읽어도 글자가 눈에 들어오지 않는다. 주의집중력이 현저히 떨어진다. 그뿐만 아니라 정서적으로도 예민해진다. 미국의 지그리트 비시(Sigrid Veasey)와 동료들(2004)은 교대근무자 같은 불규칙한 생활 리듬에 쥐들을 며칠간 노출시키는 실험을 했다. 그러자 청반(Locus ceruleus)* 신경의 4분의 1이 파괴된 것으로 나타났다. 청반은 주의력과 내적 흥분 상태를 조절해주는 역할을 하며, 필요할 때 깨어 있게 하는 각성 시스템과 관련이 있는 부위다. 또한, 독일의 정신의학자인 베른트 슈프렝거(Bernd Sprenger)는 만성 수면 부족이 지속해서 스트레스를 주고, 이로 인해 번아웃(Burn out)이나 심하면 중증 우울증으로 나타난다고 했다.

'서울 청소년의 건강생활 변화' 2016년 발표 자료에 따르면, 2015년 청소년들의 주중 평균 수면시간은 6시간 6분으로 미국수면재단(NSF)이 2015년에 발표한 10대(14~17세) 권장 수면시간(8~10시간)보다 훨씬 낮은 수치였다. 전체 학생 중 약 75%가 수면 부족에 시달렸다.

이와 같은 자료를 바탕으로 미루어보면, 우리나라의 많은 청소년이 수면 부족에 시달리고 있음을 알 수 있다. 아이들의 수면 부족은 학습능력을 감퇴시켜 오랜 시간 책상에 앉아 있어도 학습의 효율을 낮추며, 지속적인 스트레스로 면역 기능을 약화시킨다. 또한, 수면 부족이 아이들을 번아웃이나 중증 우울증으로 발전시킬 가능성이 큰 것으로 예측이 가능하다. 그뿐만 아니라 내적 흥분 상태를 조절하는 청반에도 악영향을 준다는 사실에 주목해야 한다. 결국, 모든 학교의 고민인 학교폭력 문제의

---

* 중뇌의 천장 밑에 있는 한 쌍의 소체

발생 원인에도 큰 영향을 주는 것이다.

　잠을 잘 잔다는 것은 신체적 건강과도 관련이 깊다. 사실 잠은 신체 및 정서의 이완과 매우 관련이 깊다. 몸과 마음이 충분히 이완되어야 소위 렘수면을 취할 수 있기 때문이다. 렘수면(REM: Rapid Eye Movement sleep)을 통해 부교감 신경이 활성화되고, 모세혈관이 확장되면서 신체 곳곳에 성장호르몬이 분비된다. 이때 노폐물을 배출하고, 암이나 바이러스 질환과 싸우는 NK 세포(Natural Killer cell) 및 백혈구와 림프구(lymphocyte) 활동성이 높아진다. 또한, 렘수면은 다른 수면 상태보다 더 이완 상태에 있으며 대뇌혈류 및 산소량이 증가하여 전두피질의 활동이 활성화된다. 신체적 건강뿐만 아니라 정신적 건강을 유지하는 데도 수면은 매우 중요한 역할을 하는 것이다.

　이는 수면이 주는 두 가지 기능 때문이다. 비렘(Non-REM)수면이 주는 기억의 응고화, 즉 해마에 기억된 단기 기억을 신피질이란 장기 기억 저장소로 옮기는 기능과 학습에 미치는 기능과 렘수면이 주는 기억에서 정서를 분리함으로써 어제의 고통스런 사건에서 '고통'은 떼어내고 사건만 기억하게 도와주는 것이 바로 수면의 기능이다. 따라서 잠이 부족할수록 공부한 것이 잘 기억이 나지 않고, 안 좋은 기억을 곱씹게 될 가능성이 큰 것이다.

　그렇다면, 어떻게 해야 아이들에게 적절한 수면 환경을 제공할 수 있을까?

　첫째로 음식이다. 트립토판이라는 물질은 신경과 뇌를 진정시키고, BDNF(brain-derived neurotrophic factor, 신경세포 성장인자) 단백질의 원료가 되는데 특히 숙면에도 도움이 된다. 이를 풍부하게 함유한 음식이 바로 우유와 아몬드, 좁쌀이다. 또한, 상추는 락투신이란 성분이 있어서 불면증이나 두통을 완화해주고, 비타민 K가 있어서 신경을 안정시켜주는 효과가 있다. 바나나는 부교감 신경을 활성화해주는 멜라토닌과 세로토닌, 근육을 이완하는 마그네슘이 풍부해서 안정적인 수면에 매우 효과가 있으며 우유와 함께 섭취하면 불면증 치료에 도움이 된다. 호두는 신경을 안정시켜주는 마그네슘, 기분을 가라앉히는 칼슘, 혈압을 낮추는 데 도움이 되는 칼륨이 풍부하게 들어있어 불면증을 완화해준다.

반면 카페인은 아데노신이 수면 압력(sleep pressure, 졸음)을 높이기 위한 수용체와의 결합을 방해하면서 장기기억력과 관련된 비렘수면을 방해한다. 체내에 들어온 카페인의 반감기가 5~7시간임을 생각할 때 22시에 취침한다면 15시 이후에 초콜릿이나 커피 같은 카페인이 포함된 것을 섭취해서는 안 된다는 뜻이다. 알코올은 렘수면의 질을 떨어뜨린다. 알데히드와 케톤이란 물질이 렘수면을 강력하게 억제하고 얕은 잠을 자게 만든다. 술은 어른에게 배워야 한다는 말이 있다. 이 말은 틀린 말이다. 술은 어른이 된 후에 배워야 한다가 옳다. 아동 청소년기에 알코올을 경험한 아이들일수록 알코올 의존증(과거에는 알코올 중독으로 불린)에 걸릴 가능성이 더 크다. 알코올 의존증에 걸릴 확률을 최대한 낮추고 평생 동안 건강한 수면을 경험하려면 알코올 접촉 경험을 최대한 늦추는 것이 좋다는 뜻이다.

둘째로 조명이다. 불을 켠 채로 자면 수면 중 잠을 잘 자게 해주는 멜라토닌의 분비가 억제되어서 오래 자도 피곤하게 느껴진다. 숙면에 필요한 멜라토닌의 분비를 가로막는 것이 바로 130lx(룩스: 색의 밝기) 및 2000K(켈빈: 색의 온도)을 초과하는 조명이다. 수면이 부족한 경우에는 아예 암막 커튼을 활용하여 빛을 차단하는 것이 효과적이다.

셋째로 플라세보 수면이다. 미국 콜로라도대학의 한 연구진은 피실험자에게 수면의 질을 정확히 측정할 수 있다(실제로는 거짓이다)는 기계에 연결하여 수면을 취하게 했는데, 피험자 중 평균 이상의 수면의 질을 통보받은 그룹이 평균 이하의 수면의 질을 통보받은 그룹에 비해 20%나 우수한 PASAT(정보처리속도검사) 결과를 얻었다. 즉, 잠을 잘 잤다고 인지하면 대뇌가 멜라토닌 같은 수면 유도 호르몬을 줄이고 히포크레틴 같은 각성 호르몬을 늘려서 주의력과 기억력이 좋아지는 것이다. 그러므로 아이들이 아침에 일어나면 아이를 바라보며 "잘 잤구나"라고 말해주는 것이 좋다.

이와 같은 연구 결과들을 종합해보면, 결국 수면의 양(시간)을 보장하고 질을 높이는 환경을 제공해주는 것이 아이들의 신체적, 정신적 건강과 더불어 정서적 자기조절력을 높일 수 있는 효과적인 방법이라 할 수 있다.

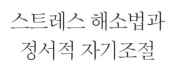

스트레스 해소법과
정서적 자기조절

만성 스트레스는 전두엽 기능에 부정적 영향을 미치며,
기억력 장애, 충동조절장애 및 주의력장애를 유발할 수 있다
- 빔바움 등(1999) -

아이의 리질리언스를 키우려면 정서적인 자기조절이 반드시 필요하다. 정서조절과 관련해서 『스칸디 부모는 자녀에게 시간을 물려준다』의 저자 황선준 박사 이야기가 흥미롭다.

책에 소개된 이야기를 잠깐 살펴보자. 황선준 박사의 자녀는 어느 날 집에 들어오자 부모에게 화를 내며 문을 쾅 닫고 자기 방으로 들어갔다. 우리나라 부모라면 아마 '어디서 버릇없이'라고 하며 방으로 쫓아 들어가 야단을 쳤을 것이다. 그러나 황선준 박사의 아내는 자녀가 방에서 충분히 화를 삭이고 나올 때까지 기다려주었다. 스스로 화를 조절할 시간을 준 것이다.

그렇다. 누구나 화가 날 수 있다. 중요한 것은 어떻게 자신의 화를 표현하느냐이다. 어른들은 화가 나면 어떻게 할까? 성숙한 어른들은 자신이 화가 난 이유를 말하거나, 노래를 듣거나, 걷거나, 운동을 한다. 하지만 미성숙한 어른들은 자신이 화가 난 이유를 말하지도 않고 주변 사람들을 원망하거나 욕을 하고, 심지어 신체적 폭력을 가하기도 한다. 왜일까? 자기 정서를 스스로 조절하는 법을 배우고 익히지 못했기 때문이다.

다시 아이에게 돌아가 보자. 우리나라는 감정을 표현하는 것을 자신의 나약함을 드러내는 것으로 여긴다. 오죽하면 남자는 일생에 세 번 운다는 말까지 있을까? 특히 남자들의 감정표현을 제약한다. '사내자식이 오죽 못났으면, 그 정도 다쳤다고 우냐?' '남자가 여자같이 우냐?' 이런 식의 말을 끊임없이 듣는다. 결국, 아이는 감정인지 불능 상태에 빠진다. 자기감정을 인식하지 못하는 것이다. 그래서 남자들에게 느낌이나 감정을 물어보면 생각을 말한다. 느낌이나 감정은 감각과 관련이 있고 생각은 이성과 관련이 있음에도 이를 구분하지 못한다. 그 까닭은 바로 우리나라의 문화에 기인한다고 나는 생각한다.

살면서 스트레스를 피할 수는 없다. 그리고 사람마다 스트레스를 견딜 수 있는 수준이 전부 다르다. 소위 '스트레스 역치 수준'이 다른 것이다. 스트레스 역치 수준은 예를 들면 이런 것이다. 나는 고등학교를 졸업한 지 20년이 훌쩍 넘었다. 하지만 친구들을 만나면 그 시절로 금방 돌아간다. 말을 편하게 한다는 의미다. 오랜만에 만나 말을 편하게 해도 서로 스트레스를 받지 않는다. 몸이 반응하지 않을 수준의 스트레스라는 의미다. 하지만 길을 가다가 처음 보는 사람이 말을 편하게 한다면, 우리 몸은 바로 긴장과 각성 상태가 된다. 이는 몸이 반응하는 수준의 스트레스라는 뜻이다. 이렇듯 상황에 따라 개인의 스트레스 역치 수준이 다르다.

개인의 상황에 따라서도 스트레스 역치 수준은 달라진다. 자, 상상해 보자. 아침 8시 30분까지 출근을 해야 한다. 회사까지 차로 30분. 그런데 아이를 어린이집에 데려다주어야 한다. 아침을 먹이고, 씻기고, 옷을 입히고, 신발을 신기고, 가방을 챙겨서 집을 나서는데 아이가 울기 시작한다. 어떤가? 읽기만 해도 스트레스 반응이 일어나지 않는가? 반대로 오늘은 휴가다. 아이가 어린이집을 가야 하지만, 가기 싫어하는 모습을 보니 '보내지 말까?' 라는 생각이 든다. 왜 그럴까? 시간과 환경이 나를 압박하지 않기 때문이다.

다시 스트레스 상황으로 돌아가 보자. 아이에게 아침을 먹이고, 씻기고, 옷을 입히고, 신발을 신기고 가방을 챙겨서 집을 나서는데 울기 시작하는 아이. 갑자기 심장 박동이 빨라지고, 동공이 커지면서, 숨소리가 거칠어진다. 이 순간 내 정서를 조절하는 시의적절한 방법을 전혀 알지 못한다면, 내가 선택할 수 있는 행위는 오직 하나일 것이다. 아이에게 화를 내는 것 말이다.

스트레스에 몸이 반응하면 코르티솔이라는 호르몬이 분비되고, 이는 우리 몸의 변연계 내의 편도체에 자극을 주며, 이는 다시 우리 몸이 도전 혹은 도주(Fight & Flight)하게 한다. 편도체는 '파충류의 뇌' 라고도 하는데, 약자인 아이에게 강자인 부모가 보이는 반응은 도주가 아닌 도전, 즉 화를 선택하게 되는 것이다.

일상에서 겪는 다양한 스트레스 상황에서 적절히 활용할 수 있는 스트레스 해소법, 다시 말해 정서적 자기조절 방법에는 무엇이 있을까?

2009년도 서식스(Sussex) 대학의 연구에 따르면, 매일 잠들기 전에 하는 6분가량의 독서는 스트레스 수치를 68%나 줄여준다. 음악 감상은 61%, 차 마시기는 54%, 걷기는 42%이다. 아이들이 좋아하는 게임은 21%의 스트레스를 줄여준다.

하지만 게임은 알코올 중독자와 유사하게 뇌를 변화시키고, 움직임이 거의 없어 혈관에 혈전이 생겨 폐가 제 기능을 다 하지 못하게 한다. 또한, 신체적으로 흥분 상태, 즉 혈압이 높아지고 근육이 긴장하는 각성 상태가 되어 스트레스 역치 수준을 낮춘다. 이로 인해서 다른 사람과 상상 호작용을 할 때 부정적인 반응을 보이는 비율이 높다고 한다.

반면, 독서는 사회성을 높여주고, 다른 사람의 마음을 이해하는 데 도움이 되는 공감 능력을 높이며, 어휘를 폭넓게 습득할 수 있어서 다른 사람과 대화를 잘하게 도와준다. 그 외에 잠도 스트레스를 줄이는 데 효과적이다. 〈뇌 행동과 면역〉 학술지에 따르면, 잠을 제대로 자지 못한 실험 참가자들에게 30분간 쪽잠을 자게 했더니 코르티솔이 줄어들었다. 하지만 바쁜 출근 시간에 책을 읽거나, 노래를 듣거나, 차를 마시거나, 걷거나, 잠을 잘 수는 없다.

스트레스를 줄이는 가장 손쉬운 방법은 심호흡이다. 스트레스를 받으면 교감 신경이 활성화되어서 목덜미, 어깨, 가슴, 횡격막이 수축된다. 목이 딱딱하게 굳고 어깨는 올라간다. 이때 호흡은 얕아지고 폐로 공기를 제대로 보내지 못해 빠르게 숨을 쉬게 되어 땀이 난다. 이럴 때 반대로 짧게 숨을 들이마시고 길게 숨을 내쉬면 교감 신경의 활성화를 낮추고 폐에 공기가 잘 공급되므로 혈압과 심박수가 진정되어 목 뒤의 뻣뻣함이

가시고 어깨에 힘이 빠지게 된다. 코르티솔의 분비가 줄어드는 것이다.

심호흡보다 근본적인 정서 처리 방법이 있다. 스탠퍼드대학 사회심리학자인 클로드 스틸(Claude Steele, 1988)의 자기가치 확인 이론(self-affirmation theory)이다. 클로드 스틸은 사람들이 외부의 위협적인 상황에 빠지기 전에 스트레스를 무력화하는 과정을 설명했다. 어떤 상황에 들어가기 전에 자신이 가장 깊이 간직하고 있는 가치관을 재확인하는 것이다.

데이비드 크레스웰과 그의 동료들(David Creswell et al, 2005)이 자기가치 확인이 스트레스에 어떤 영향을 주는지 실험을 했다. 연구자들은 연구에 참가하는 사람들에게 심사위원 앞에서 즉흥 연설을 하도록 요구했고, 심사위원들에게는 최대한 엄격하고 까다롭게 보일 것을 주문했다. 참가자들은 연설을 마치자마자 5분 동안 2083부터 13씩 뺀 수를 말하도록 했고, 심사위원들에게는 '더 빨리'를 외치도록 했다. 이는 참가자들이 받는 스트레스를 최대화하여 어떻게 반응하는지 살피기 위한 목적으로 실시하는 TSST(Trier Social Stress Test, 사회 스트레스 검사)다.

이 실험연구 전에 무작위로 두 집단으로 나눈 다음 한쪽에는 즉흥 연설 전에 자신이 소중히 여기는 핵심 가치를 하나 적게 했고, 다른 한쪽은 그다지 중요하지 않게 여기는 가치를 적게 했다. 두 집단 모두 가치를 적은 다음 숫자를 거꾸로 세게 한 후 실험연구 참가자들의 침에서 코르티솔 수치를 측정했다. 이 결과가 매우 중요하다. 검사 전에 자신이 소중히 여기는 가치를 미리 적었던 쪽의 사람들 코르티솔 수치가 낮게 나타난 것이다. 즉, 전혀 코르티솔 수치가 높아지지 않았다.

클로드 스틸의 자기가치 확인 이론은 자신에게 무엇이 가장 중요한지를 상기하는 것이 왜 중요한지를 설명한다. 이 이론의 효과를 탐구한 많은 연구는 매우 단순한 방법을 사용했다. 예를 들어 친구, 가족, 창의성, 친절, 봉사 등의 가치 중 하나를 선택해서 자신에게 중요한 까닭과 중요했던 순간을 떠올려 짧은 글을 쓰게 하는 것이다.

정리해보면, 스트레스에 대한 정서적 자기조절을 위해 아이들은 자신의 부적정서를 조절할 시간과 공간이 필요로 한다. 아이들이 스스로 자신의 정서를 조절하는 시간과 공간을 제공해주어야지 '어디 어른 앞에서 버릇없이'라며 이를 빼앗아서는 안 된다는 것이다. 또한, 디스트레스(distress) 호르몬인 코르티솔을 낮추기 위해 독서와 음악 감상, 차 마시기, 걷기, 심호흡 같은 활동을 몸에 익힐 수 있도록 아이와 자주 시간을 함께해야 한다. 마지막으로 일상의 스트레스를 디스트레스가 아닌 유스트레스(eustress)로 받아들일 수 있도록 부모와 자녀, 교사와 학생이 삶에서 중요한 가치에 관해 이야기를 자주 나누는 것이 중요하다고 할 수 있다.

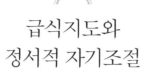

급식지도와
정서적 자기조절

우리가 먹는 것이 곧 우리 자신이 된다.
- 히포크라테스 -

　초등교사의 점심시간은 전쟁터다. 저학년은 너무 천천히 그리고 먹고 싶은 것만 먹어서, 고학년은 너무 빨리 그리고 먹고 싶은 것만 먹어서다. 그래서 교사와 학생의 갈등은 피할 수 없다. 때로는 학부모가 민원을 넣기도 한다. 먹는 데 스트레스를 받으니 먹고 싶은 것만 먹게 하는 것이 낫다며 교사의 급식지도를 비전문적인 행위라고 지적한다. 하지만 초등교사의 급식지도는 업무이고, 급식지도가 업무로 정해진 까닭은 아이들의 성장과 발달 때문이다. 대단히 전문적인 근거가 있기 때문에 급식지도를 하는 것이다.

　편식하는 아이들과 급식지도를 해야만 하는 교사 사이의 팽팽한 긴장감이 감도는 전쟁 같은 점심시간 때문인지 소화가 잘되지 않거나 역류성

식도염에 걸리는 교사가 많다. 교사들이 조용하고 차분하게 점심을 먹을 수 있는 날은 방학뿐이다. 점심 급식을 지도할 때 크게 두 가지를 중점으로 이야기한다. 첫째로 편식을 교정하고, 둘째로 음식을 남기지 않도록 한다. 그래서 늘 아이들과 전쟁을 치른다.

대부분의 학교 점심시간은 60여 분 남짓이다. 60분이라는 이 짧은 시간에 아이들은

① 식사를 마치고
② 양치질을 한 후
③ 운동장에서 친구들과 놀아야 한다.

아이들은 위 3가지 중에서 무엇을 가장 중요하게 여길까? 그렇다. ③ 운동장에서 친구들과 노는 것을 가장 중요하게 여긴다. 그래서 아이들은 치열하다. 먼저 배식을 받아야 한다. 친구와 조금이라도 더 놀기 위해서다. 아이들은 맹렬하다. 빨리 삼켜야 한다. 친구와 조금 더 많이 놀기 위해서다. 아이들은 양치 따위는 생략한다. 왜냐고? 친구와 조금이라도 더 많이 놀기 위해서다. 하지만 급식지도는 중요한 생활지도 중 하나다. 급식이 아이들의 신체적, 정서적 발달에 매우 중요한 역할을 하기 때문이다. 그래서 초등교사의 점심시간은 전쟁이다.

2016학년도 학생 건강검사 표본분석 결과에 따르면, 일주일에 한 번 이상 햄버거와 피자 등 패스트푸드를 먹는 비율이 초등학생은 64.8%였고, 중학생은 76.1%, 고등학생은 77.9%에 달했다. 해가 갈수록 증가하는

추세다.

아침을 먹지 않는 아이가 점점 늘어나고 있다. 채소를 섭취하는 비율은 점점 줄어들고 있다. 더구나 사회경제적 지위가 낮은 아이들의 경우는 음식 섭취와 같은 변인이 더 악화되고 있다는 점이 문제다. 부모가 함께 있는 시간이 적은 아이들은 집 밖에서 식사를 해야 하고, 돈이 없는 아이들은 라면이나 과자 같은 인스턴트 음식을 먹어야 한다.

그래서 부모의 손길에서 벗어난 아이들일수록 비만의 비율이 높다. 영양을 고려한 음식을 먹을 기회가 줄어드니까. 교사의 급식지도는 선택이 아니라 필수다. 가정환경이라는 변인에 의한 성장과 발달의 차이를 줄이기 위한 마지막 보루가 바로 학교 급식이기 때문이다.

급식을 먹는 많은 아이의 공통점 중 하나는 많이 씹어야 하는 음식을 좋아하지 않는다는 것이다. 왜? 친구와 놀 시간이 줄어들기 때문이다. 그래서일까? 나물은 거의 먹지 않고, 질긴 고기는 손을 대지 않는다. 이 아이들은 국물에 밥을 말아서 먹거나 부드러운 음식을 후루룩 마시듯이 먹는 것을 좋아한다. 하지만 '물도 꼭꼭 씹어 먹어야 좋다'는 옛말이 있는 것을 보면, 씹는 활동이 얼마나 중요한지 예부터 잘 알고 있었던 듯하다.

씹는 활동은 여러 가지로 매우 이롭다. 먼저 음식을 꼭꼭 씹을 때 침이 많이 분비된다. 보통 하루에 1~2ℓ가 분비되는데, 침에는 수분과 전해질, 단백질, 효소는 물론 면역글로불린과 항균물질들이 있다. 리파아제와 아밀라아제와 같은 소화 및 살균 효소가 분비되며, 유해물질의 독성을 제거하고, 충치를 예방하며 면역력을 높이는 효과가 있다. 게다가 침은 성장을 촉진하고, 칼슘과 인을 포함하고 있어서 뼈와 치아를 튼튼하게 하며, 혈관의 탄력성을 높인다.

또한, 씹는 활동은 위의 부담을 줄이며, 천천히 먹게 되어 식사 시간이 늘어남으로써 포만감을 느껴 음식을 적게 먹는 식사량 조절에도 효과적이다. 모발이나 피부 건강에 도움을 주는 노화 방지 호르몬으로도 불리는 파로틴(Parotin)의 분비를 촉진하는 가장 효과적인 방법도 음식을 꼭꼭 씹어 먹는 것이다.

신체적 건강뿐만이 아니다. 미국 세인트로렌스대학 심리학과의 서지 오나이퍼(Serge Oniper) 교수는 2011년 12월 저널 〈애피타이트(Appetite)〉에 시험 보기 5분 전에 껌을 씹게 했을 때 성적 향상에 도움이 되었다는 연구 결과를 발표했다. 여기서 중요한 건 껌이 아니라 씹는 행동이다. 씹는 행동이 뇌로 가는 혈류량을 증가시키고 이는 사고(생각)와 관련이 깊은 전두엽과 해마의 혈중 산소 농도를 올리는 데 도움이 되는 것이다.

그뿐만 아니라 스트레스 호르몬의 분비를 완화하고 만족감을 느끼게 해주는 세로토닌이나 히스타민, 아세틸콜린과 같은 뇌 신경 전달물질이 분비되어 뇌의 활성화에 도움을 준다. 꼭꼭 씹는 행동은 침을 충분히 분비시켜서 미각세포를 자극함으로써 음식의 고유한 맛을 느끼게 한다. 이렇게 미각에 집중하는 행동은 대뇌피질 내의 섬엽을 활성화하고, 편도체를 안정시켜서 정서적 자기조절을 가능하게 만든다.

아이들이 씹는 활동을 해야만 하는 음식들이 바로 딱딱해서 씹는 힘이 필요한 견과류, 식이섬유소가 많아서 꼭꼭 씹어야 잘 소화가 되는 통곡식이나 말린 채소와 나물 등인데 이는 급식에 빠지지 않고 등장한다. 점심시간을 충분히 확보하고 아이들이 싫어하는 반찬은 적은 양이라도 꼭

꼭 씹어 미각세포를 활성화하여 맛을 음미하며 먹을 수 있도록 도와주는 것이 아이들의 정서 조절에 효과적이라는 뜻이다. 따라서 가족이 함께 저녁을 만들어 먹을 수 있는 사회가 되어야 하고, 아이가 스트레스를 받더라도 건강한 성장 발달을 위해 급식을 골고루 먹도록 교사가 지도해야 할 필요가 있는 것이다.

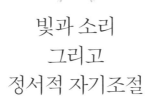

빛과 소리
그리고
정서적 자기조절

어린이를 학교에 맞추는 것이 아니라,
학교를 어린이들에게 맞춰야 한다.
- 알렉산더 닐, 영국 서머힐 설립자 -

학교 예산은 항상 모자라다. 그래서 아껴서 써야 한다. 특히 전기는 더욱 아껴 써야 한다. 교실마다 선풍기와 난로를 사용하던 옛날과 달리 에어컨과 난방기가 함께 돌아가는 냉난방기를 사용하면서 전기 사용량이 크게 늘었다. 따라서 학생이 등교하는 9시부터 하교하는 3시까지는 냉난방을 가동하고, 하교하는 순간부터 칼같이 전원은 꺼지고 교실은 빠르게 데워지거나 차가워지기 시작한다. 전기 절약은 여기서 그치지 않는다.

빛

아이들이 공부하는 시간에 복도와 계단의 조명은 꺼야 한다. 그런데 공부 시간이 끝나고 복도와 계단 조명은 스스로 켜지지 않는다. 독일 함부르크에서 이루어진 실험에 따르면, 전등의 밝기만 개선해도 독서 속도가 9개월 만에 9% 신장하는 것으로 나타났다. 독일 함부르크 에펜도르프 대학병원의 소아·청소년 신경정신과 의사인 미하엘 슐테-마르크보르트(Michael Schulte-Markwort)는 2011년 교실 조명과 관련한 연구 결과를 발표했다. 그는 초등학교 두 학급을 정하여 공부 시간에는 조도 1,060lx (룩스: 색의 밝기)에 5,800K(켈빈: 색의 온도)의 블루-화이트색의 조명을 사용하고, 쉬는 시간에는 조금 어둡고 더 따듯한 옐로우 계열을 사용했다.(『안녕히 주무셨어요?』 p.45) 연구 결과, 독서 속도가 비교집단에 비해 9%가 더 증가했고, 문해력이 좋아졌으며, 산만한 경향이 확연히 줄어들었다.

카이스트의 산업디자인과 석현정 교수의 2016년도 연구 결과에 따르면, 조명의 상관 색온도가 인지능력에 미치는 영향이 있다고 했다. 실험군의 경우 형광등을 LED 조명으로 교체하고 집중에 적합한 높은 색온도의 조명을 시용한 교실에서 대조군에 비하여 7% 더 좋은 성적을 거두었다. 사칙연산에 집중할 때는 블루 라이트 계열의 조명을, 토의나 토론 같은 상호작용에서는 노을빛과 같은 낮은 색온도의 조명이 효과적이라고 했다.

교실 조명을 수업에 따라 혹은 수업과 쉬는 시간에 따라 달리하는 것은 현실적으로 어렵다. 그렇다면, 최소한 아이들이 있는 동안만이라도 불을 켜두어야 하지 않을까? 부족한 학교 예산 때문에 불이 꺼진 복도와 계단을 오가는 아이들을 보면서 학교의 조명에 대한 연구들을 생각하는 건 어쩌면 너무 지나친 욕심일까?

소리

학교는 아이들이 있는 한 항상 시끄럽다. 하지만 학교에서는 항상 조용히 해야 한다. 특히 공부 시간에는 더욱 조용히 해야 한다. 교실 문과 창문을 꼭 닫아도 복도에서 이야기하는 소리가 전부 들린다. 교실 문과 창문이 소리를 조금도 막아주지 못하기 때문이다. 이에 반해 북유럽의 학교들은 교실 문과 창문이 이중창, 삼중창으로 되어 있어 외부의 소음을 막아주고, 천정과 벽은 흡음재와 흡음판을 활용하여 소리의 울림을 최소화한다.

교실과 복도를 벗어나 운동장은 어떠한가? 해마다 11월이면 전국에서 수학 능력 시험이 치러진다. 이날은 야외활동을 자제해야 하고, 특히 수능시험 고사장 인근 초등학교는 운동장에서 하는 체육 수업마저 자제하도록 한다. 왜냐하면, 운동장에서 체육을 하는 소리가 수능을 치르는 고사장까지 들리기 때문이다. 아이들은 조용히 해야 한다. 교실에서도, 복도에서도 그리고 운동장에서도.

교실의 천정은 보통 석고보드다. 석고보드는 흡음 기능이 아니라 차음 기능을 한다. 소리를 흡수하는 것이 아니라 외부로 나가지 못하도록 막는 것이다. 시프와 글로스마이어와 그의 동료들(Seep & Glosemeyer et al, 2000)에 따르면, 교사나 학생의 발언을 방해하는 소음으로 말의 명료도가 크게 떨어져 심할 경우 소리의 75%까지 들리지 않는다고 한다. 또한 〈헬스 테크니컬 메모랜덤(Health Technical Memorandum)〉에 따르면, 소음은 사람의 혈압과 심박수, 호흡의 비율 등을 증가시킬 수 있다고 한다. 즉 수업에 방해가 되는 소음을 흡수하거나(흡음), 교실 밖에서 들려오는 소리를 막지(차음) 못하면 적절한 의사소통이 어려워질 뿐만 아니라, 교사와 학생의 혈압이 높아지고 심박수가 빨라지며 호흡이 가빠지는 긴장과 각성 상태로 쉽게 전환되어 주의를 집중하는 데 오히려 방해될 가능성이 크다는 뜻이다.

교실에 설치되는 석고보드가 가로 약 11m, 세로 약 5.5m당 단가가 2만 원 정도라면, 흡음 계수(Noise Reduction Coefficient-NRC)[*]가 0.6이 넘는 암면 흡음텍스의 가격은 제곱미터당 3만 원이 넘는다. 즉 가격이 싼 석고보드로 2만 원에 11m×5.5m의 천장을 만들 때, 흡음텍스 3만 원으로 1m×1m의 천장을 만들 수 있다면 최저가 낙찰제에서 당연히 석고보드를 선택하게 된다.

아이들은 성장 발달하고 있다. 주의를 선택하고, 선택한 주의를 지속하는 주의집중은 단번에 우수한 상태로 발달하지 않는다. 더구나 통제할 수 없는 외부 자극에 의해 주의가 산만해지고, 이를 교사가 지적하는 악순환에 빠지기 쉽다. 이는 코르티솔을 오랫동안 분비시켜 주의력을 떨어뜨릴 가능성이 크다. 따라서 학교는 아이들이 더욱 효과적으로 주의를 집중할 수 있는 환경을 제공해야 한다.

공부 시간 대부분은 두 가지 자극에 의존한다. 바로 시각과 청각이다. 시각과 청각은 빛과 소리에 영향을 받는다. 그래서 학교는 아이들이 잘 볼 수 있게 하는 조명을 갖추어야 하고, 잘 들을 수 있게 하는 차음과 흡음 시설을 갖추어야 한다. 아이들이 더욱 집중할 수 있도록 돕는 조명을

---

[*]　1이면 완전 흡음. 0이면 흡음이 전혀 안 되는 상태를 의미함

제공하려는 노력은커녕 예산 부족 때문에 있는 조명마저 꺼야 하는 학교, 교실과 복도 그리고 운동장에서조차 마음껏 소리 내지 못하는 학교가 어떻게 아이들의 성장과 발달을 촉진한다고 말할 수 있을까?

끊임없이 성장하는 아이들에게 학교라는 환경은 발달에 지속해서 영향을 미친다. 스스로 주의를 선택하고(능동적 주의력), 선택한 주의를 오랫동안 지속하기(지속적 주의력)에는 발달의 정점에 다다른 어른에 비하여 발달 과정에 있는 아이들은 아직 어려움이 많다. 주의집중력이 발달하고 있는 아이들이 충분히 자라기도 전에 불필요한 자극을 차단해주지도 못하면서 아이들의 주의가 산만하다고 말하는 것은 아닐까? 그렇다면, 아이들의 성장과 발달을 최대로 끌어낼 수 있도록 불필요한 자극을 최소한으로 줄여주는 것이 아이들의 주의집중을 높이는 방법이 아닐까? 그래서 나는 우리 사회가 아이들의 성장과 발달에 최적화된 환경을 구성하기를 간절히 바란다.

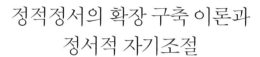

정적정서의 확장 구축 이론과
정서적 자기조절

기쁨을 주는 사람만이 더 많은 기쁨을 즐길 수 있다.
- 알렉산더 듀마 -

인간은 누구나 정적정서를 추구한다. 슬픔보다는 기쁨을, 분노보다는 사랑을 추구한다. 그리고 기쁨보다 슬픔을, 사랑보다 분노를 더 오래 간직한다. 좋았던 기억을 상기하는 것보다 괴로웠던 기억을 떠올리기가 더 쉽다. 그래서인지 상담이나 심리학이라고 하면, 고통을 치유하는 것을 떠올린다.

학교에서 아이들이 주로 느끼는 정서는 무엇일까? 3월이 다가오면 시작되는 등교 불안, 각종 수행평가나 지필평가가 주는 시험 불안, 수업 시간마다 긴장시키는 발표 불안, 학교폭력이 주는 친구와 교사에 대한 관계 불안, 자신의 미래에 대한 진로 불안 등으로 가득 차 있다. 그럼에도 불구하고 아이들은 의무교육이라는 제도에 의해 학교에 가야만 하는 현실 앞에서 우울해지기 쉽다.

그런데 정말 우리는 불안과 우울로 가득한 하루를 보내고 있을까? 프레드릭슨과 로사드(Fredrickson & Losade, 2005)는 사람들이 일정 시간 경험하는 정적정서와 부적정서의 비율이 건강하고 행복한 삶의 유무를 가늠한다고 생각했다. 여러 연구를 분석하고, 직접 실험연구를 한 결과 건강한 사람들은 약 2.9:1에서 11.6:1(정적정서 대 부적정서의 비율)의 비율로 정서를 경험하는 것으로 나타났다. 다시 말해서, 불안과 우울 같은 부적정서는 우리가 일상에서 경험하는 모든 정서의 3분의 1에서 11분의 1 정도에 불과하다고 볼 수 있다.

그렇다면, 부적정서를 피하려는 노력은 과연 효과적일까? 시험 불안을 겪지 않기 위해서는 시험을 회피해야 하고, 등교 불안을 회피하기 위해서는 등교를 회피해야 하며, 발표 불안을 회피하기 위해서는 발표를 회피해야 한다. 그래서 아이들은 시험을 보기 싫어하고, 학교에 가기 싫어하며, 발표시키는 것을 싫어하고, 친구나 교사를 이해하려 하지 않는다. 문제는 부적정서를 회피하려는 노력이 개인이 가진 자원 혹은 가능성을 키우는 데 오히려 방해가 된다는 데 있다.

그래서 나는 해마다 한 가지 실험을 해본다. 칭찬 샤워가 그것이다. 아무런 사전 설명 없이 누군가를 돌아가면서 칭찬을 하다 보면 금방 칭찬의 밑천이 드러난다. 하지만 반대로 비난을 하라고 하면 어떨까? 그렇다. 우리는 어떤 사람에 대해 보지 않고, 듣지 않아도 여러 가지로 비난을 거듭할 수 있다. 비난은 무관심만으로도 가능하지만, 칭찬은 관심 없이는 어려운 일이기 때문이다.

관심(觀心)은 글자 그대로 '마음을 보는 일'이다. 나 자신의 마음을 들여다보는 일에서 친구의 마음을 들여다보는 일까지 전부 관심 없이는 불가능한 일이다. 자기 마음을 들여다보는 관심은 자기성찰 지능의 바탕이고, 친구의 마음을 들여다보는 일은 대인관계 지능의 출발이다. 따라서 무관심은 자기성찰도, 사회성도 가로막는다.

그뿐만 아니다. 부적정서는 긴장과 각성을 일으킨다. 소위 디스트레스인 것이다. 이는 전두엽과 같은 대뇌피질과 기억, 학습, 동기에 영향을 주는 해마의 기능을 위축시키고 편도체와 관련된 정서처리 회로인 피질─편도체 회로 대신 시상─편도체 회로를 작동시킨다. 나에게 위협이 된다고 판단하면 편도체는 즉시 시상하부(Hypothalamus)─뇌하수체(Pituitary)─부신(Adrenal)축, 즉 HPA축 회로를 활성화한다.

다시 말해서, 편도체가 위협이나 두려움, 공포 따위를 느껴 불안해지면, 이 HPA축을 통해 시상하부에 아드레날린, 코르티솔 같은 스트레스 호르몬을 분비하도록 지시하기 때문에 시상─편도체 회로가 활성화되는 것이다.

배어스와 게이지(Baars & Gage, 2012)에 따르면, 시상─편도체 회로는 빠르고 본능적인 정서적 반응 처리를 하며, 기본적 특징의 윤곽만 전달해서 대상을 정확하게 인식하는 데는 불충분 하지만 자극에 대한 반응을 준비하는 경로라고 한다. 반면 피질─편도체 회로는 피질의 감각 영역과 편도체를 연결하여 상황에 대한 세부적인 내용을 고려해서 정서 반응을 하는 경로라는 것이다.

반대로 정적정서는 개인이 가진 자원을 확장하고 구축하도록 돕는다.

프레드릭슨(Fredrickson, 2001)은 정적정서가 개인의 사고 행동의 레퍼토리(repertory)를 확장하고, 삶의 질을 높이는 개인의 자원을 구축하는 4가지 방식을 설명하고 있다.

첫째로 정적정서가 사고-행동의 범주를 확장시킨다. 보통 사람들은 부적정서를 느끼면 문제를 해결하기 위해 자신이 알고 있던 지식보다 감정과 연관된 경험에 의존하게 된다. 이로 인해서 사고와 행동의 범위는 개인이 경험한 적은 수의 표본의 편향성에 빠지게 되고, 이는 편견과 비합리적 사고의 출발점이 된다. 그러나 프레드릭슨의 연구에 따르면, 정적정서를 경험하는 조건에 있는 사람들은 부적정서를 경험한 사람들보다 더 많은 대안을 고려했고, 부적정서를 경험한 사람들은 중립적 정서를 경험한 사람들보다도 더 적은 대안을 떠올렸다.

둘째로 정적정서가 부적정서를 줄여준다. 노먼 커즌스(Norman Counsins, 1979)는 『웃음의 치유력(Anatomy of an Illness)』에서 자신이 강직성 척추염으로 고통에 시달렸을 때 코미디 영화를 보면서 웃을 수 있었는데, 10분 동안의 웃음이 2시간의 고통 없는 잠을 주고 신체의 염증을 감소시켰다고 했다.

또한, 프레드릭슨은 실험 참가자에게 청중 앞에서 자신의 왜 좋은 친구인지를 설명하는 연설을 준비하도록 요청했다. 이어서 정적정서, 중립적 정서, 부적정서를 경험하게 했다. 한쪽은 즐겁고 신나는 기분을, 한쪽은 아무런 감흥이 없는 경험을, 다른 한 쪽은 슬픔, 분노, 짜증과 같은 정서를 경험하게 한 것이다. 그 중 청중 앞에서 하는 연설을 준비하는 상황에서 부적정서를 경험(연설을 준비할 시간을 적게 가진 후)하여 심박수가 증가한 경우, 정적정서(즐겁거나 정서적 만족을 주는 영상을 보게 한 후)를 경험하는 것이 원래의 심박수로 돌아오도록 돕는 데 도움을 주는가를 살펴보았다. 그랬더니 부적정서를 경험한 상태에서 정적정서를 경험한 그룹이 가장 빨리 원래의 심박수로 돌아왔다. 즉 정적정서가 개인의 심리를 이완시킨 것이다.

셋째로 정적정서는 개인이 가진 리질리언스를 높여준다. 리질리언스가 스트레스 사건에서 빠르게 회복하고, 오히려 스트레스 사건을 디스트레스가 아닌 유스트레스로 받아들여 자기 성장의 밑거름으로 삼게 하기 때문이다. 이는 앞서 이야기한 인지적 자기조절 및 낙관성*과 관련이 있기도 하다.

넷째로 자원을 확장하고 구축하도록 도와주면서 더불어 삶의 질을 높여준다. 정적정서는 사고의 폭을 넓혀주고, 부적정서는 사고의 폭을 좁힌다. 정적정서를 경험하면 할수록 사고의 폭이 넓어지고 취할 수 있는 행동의 범위도 넓어지며, 중요한 삶의 문제를 해결하기 위한 건강한 신체적 자원, 스트레스에 대처하는 심리적 자원, 타인의 사회적 지지 자원을 구축하는 데 도움을 준다는 것이다.

따라서 "3월에는 아이들을 잡아야 해. 그래야 일 년이 편해"라는 말이나 체벌과 같은 부적 강화는 오히려 아이들이 자신의 정서를 스스로 조절하는 데 방해가 될 뿐만 아니라 개인이 가진 무한한 잠재력을 발휘할 기회를 뺏는 것과 다름없다.

---

* 　패배나 실패 상황에서 포기하지 않는 설명 양식

그러므로 아이들을 잡기보다는 아이들의 마음을 사로잡아야 한다. 이는 철저하게 아이들에 대한 믿음을 바탕으로 한 진정성에서 출발한다. 진정성은 말보다 행동으로 드러나고, 아이들은 교사의 행동을 통해 진심을 느끼기 때문이다.

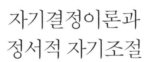

자기결정이론과
정서적 자기조절

아무것도 변하지 않을지라도
내가 변하면 모든 것이 변한다.
- 오노레 드 발자크 -

라이언과 데시(Ryan & Deci, 2002)의 자기결정이론(self-determination theory)은 인간의 동기를 설명하는 이론이다. 인간의 행동이 자율성의 정도에 따라 동기가 달라진다는 것이다. 처음에는 외적인 이유로 시작한 행동이 점차 내면화(internalization)하면서 자기 결정 행동으로 바뀐다는 것이다. 다시 말해, 자율성이 높을수록 내재적 동기가 높아진다는 말이다.

예를 들어, 아이들은 "왜 공부를 하는지 모르겠다"라고 말하며 공부에 가치를 두지 않고, 스스로 공부를 잘 할 것이라고 기대도 하지 않는 무동기(amotivation) 상태를 주로 보인다. 그런데 학교에서 교사로부터 혹은 부모로부터 야단을 맞는 것을 피하기 위해 공부를 한다. 이는 자기 결정이 전혀 없는 수동적인 행동으로 외적 조절(external regulation)이라고 부른다.

외적 조절보다 높은 동기 수준은 내사된 조절(introjected regulation)이라고 부른다. 학교라는 공간에서 또래 친구들보다 교사에게 좋은 학생으로 비치길 바라는 마음이 있다거나, 일단 주어진 과제를 하지 않으면 불안해서 공부를 하는 경우를 말한다.

다음으로 스스로 과목을 이해하기를 바라거나 대학 진학에 필요하다고 생각해서와 같은 스스로 설정한 목표를 추구하거나 중요하다고 여겨서 공부를 하는 자기동일시적 동기(identified regulation)가 있다.

이보다는 조금 더 내재적 동기는 공부가 자신에게 가치 있는 일이라고 믿거나 사회에 필요한 사람이 되고 싶어 배우려 하는 것처럼 환경에 의해 강요받은 결정이 아닌 내면화의 자연스러운 결과를 나타내는 통합된 조절(integrated regulation)이 있다. 이는 내재적 동기와 유사한 측면이 많지만, 과제 수행 자체의 즐거움보다 다른 결과를 얻기 위해 행동하므로 외적 동기에 의한 행동으로 본다.

마지막으로 학습활동에 참여하는 과정에서 얻는 만족, 즐거움, 재미 등을 위해 과제를 수행하며, 도전 의식을 고취하는 과제를 좋아하고, 호기심 때문에 과제를 수행하는 내재적 동기(intrinsic motivation)가 있다.

학년이 올라갈수록 학습 내용이 점점 어려워지고, 유능성을 경험하기가 어려워서 과제 수행 자체에 대한 흥미를 잃을 가능성이 더욱 커진다. 이때 아이들의 내재적 동기를 유발하고 외적으로 동기화된 행동을 내면화시켜서 통합된 조절에 이르도록 하기 위해서 인간의 3가지 기본 욕구인 자율성, 유능성 그리고 관계성을 자극하고 충족시킬 수 있는 환경을 구성해야 한다.

매스텐과 리드의 관점에서 학교의 변화에 주목해보자. 아이들의 자율성을 보장하기 위해서 학생자치가 등장했고, 학습자 중심 수업이 주목을 받고 있다. 아이들의 자율성을 보장하는 환경은 과제 수행을 지속하는 원동력이 되고, 과제를 수행하는 과정에서 아이들은 자신의 유능성을 경험하게 된다. 더불어 미성숙한 자신의 선택에 귀 기울여주고, 유능성을 경험하도록 기다려준 교사와의 관계성은 증진하여 내재적 동기가 커지는 선순환 과정이 이어지게 된다.

이러한 패턴은 앞서 이야기했던 프레드릭슨(Fredrickson, 2001)이 말한 정적정서의 확장 구축 이론의 흐름과도 유사하다. 교사가 아이들의 자율성을 보장함으로써 아이들은 정적정서를 경험하게 되고, 이를 통해 아이 스스로 자신의 사고−행동의 범주를 확장해 주어진 과제를 해결할 수 있는 적절한 방법을 모색하고, 협력적 의사소통이 가능하게 되어 관계성, 즉 사회적 관계의 질이 높아지며, 정적정서의 경험으로 작은 실패로 인한 스트레스 반응에도 과제를 지속할 가능성이 커지는 것이다. 스스로 과제 수행을 끝까지 지속함으로써 얻게 되는 유능성은 결국 아이들의 자기 효능감을 높여준다.

어떻게 해야 아이의 자기결정성이 높아질까? 내 교실 속 학급운영을 예로 들어 설명해 보고자 한다. 나는 교실 청소를 깨끗이 하지 않는다. 책상 줄도 대충 맞춘다. 게시물도 학기 초에 붙여두고 여간하면 교체하지 않는다. 물론 아이들 작품은 바꾼다. 아이들에게 나누어주는 공책에도 손을 대지 않는다. 공책의 제목도, 자신의 이름도 스스로 쓰게 한다. 공책의 제목이나 아이 이름을 대신 써주거나 혹은 프린터로 출력하여 붙여주는 일을 하지 않는다. 나는 내 영향을 최소화하려고 노력한다. 나로 인해 아이들이 과대평가 받지 않아야 하니까.

있는 그대로의 아이 자신을 보고 느끼고 생각하게 하려 한다. 책상 줄, 서랍, 사물함, 공책, 필통, 교과서, 클리어 파일 등등. 처음 준비할 때 필요한 준비물과 사용 방법 안내를 빼고 피드백을 제시하는 것 이외에 개입하지 않는다. 모든 걸 아이가 책임지게 한다. 그래서 자꾸 묻는다. 아이의 생각을. 책상 줄이 비뚤어지면 비뚤어진 책상을 바라보는 아이의 마음이 어떤지 묻는다. 아이가 괜찮은 것 같다면 그대로 둔다. 아이가 마음 가는 대로 하도록 놔두되 스스로 생각하게 하려고 노력한다. 글씨를 엉망으로 쓰면 읽어보게 한다. 그리곤 정확히 읽는데 불편함이 없냐고 묻는다. 글을 쓰는 건 자신의 생각을 분명하게 드러내는 일이고 그 판단은 내가 아니라 아이가 내려야 하기 때문이다.

사물함 정리도 가르쳐 주지 않는다. 자기 방법을 찾을 때까지 둔다. 불편을 견디며 사는 건 아이 몫이니까. 물론 물어보면 가르쳐준다. 하지만 대부분 묻지 않는다. 하루, 일주일, 한 달, 일 년... 이렇게 묻고 또 물으면서 기다리고 기다린다.

대신 관찰한다. 동기는 어느 수준인지, 가족 및 친구와 사이는 좋은지, 글을 읽고 쓰는 정도는 어떤지, 셈하기는 어느 수준인지. 수업을 하고 아이들과 어울리며 나누는 이야기를 가만히 듣다 보면 대략 아이의 발달 수준을 가늠할 수 있다. 이때 개별 약속을 잡는다.

아이 한 명 한 명과 약속을 한다. 가정에서 해야 할 노력, 친구 사이에 해야 할 노력, 자신을 위해 해야 할 노력을 약속한다. 아이들이 할 수 있는 수준에서 제안하고 아이가 받아들이면 약속한다. 때로는 다른 친구를 지지하는 방법을, 때로는 부모님의 마음을 여는 방법을, 때로는 자신의 학습능력을 키우는 방법을 알려준다.

약속을 하고 가끔 묻는다. 약속을 잘 지키고 있는지, 실천하기를 바란다는 기대와 함께. 아이는 교사와의 약속을 교실에 올 때마다 상기하게 된다. 이 약속은 아이 자신의 성장과 행복에 도움이 된다는 걸 아이도 알고 있다. 기대에 부응하기 위해 아이도 노력한다. 교사로서 나의 노력은 아이를 신뢰하고 기대하는 것이다.

더하여 나 역시 나 자신과 반 아이들 그리고 내 가족을 위한 일을 실천하고 아이들과 나눈다. 나 자신의 성장을 위해, 우리 반 아이들을 위해, 내 가족을 위해 교사인 나는 무엇을 노력했는지 이야기한다. 나와 아이들은 같은 꿈을 꾸는 동지이니까. 작은 교실에서 만나는 아이들과 내가 서로 절차탁마하며 지내는 일 년이 그래서 소중하다. 아이들도 나도 성장하는 교실이니까. 아이들의 자기결정성을 높이기 위해 교사인 나도 함께 노력하는 것이다.

아이들이 스스로 해내려는 순간에 주목하고, 실수나 실패에도 스스로를 의심하지 않으며, 교사와 함께 자신의 성장을 위한 노력을 거듭하는 것이 라이언과 데시가 말하는 자기결정성을 높이는 리질리언스 교육일 것이다.

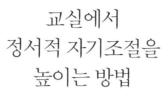

교실에서
정서적 자기조절을
높이는 방법

사랑의 첫 번째 의무는
상대방에게 귀를 기울이는 것이다.
- 폴 틸리히 -

해가 갈수록 아이들의 생활지도가 힘들어진다. 교원의 명예퇴직 사유로 교권침해와 학생 생활지도가 가장 많이 꼽힌다. 아이들은 또래와의 작은 갈등에도 화를 폭발시킨다. 서로 쉽게 원망하고, 시기하고, 질투하고 미워한다. 더구나 타인을 괴롭히고, 못살게 구는 아이들은 자신의 감정 상태를 잘 인식하지 못한다.

많은 교사가 아이들의 정서 조절력을 키워주기 위해 노력한다. 감정에 이름을 붙여보는 활동을 통해 감정이 무엇인지, 감정의 종류에는 어떤 것들이 있는지 이해하게 하거나 타임아웃을 하도록 돕기도 한다. 하지만 중요한 것은 교사의 도움 없이도 일상에서 자신의 정서를 조절하는 방법을 익히게 하는 것이 아닐까 생각한다. 이에 도움이 될만한 방법 몇 가지를 소개하고자 한다.

1. 2003년 영국 런던의 엘름파크 역은 지하철 운전자에게 겁을 줘서 기차를 멈추게 하는 폭력배들 때문에 골머리를 앓았다. 그런데 클래식 음악을 틀어준 뒤 1년 6개월 만에 강도와 폭행, 예술, 문화 파괴 운동이 25~37%씩 감소한 효과를 보였다.('모차르트, 배회하는 청소년 쫓는 데 최고' 연합뉴스. 2014.06.08.)

➡ 학교 화장실과 복도에 클래식 음악을 틀어준다.

2. 영국 런던대학 마크 하머 박사팀의 연구에 따르면, 일주일에 한 번 규칙적으로 청소 등 몸을 많이 움직이는 집안일을 하는 사람의 정신건강 위험이 20% 낮은 것으로 나타났다.

➡ 1인 1역을 해야 하는 이유이기도 하다.

3. 슬픈 음악이 긍정적인 감정을 일으킨다. 2013년 도쿄대 예술대학 가와카미(Kawakami) 등의 연구에 따르면, 슬픈 노래를 들으면 다양하고 복잡한 감정과 함께 일정하게 긍정적 감정을 일으킨다고 했다. 슬플 때는 신나는 노래보다 슬픈 노래를 듣는 것이 더 효과적이다.

➡ 가끔 아이들이 싫어해도 슬픈 노래를 틀어주어야 하는 이유다.

4. 에이미 커디(Amy Cuddy)의 『자존감은 어떻게 시작되는가(Presence)』는 신체 언어의 중요성에 관해 이야기한다. 자세가 인간의 정서에도 영향

을 준다는 것이다. 미국 오하이오 주립대 심리학과 연구팀에 따르면, 바른 자세로 앉는 사람들이 구부정하게 앉는 사람들보다 자신감이 높았다. 〈바이오피드백 저널(Journal Biofeedback)〉의 논문에 따르면, 똑바로 앉거나 서 있으면 에너지 소모가 덜하고 기분이 가라앉는 것을 예방할 수 있다고 한다.

〈건강심리학 저널(Journal of Health Psychology)〉에 따르면, 바른 자세는 부정적인 심리상태에서 긍정적인 상태로 회복하는 속도를 높여주고, 이 과정에 생기는 스트레스도 줄인다고 한다. 또한, 바른 자세는 긍정적인 기분을 촉발시켜 두려움을 해소해준다고 한다. 바른 자세가 테스토스테론의 분비량을 증가시키라는 신호를 보내고, 이 호르몬이 분비되면 보다 활력이 넘치고 생산적으로 일을 하게 된다는 것이다.

바른 자세는 산소 흡수량을 30%까지 증가시킨다. 신체와 뇌에 더 많은 산소를 공급해 활력을 높여준다. 좋은 호흡으로 체내 산소량을 높이는 것은 신체를 이완시키는 가장 효과적인 방법이다. 그래서 사람은 긴장하면 심호흡을 하면서 자신을 이완시키려고 애쓴다.

➡ 아이들에게 바른 자세를 가르쳐준다. 그리고 까닭을 설명해준다. 자신감을 높여주고, 어려운 상황에 처했을 때 두려움을 줄여주며, 스트레스를 낮추고, 집중력을 높여주며, 두뇌 회전도 빨라진다는 것을.

5. 아침 식사를 안 하면 시상하부 속 식욕 중추가 흥분한다. 이와 더불어 감정 중추도 흥분해서 정서가 불안해질 수 있다. 이를 예방하기 위해 혈당을 높여주어야 하는데, 아침에 먹는 밥에 들어 있는 탄수화물이 도

움이 된다. 단, 사탕과 같은 단당류는 오히려 정서조절에 방해가 된다. 빨리 안정을 되찾은 만큼 빠르게 불안정해지기 때문이다.

➡ 가정통신문에 아침 식사의 중요성을 꼭 이야기하는 이유다.

6. 5분 정도 머리를 좌우로 흔드는 동작을 반복하면, 스트레스를 낮추고 치매를 예방하는 데 효과적이라는 연구가 있다. 서울대병원 정신건강의학과 강도형 교수는 "뇌파 진동을 통해 스트레스 지수는 기존의 절반 정도로 낮아진 반면, 기쁨 호르몬인 도파민 분비량은 늘어났다. 사고, 판단, 감정 조절을 담당하는 뇌 속 전두엽과 측두엽이 두꺼워졌는데, 이는 치매와 같은 뇌 질환 예방에도 도움이 된다는 것을 보여준다"라고 했다.

➡ 천천히 흔들어도 된다. 빨리 흔들면 어지럼증을 느끼기 때문이다.

7. 악기 연주도 정서적 자기조절에 도움이 된다. 악기를 연주하는 것은 음고, 세기, 장단, 음색에 대한 감각을 키워준다. 이때 감각은 뇌의 편도체와 섬엽에 자극을 준다. 연주는 자신이 내는 소리에 귀를 기울이게 하며, 소리의 음고, 세기, 장단, 음색의 조화를 봐야 하는 메타인지를 작동시킨다. 따라서 조화와 균형에 대한 감각을 키우며 대뇌피질 내 감각과 관련이 있는 섬엽을 자극하게 된다. 섬엽은 대뇌피질에서 변연계 내의 편도체에 영향(시각, 청각과 같은 감각을 대뇌피질로부터 편도체로 전달)을 주는 부위다. 악기를 연주하는 것은 결국 섬엽이 대뇌피질에서 변연계 내의 편도체로 감각 정보를 잘 전달하여 정서를 조절하는 데 도움을 줄 수 있다는 의미다.

악기 연주는 수행과정에서 유능감을 느끼게 하고, 자신의 정서를 소리로 표현하도록 도우면서 스트레스 반응에 대한 역치 수준을 높여준다. 따라서 정서적 자기조절력을 높여준다.

➡ 악기 연주는 스트레스 해소뿐만 아니라 인지기능의 향상에도 도움이 된다. 학년이 올라감에 따라 노래의 길이가 길어지는 이유가 인지기능의 발달 때문이다.

8. 스트레스 해소에 가장 효과가 큰 것은 독서가 68%로 1위, 음악 감상은 61%로 2위, 차 마시기는 3위로 54%, 산책은 4위로 42%다.

➡ 많은 학교가 아침 독서 혹은 차 마시기를 하는 과학적 근거가 아닐까 싶다. 더불어 이영근 선생님은 금요일 아침 일찍 아이들과 함께 학교 뒷산을 오른다. 이를 보고 나도 금요일마다 아침 일찍 아이들과 학교 뒷산에 함께 올라 간식을 먹고 내려온 적이 있다. 함께 길을 걸으며 나누는 이야기, 변화하는 자연의 모습을 함께 느끼는 과정 자체만으로 시간을 공유하고, 정서적인 기억으로 오래 남아 있다.

9. 시간 맞추기

의자에 앉아서 편안한 자세로 눈을 감는다. 마음속으로 30초가 되었다 싶을 때 눈을 뜨게 한다. 눈을 감고 시간을 가늠하는 행위는 호흡에 집중하게 하고, 이는 편도체의 활성화를 진정시켜 주의집중력을 높여준다. 학년이 올라갈수록 30초-40초-50초-60초 등으로 점차 시간을 높여가면 좋으나, 1분을 넘기지 않는 것이 좋다.

3장

지지 않는 힘을 기르는 요인 2

-가족 요인-

아빠는
외롭지 않아야 한다

애착(愛着)

이 얼마나 중요한 말인가. 우리나라 출산율은 점점 낮아지고 있다. 조만간 인구 절벽의 시기가 올지도 모른다. 왜 사람들은 자녀를 낳지 않을까? 자녀를 키우기에는 너무나 고통스러운 환경 때문이다. 왜 고통스러운가? 물가 상승률보다 가계소득 증가율이 낮아서 기본 생활비 이외에 자녀 양육에 들어갈 비용이 줄어들기 때문이다. 가계 기본소득 증가가 지체되는 상태에서 부모가 느끼는 부담은 상상을 초월한다. 이는 부모의 스트레스의 강도와 빈도를 동시에 증가시키고, 가족 간 불화의 원인으로 작용한다.

그뿐만 아니라 우리나라는 남편과 아내가 두 가지 분야에서 서로의 책임이 극단적으로 양분되어 있다. 가구당 생활비 부담률은 남편이 높은 반면, 가구당 가사노동 분담률은 아내가 현저히 높다. 맞벌이 가정의 비율이 높지만 여성의 정규직 취업률도 낮고, 출산이나 육아로 인한 경력 단절 후 비정규직으로 취업하는 경우가 많은 데다 여성 노동자의 임금이 낮기 때문이다.

고용노동부의 2013년 '고용형태별 근로실태조사'에 따르면, 여성 정규직의 임금은 남성 정규직의 66%이고, 여성 비정규직의 임금은 남성 정규직의 48.2%에 불과하다. 늘어나는 기본소비지출에 대한 부담을 줄이기 위해 많은 여성이 맞벌이를 선택하지만, 경력 단절 여성의 정규직 취업의 벽은 높고, 비정규직 일자리의 임금은 지나치게 낮다.

장시간 근로를 해야만 하는 부모에게 '저녁'은커녕 '주말'에도 가족과 함께하는 여가활동 따위는 사치처럼 느껴진다. 결국, 집 밖에서 남편이 힘들게 일해서 돈을 벌어 와도 소득보다 지출이 커져서 스트레스를 받고, 집 안에서 아내는 온종일 아이들에 시달리며 아무리 열심히 해도 티가 나지 않아 스트레스를 받는다. 이렇게 우리 사회는 생활비 부담은 남편에게, 자녀교육은 아내에게 책임이 가해지도록 압력을 가한다.

그런데 남편과 아내, 이 둘 사이에 가족 내 정서적 지지와 관련하여 결정적 차이가 있다. 아내는 자녀와 밀착되어 있어 가족 구성원으로서 자신의 정서를 표현할 통로가 남편에 비해 높은 편이다.('정신이 건강해야 삶이 행복합니다' 대한신경정신의학회, 네이버 지식백과)

하지만 남편은 가족 안에서 자신의 정서를 표현할 기회를 거의 얻지 못한다. 일종의 고립 상태인 것이다. 더구나 우리나라는 남성에게 감정적으로 보수적 이미지를 강요한다. '남자는 태어나 세 번 울어야 한다', '아이들 앞에서 어른이 눈물을 보이면 안 된다' 등으로 자기감정의 인식을 제한하고, 감정을 표현하는 것을 남자답지 못한 행위로 치부해버린다. 이는 많은 남성이 자기감정조차 인식하지 못하는 '감정인지 불능 상태'로 빠져드는 배경이 된다.

남편들의 불행은 여기서 그치지 않는다. 스탠퍼드대학 심리학과 교수인 카르텐슨(Carstensen)의 사회정서적 선택 이론(Socioemotional selectivity theory)이라는 것이 있다. 사람은 자기 인생에 남아 있는 시간이 많다고 여길 때 새로운 경험을 탐색하고, 타인과 새로운 관계를 맺으며, 새로운 지식이나 기술을 습득하는 등의 미래를 준비하는 지식 관련 사회적 목표를 지향한다. 반면 얼마 남지 않았다고 생각할 때는 불확실한 미래를 위해 지금 하는 활동이나 일을 바꾸거나, 관계를 포기할 가능성이 작다.

[사회정서적 선택 이론]

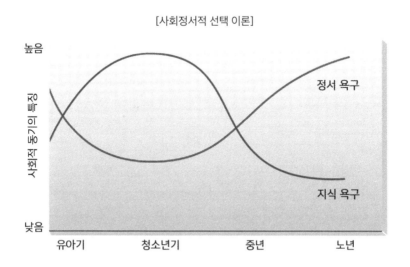

즉, 나이가 들수록 현재의 정서적 만족을 더 지향한다. 노인들은 친척과의 왕래는 줄어드는 반면, 배우자나 가족과의 상호작용은 유지되거나 오히려 늘어난다. 가까운 이들과 관계의 질을 높이려고 노력한다는 것이다.

OECD의 '2015 삶의 질(How's life?)' 보고서에 따르면, 우리나라 아이들이 부모와 함께하는 시간은 하루 48분으로 OECD 평균 151분의 3분의 1에 불과하고, 대상 국가 중에서 가장 짧았다. 더구나 아이가 아빠와 함께하는 시간이 OECD 평균 47분인 반면, 한국은 책을 읽어주는 시간이 3분, 돌봐주는 시간 3분을 더해서 6분에 불과하다.

부모, 특히 아빠가 자녀와 함께하는 시간이 적은 이유는 노동 시간이 길기 때문이다. OECD의 '주당 60시간 이상 근무 노동자 비율' 통계를 보면, 2015년 기준으로 22.6%로 45개의 조사대상 국가 중에서 두 번째로 높았다. 60시간 이상 근무했다는 것은 평일 야간 근무에 휴일 특근까지 했다는 뜻이다.

저녁에는 야근을 하고, 주말에는 특근을 하는 부모의 곁에 아이들은 없다. 일하느라 바쁜 아빠들은 아이가 처음 말하는 순간, 처음으로 걷는 모습, 학교에 입학하는 순간 등을 보지 못한다. 어릴 때부터 자신의 감정을 드러내는 것을 터부시하는 사회에서 자란 남성들, 가족과 함께한 시간보다 직장에서 일하는 시간이 더 많은 남성이 가족으로부터 소외되는 것은 필연이 아닐까?

정리해보면, 가족 구성원 중에서 오로지 남편만 고립되는 경우가 많다. 『양육쇼크』라는 책을 보면, 자녀와 엄마는 서로 동일시하는 경우가 많은 것으로 나타났다. 자녀는 양육의 90%를 책임지는 엄마와 관계가 밀착되고, 이는 서로 동일시하는 원인으로 작용한다.

결국, 아빠는 정서적으로 분화된 존재, 즉 정서적 타인인 것이다. 그래서 자녀가 아프면 엄마들은 자기 몸도 아프다고 말하는 경우가 많지만, 아빠들은 자녀가 아프면 빨리 병원에 데려가라고 성화다. 엄마는 자녀의 고통을 자신의 고통으로 동일시하지만, 아빠는 자녀의 아픔을 객관화하기 때문이다.

이렇게 고립된 아빠와 자녀의 관계가 친밀하게 유지되기는 어렵다. 이는 아빠와 엄마의 관계 역시 원만하지 못할 가능성이 크다는 것을 의미한다. 자녀는 드러내지 않는 아빠의 마음을 알 길이 없고, 자녀에게 마음을 드러내지 않는 아빠가 아내에게 자신의 속마음을 드러내는 일 역시 어렵기 때문이다.

가족이 바로 서기 위해서는 부부가 화목해야 한다. 부부가 화목하기 위해서는 고립된 아빠가 가족의 울타리 안으로 들어와야 한다. 아빠는 감정을 표현하는 법을 배우지 못한 채 성인이 되었다. 자신의 감정이 무엇인지, 생각이 무엇인지 구별할 줄도 모른다. 이렇게 측은한 아빠들을 가까이에서 늘 걱정하는 사람이 바로 자녀이다. 아이들의 가족에 대한 고민을 살펴보면 빠지지 않고 등장하는 것이 아빠의 건강이다. 이는 음주 및 흡연과 관련 있는 경우가 많다.

아빠의 건강을 위해 아이들이 기울이는 노력은 엄마가 자녀의 미래를 위해 아이들에게 하는 잔소리와 매우 비슷한 형태를 띤다. 우리나라 엄마들이 자녀에게 제일 많이 하는 말이 무엇일까? 그렇다. 모두가 다 아는 그 말은 바로 "공부 좀 해"다. 그렇다면, 술을 자주 마시거나 담배를 많이 피우는 아빠에게 자녀가 제일 자주 하는 말은 무엇일까? 그렇다. "담배 좀 그만 피워", "술 좀 그만 마셔"다.

아이들에게 물었다. "엄마가 '게임 좀 그만해'라고 말하면 그만하고 싶니?"라고. 그러면 아이들은 대답한다. "아니요."

이는 베그너(Wegner, 1987)가 말하는 '정신통제의 역설적 효과(Ironic effects of mental control)'와 통한다. 다시 말해서, TV나 게임에 대해 생각하지 않으려고 애쓰면서 공부하면 오히려 TV나 게임에 대한 생각이 더 커지는 반향효과(Rebound effect)가 나타난다는 것이다. 결국, 아이들은 TV나 게임에 더 매달리게 되고, 이러한 매체를 이용하는 시간이 늘어날수록 부모와 자녀 간의 정서적 상호작용의 빈도와 강도가 낮아지게 된다. 부모와 함께하는 시간보다 떨어져 있는 시간이 더 많기 때문이다. 이는 파충류의 뇌라 불리는 편도체를 자극하여 스트레스에 대한 역치 수준이 낮아지게 되어 자기조절 능력이 약해신나.

자녀에 대한 엄마의 반응을 아빠에 대한 자녀의 반응으로 치환해보자. 음주나 흡연을 하는 아빠에게 어떻게 이야기하는지를 아이들에게 물었다. 그러자 아이들은 자신이 경험한 대로 대답했다. "술 좀 그만 마셔." 혹은 "담배 좀 그만 피워."

자, 이에 대한 아빠들의 반응은 아이들과 차이가 있을까? 술을 마시거나 담배를 피우는 행위가 자신과 가족의 건강에 해롭다는 것을 모르는 아빠는 아무도 없을 것이다. 그런데도 자신과 가족에게 해로운 행위를 반복하는 것을 지적당한 아빠들은 술과 담배를 끊고자 하는 마음이 들까? 아니면 앞서 이야기한 술과 담배를 생각하지 않으려 애쓰다가 오히려 생각이 더 커지는 반향효과를 경험하고 더욱 자기조절을 못 하게 되는 악순환에 빠질까?

부모가 자녀에게 TV를 그만 보고, 게임을 그만하라고 하는 이유는 무엇일까? 자녀가 아빠에게 술을 그만 마시고, 담배를 그만 피우라고 하는 이유는 무엇일까? 이유는 단 하나다. 서로를 걱정하기 때문이다. 하지만 우리는 서로가 걱정하고 있음을 느끼지 못한 채, 비난한다고 오해한다. 그렇다면, 어떻게 해야 걱정을 온전히 전달할 수 있을까?

아이들이 아빠의 술, 담배를 걱정하는 까닭은 건강 때문이다. 아빠의 건강을 걱정하는 까닭은 아빠를 사랑하고, 건강한 아빠와 오래 함께 삶을 나누기를 바라기 때문이다. 그 마음을 그대로 전하면 된다. "아빠 보고 싶어요", "아빠랑 같이 놀고 싶어요", "아빠 목소리가 좋지 않아요. 어디 아프세요?"와 같이 보고 싶어 하는 마음, 함께 있고 싶은 마음, 안부를 걱정하는 마음을 그대로 표현하는 것이다.

이런 표현을 꾸준히 실천한 아이가 있었다. 그 아이는 3~4년 동안 가족 여행 한 번 가보지 못했고, 아빠는 일주일에 5일 이상 술을 마셨으며, 매일 한 갑 이상의 담배를 피운다고 했다. 아이에게 일주일에 한 번 아빠에게 문자나 전화를 하자고 부탁했다. 보고 싶다고, 건강하시라고, 오래도록 효도할 수 있게 더 건강해지셔야 한다고. 그 아이가 졸업하는 날, 아이의 아버지가 오셨다. 아버지는 이렇게 말씀하셨다.

"선생님 덕분에 2학기에는 가족끼리 여행도 달마다 다니고, 술도 한 달에 한두 번으로 줄이고, 담배도 끊었습니다."

교사인 내가 아이의 아버지를 위해 한 일은 없었다. 온전히 아이 노력

덕분이다. 아이가 아빠를 가족이라는 정서적 이너서클(inner circle)로 끌어들였고, 가족이라는 울타리 안에서 정서적으로 지지를 받은 아빠는 스스로 삶의 가치를 가족으로 옮긴 것이다.

　아빠는 외롭지 않아야 한다. 외로운 아빠에게 먼저 따듯한 손을 내밀어, 자기감정을 인식할 수 있도록 도와주어야 한다. 그렇게 하는 것이 감정인지 불능 상태에 빠진 대다수의 아빠를 위해 오직 가족만이 할 수 있는 일이, 가족 구성원 모두를 행복하게 만드는 첫걸음이 아닐까 한다.

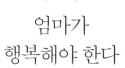

엄마가
행복해야 한다

가장 고생한 사람이야말로
가장 행복해질 권리가 있다.
- 이케다 다이사쿠 -

우리나라 가사노동 분담률은 남성에 비해 여성이 훨씬 높다. 맞벌이 가정의 비율 역시 점점 높아져만 가고 있다. 이에 반해 동일 노동에 대한 여성 임금의 남성 임금에 대한 비율은 정규직과 비정규직의 차이보다 크다. 이를 정리해보면, 가계소득을 높이기 위해 집 밖으로 나온 여성들의 노동은 남성 비정규직보다 싼값에 치러지고, 집 안에서는 남편의 무관심과 '공부만 해야 하는' 자녀로 인해 유노동, 무임금으로 홀대받고 있다.

이러한 노동환경과 가정환경은 엄마의 우울감을 증가시킨다. 엄마의 우울감은 쉽게 자녀에게 전이된다. 엄마들의 노동은 한 개인으로의 자아실현보다는 자녀교육 혹은 가족의 생존을 위한 목적이 대부분이다. 우리나라에서 여성이 자녀를 가진 채 자아실현을 위해 직장생활을 한다는 것은 불가능에 가깝기에 불행하게도 많은 여성이 자신의 직업을 포기하거나 자녀를 갖지 않는 딩크(DINK: Double Income, No Kids)족을 선택하는 부부가 늘어나고 있다.

반면 직장을 갖지 않고 오로지 자녀교육에 '헌신' 하는 엄마도 있다. 이는 부모로부터 분화되어야 할 자녀가 지나치게 의존적인 성향을 보이게 하며, 오히려 자녀의 성장에 걸림돌로 작용하는 경우가 많다. 자녀의 행복을 위해 '헌신' 하지만, 이러한 '헌신' 이 오히려 자녀의 행복을 가로막는 '걸림돌' 로 작용하는 것이다.

저출산 시대이지만, 지금 이 순간에도 아이들이 태어나고 있다. 아이들의 양육은 여전히 대부분 엄마가 책임지고 있다. 2015년 통계청의 '일 · 가정 양립지표' 를 보면, 맞벌이 가구는 43.9%를 차지했다. 주당 근로시간은 남자가 46.2시간, 여자가 40.6시간이지만, 가사노동시간은 여성이 4시간 19분, 남성이 50분으로 여성이 5.18배 더 오래 가사노동을 하고 있다.

한국노동연구원의 '문화적 차이가 이혼에 미치는 영향: 가사분담 공평성의 매개효과를 중심으로' (2013)에 따르면, 가사분담 공평성이 높을수록 결혼해체 위험률이 감소하는 것으로 나타났다. 또한 호윤정(2015)은 미취학 자녀를 둔 기혼여성의 하루 평균 가사노동시간이 길어질수록 우울과 불안 수준이 높아졌고, 가사분담 공평성이 높을수록 우울과 불안 수준이 낮아진다고 했다. 기혼여성의 가사분담 공평성이 낮을수록 가족 내 갈등으로 이어질 가능성이 커진다는 것을 알 수 있다.

아이들의 애착은 주로 엄마와의 관계에서 생긴다. 출산과 육아로 인한 경력 단절 시기가 남성에 비해 여성이 절대적으로 길다. 따라서 자녀는 엄마와 함께하는 절대적인 시간의 양이 많다. 애착은 아이에게 여러 가지로 영향을 미친다. 정서적 안정, 사회성, 지능, 학업성취 등 삶 전반에 영향을 미친다. 이는 인간에게만 해당하는 일이 아니다. 소어 핸슨(Thor Hanson)은 『깃털』에서 깃털로 둥지를 만든 새가 더 튼튼하고 크게 성장했다고 했다. 해리 할로우(Harry Harlow)의 우유를 주는 철사로 된 대리모와 우유를 주지 않고 천으로 된 대리모 선호 실험(우유보다 천으로 된 대리모를 더 선호함)과 골드스타인(Pavel Goldstein)의 언어적 반응과 스킨십에 따른 아이의 언어발달의 차이(스킨십을 할 때 옹알이의 양이 두 배 이상 증가)처럼 사람이나 동물이나 안정애착이 성장과 발달에 긍정적인 영향을 미치는 것이다.

반대로 양육 태도 중 가장 최악은 이중 구속(Double Bind)이다. 아이가 가까이 오면 밀쳐내고, 다가오지 않으면 가까이 오지 않는다고 야단을 치는 이중적 태도가 그 한 예라고 할 수 있다. 이는 아이가 주 양육자의 반응을 예측하지 못하게 한다. 예측할 수 없는 주 양육자의 반응은 아이를 매우 불안하게 만든다. 주 양육자와 함께 있을 때조차 불안이 지속된다는 것은 코르티솔 수치가 높은 수준으로 오랫동안 지속된다는 것이고, 코르티솔 수치가 높게 장시간 지속되면 아이의 면역력을 떨어뜨리게 되고, 해마를 위축시켜 단기기억 및 서술기억을 낮추게 되며, 편도체의 코르티솔 수용체가 줄어들어 정서조절이 어렵게 되므로 타인에게 감정적으로 대응하여 낮은 사회성을 갖게 된다.

따라서 엄마가 행복해야 한다. 엄마의 신체적 심리적 건강은 물론 사회적 관계도 건강해야 한다. 엄마는 아이와 자신을 가장 동일시하는 존재이기에 자녀에게 자신의 감정을 쉽게 전이시키는데, 엄마의 신체적, 심리적, 사회적 건강은 아이의 신체적, 심리적 건강뿐만 아니라 사회적 관계에도 긍정적 영향을 주기 때문이다.

다시 엄마의 자아실현으로 돌아가 보자. 자신이 하고 싶은 일을 하다가 사랑하는 사람을 만나 결혼을 하고 아이를 낳았다. 그러나 하루 8시간 직장에서의 노동 이후에도 가정에서 이어지는 기나긴 가사노동은 자신을 사랑하는 사람에게 회의를 느끼게 한다. 더구나 직장에서는 아이를 낳고 기르는 과정의 어려움 따위는 남의 일로 치부되기 일쑤다. 끝내 경력 단절을 강요당하거나 물러나게 된다. 이러한 현실에서 아이를 대하는 엄마의 태도는 일관성을 유지하기가 얼마나 어려울까?

엄마가 행복해야 한다. 우리 사회 모든 엄마가 행복해야 한다. 가정에서 자녀 양육에 전념하는 전업주부부터 자신의 직업을 사랑하는 직장여성 모두 행복해야 한다. 이를 위해서 가정에서는 온 가족이 함께할 시간을 늘리기 위해 남편은 물론 자녀도 가사에 함께 임해야 한다.

음식 만들기, 청소, 빨래, 설거지 등의 집안일을 엄마와 아빠가 함께 해야 한다. 여성의 일이 아니라, 부모의 일이 아니라 우리 가족 모두의 일이라는 태도를 갖게 해야 한다. 음식 만들기, 청소, 빨래, 설거지와 같은 일이 힘들고, 귀찮고, 더러운 일이 아니라 가치 있고, 보람 있는 일이라는 것을 몸으로 실천하면서 깨닫게 해야 한다. 집안일은 남자가 하는 일과 여자가 하는 일이 나뉘어 있는 것이 아니라 가족이라는 공동체의 행복을 위해, 서로를 위해 해야 할 중요한 일이라는 것을 가르쳐줄 수 있다. 집안에 사는 모든 이가 서로를 위해 함께 해야 하는 일이 바로 '집안일'이기 때문이다. 따라서 아이가 어릴 때부터 집안일에 참여하도록 부부가 함께 노력하는 일이 중요하다. 아이가 스스로 할 수 있을 때 자신의 주변을 정리하고, 자신의 물건을 챙기도록 이끌어주어야 한다. 부부가 이와 같은 양육의 방향을 함께 할 때 아이는 집안일이 자신에게도 중요하다고 여기고 실천하게 된다.

사회에서는 남성과 여성의 임금 격차를 줄이고, 남성의 육아휴직과 출산휴가를 장려하는 제도를 마련해야 한다. 여성 개개인이 자아를 실현할 수 있는 사회를 만들어야 한다. 여성 개개인이 가진 인간으로서의 무한한 가능성을 발휘하도록 도와주는 사회를 만듦으로써 우리 아이들이 남녀를 가리지 않고 자신의 10년, 20년 후의 미래를 희망 어린 시선으로 바라볼 수 있도록 해야 한다. 그래야 아이들이 살면서 겪게 되는 작은 실패나 좌절을 딛고 설 리질리언스를 키울 수 있다.

사춘기와
부모의 역할

나는 나이 열다섯에 학문에 뜻을 두었고
서른에 뜻이 확고하게 섰으며
마흔에는 미혹되지 않았고
쉰에는 하늘의 명을 깨달아 알게 되었으며
예순에는 남의 말을 듣기만 하면 곧 그 이치를 깨달아 이해하게 되었고
일흔이 되어서는 무엇이든 하고 싶은 대로 하여도 법도에 어긋나지 않았다.
- 『논어』 위정편 -

젊은이들은 지금 당장 눈앞에 보이는 쾌락에 쉽게 빠져든다. 그들은 버릇없이 굴고 종종 기득권의 권위에 도전한다. 자신보다 나이 많은 이에게 예의를 갖추지 않을 뿐만 아니라 심지어 부모에게 대들고 선생님을 괴롭힌다. 엄숙한 자리에서도 끊임없이 수다를 떨거나 킥킥거리며 음식을 게걸스럽게 먹는다.

이 말은 누가 했을까? 2,500년 전 소크라테스가 한 말이다. 이 말을 빌려 추정해 보건대 그 오래전 소크라테스 같은 성인(聖人)도 10대 아이들과 좋은 관계를 맺기 힘들었던 것으로 보인다. 그렇다. 아이들 입장에서 보면, 그도 '꼰대' 처럼 보였으리라. 그러나 그는 꼰대가 아니었다. 그리스 아테네의 수많은 청년이 그를 따랐고, 이에 위협을 느낀 권력은 그를 죽음에 이르게 했다.

'사춘기' 하면 떠오르는 몇몇 단어가 있다. 질풍노도의 시기, 자아정체성의 확립, 반항, 일탈…. 왜 아이들은 소크라테스의 말처럼 쾌락에 쉽게 빠져들고, 기득권의 권위에 도전할까? 그런데 이러한 낱말들을 잘 들여다보면 아이들의 행동을 이해할 수 있고, 도움을 줄 수 있다. 어떻게 아이들을 이해하고 도움을 줄 수 있을까? 사춘기 아이들을 이해하기 위해 이들의 변화와 관련된 사실을 몇 가지 살펴보자.

교육학에서 매우 빈번하게 언급되는 사람 중의 하나인 장 피아제(Jean Piaget)는 아이들이 평균적으로 만 11~12세 이후에 형식적 조작기에 접어든다고 했다. 형식적 조작기란 무엇일까? 이 시기의 아이들은 새로운 상황에서 과거와 현재의 경험을 통해 앞으로 벌어질 일들을 예측을 할 수 있다. 이러한 예측을 바탕으로 상황 속에서 주어진 자신의 문제를 해결하고, 자신과 다른 사람이 이상적이라고 생각하는 것들에 대하여 생각할 수 있다. 이상적인 기준에 따라 나와 다른 사람의 주장을 비교, 분석할 수 있는 능력 등이 생기는 시기를 형식적 조작기라고 한다. 더 쉽게 말해서 다른 사람의 삶을 자신이 사춘기 이전까지 배워온 가치 기준을 바탕으로 '평가'하는 것이 가능하다는 것이다.

또 한 명의 저명한 교육심리학자인 에릭 에릭슨(Eric Erikson)은 12~18세까지의 청소년기는 자아 정체성 형성에 결정적 영향력을 미치는 시기라고 했다. 이때 자아정체성은 대체로 무의식적으로 만들어지는데, 다양한 맥락에서 자신을 시험하는 것이 자신의 정체성을 찾기 위한 노력이라고 해석했다.

신경생리학자인 제이 지이드(Jay Giedd)는 뇌의 발전과 전지가 2세 정도의 유아기에 서서히 끝났다가 11~12세에 다시 시작한다고 했다. 사춘기에 돌입하는 이때 뇌세포 수상돌기가 과잉 생산되는 '발전'이 전전두엽 피질에서 절정에 도달하며, 청소년기 내내 사용하지 않는 뉴런이 시들고 죽는 '전지(예: 식물의 가지치기)' 과정이 계속 일어나 변화하는 것이다.

다시 말해서, '충동'을 조절하는 기능이 있는 전전두엽 피질이 급격한 발전과 전지의 과정을 거치므로 그 본래의 충동을 조절하는 기능이 떨어지게 되고, 이로 인해 생각하기 전에 먼저 말이나 행동을 하게 된다는 것이다. 그뿐만 아니라 바로 이 청소년기 동안 정서조절 관련 회로 중 하나가 수초화(myelination, 신경세포 간 연결이 빈번할수록 연결 속도가 증가하는 현상) 과정이 진행된다고 한다. 즉, 청소년기에 정서조절 수준이 결정된다는 것이다.

여기서 편도체는 정서를 처리하는 두 가지 회로를 갖는데, 시상-편도체 회로와 피질-편도체 회로다. 시상-편도체 회로는 전측시상(anterior thalamus)에서 편도체로 직접 이어지며, 빠르고 본능적인 정서적 반응 처리에 중요한 회로다. 피질-편도체 회로는 신피질의 감각 영역과 편도체를 연결하여 정서적 정보 처리에 더 광범위한 정보를 제공하는 회로다.

사춘기 아이들은 전전두엽 피질이 급격히 발전과 전지의 과정을 거치면서 피질-편도체 회로와 같은 충동을 조절하는 기능이 약해진다. 대신 시상-편도체 회로가 전면에 나서는 시기인 것이다. 시상-편도체 회로의 빠르고 본능적인 정서 반응 처리는 타인의 반응을 불충분한 정보만으로 판단하므로 쉽게 '위협'으로 느낀다. 특히 스트레스 상황에서 교감 신경이 활성화되면서 타인의 비언어적 신호를 왜곡(자신을 공격하려고 한다는 신호로 해석하는 경향)하여 도전 혹은 도피 반응을 보이게 된다.

그러나 부모와 교사는 아이들의 도전 혹은 도피 반응에 적응하지 못한다. 아이가 대들거나 문을 닫고 들어가 버리는 행위에 격분하기 일쑤다. 기억, 학습, 동기에 영향을 주는 해마는 전전두엽 피질보다 시상−편도체의 영향을 더 받는데, 이때 정서적 지지를 받지 못하거나 약물(술, 담배, 폭력적 성향의 게임 등)에 노출되면 정서조절 관련 회로가 급격히 발달하는 중요한 시기에 오히려 충격을 받게 된다.

정리하자면, 사춘기 아이들은 자아정체성이 형성되는 시기라서 자신의 가치 기준에 따라 자신과 타인의 주장을 무의식적으로 비교 · 분석하는 평가를 하지만, 자신의 평가에 대한 타인의 반응을 (일시적으로 기능이 멈춘 대뇌피질 대신에) 편도체가 스트레스로 인식하고 이에 도전 혹은 도피 반응, 즉 대들거나(도전) 방문을 닫고 들어가는 반응(도피)을 보이게 되는 것이다.

만약 우리가 태어나서 처음으로 집을 짓는다면, 먼저 무엇을 어떻게 할까? 먼저 잘 지은 집들을 살펴볼 것이다. 그리고 집짓기와 관련된 책을 읽고, 전문가들을 만나 물어볼 것이다. 아이들이 자기 삶의 바탕이 되는 자아정체성을 형성하는 데 있어 타인의 삶을 평가하는 것은 아이들이 성인으로서 자기 삶을 준비하기 위한 본능적 행위이다. 그래서 그들도 무의식적으로 다른 사람의 삶을 평가하는 것이다. 부모에게 두 팔을 벌려 뛰어오던 아이가 어느새 팔짱을 끼고 엄마 아빠와 언쟁을 벌이는 이유가 바로 여기에 있다고 생각한다.

아이가 처음으로 요리를 하겠다고 나선 날이 있었다. 아이의 동작 하나하나에 엄마의 불안한 눈길과 무거운 한숨이 얹어지고, 이를 지각한 아이는 그 간단한 계란후라이를 포기하고 말았다.

사춘기 아이들이 어른들과 나누는 말과 행동은 자신의 자아정체성이 옳은지 그른지를 끊임없이 시험하는 행위다. 자신이 생각하고 취하고자 하는 가치에 대한 판단은 이에 대응하는 부모나 교사의 삶을 관찰하며 변화하게 된다. 그래서 부모나 교사가 아이를 얼마나 믿고 지지해주는가, 인간에 대한 그 깊은 신뢰를 통해 올바른 자아정체성이 형성되기 시작한다. 아이들은 자신의 자아정체성을 탄탄하게 구축하기 위해 주변 사람들의 삶을 온몸으로 받아들인다. 그리고 자신도 모르게 삶 속에서 항상, 끊임없이 평가한다.

엄마를 사랑하는 아빠가 집안일 하는 모습, 그런 아빠를 사랑하는 엄마의 따뜻한 배려, 이웃을 배려하고 자신의 직장을 최고로 성장시키기 위해 노고하는 어른들, 배움에는 나이 따위 상관없다고 말하며 가슴에 뜨거운 열정을 품고 청춘의 삶을 살아가는 어른들을 아이들은 자신도 모르게 계속 찾고 있다. 하잘것없는 아이의 이야기 하나하나에 귀를 기울여주고, 그 작은 아이들 삶에 자기 인생을 거는 교사들을 보고 아이들은 무의식적으로 자신을 대하는 교사의 태도를 마음에 새기고 있다. 그래서 공자가 15세는 지학(志學, 배움에 뜻을 둔다)이라고 한 말은 틀림이 없는 것 같다.

부모나 교사가 부정적 반응을 보이면 아이들은 자신의 행동이 적절하지 않았음을 후회한다. 마치 18세기 프랑스의 철학자인 드니 디드로

(Denis Diderot)가 "자신을 공박하는 말에 압도되어버린 나처럼 예민한 사람은 일순간에 혼란에 빠지며 계단 아래까지 내려간 뒤에야 비로소 다시 선명한 생각을 할 수 있다"라고 말한 것처럼 말이다.

시간이 지나고 아이는 스스로 부적절한 행위를 반성하지만, 이때는 이미 교사나 부모가 아이를 비난한 후다. 부모나 교사가 아이에 대한 지지를 철회했다는 선언을 해버린 셈이다. 이는 아이들에게 부정적인 자아상을 심어준다. 이렇게 생긴 부정적 자아상은 '자기충족적 예언'(self-fulfillment prophecy)*으로써 힘을 발휘한다. 아이들은 바로 이 순간을 계속 떠올리며 부정적인 생각을 반복하게 된다. 그리고 이러한 부정적인 생각의 반복은 아이들의 자아상을 왜곡시키게 된다.

심리학에서는 역경이나 시련을 자기 성장의 밑거름으로 삼는 것을 외상 후 성장(PTG: Post Traumatic Growth)이라고 부른다. 이렇게 역경이나 시련을 자기 성장의 밑거름으로 삼는 데 필요한 개인 내적인 요인은 크게 두 가지로 나뉜다. 바로 인지적 자기조절과 정서적 자기조절이다. 사람은 자신의 자아상이 왜곡되는 것을 막기 위한 자기조절 방법을 본능적으로 찾게 되어 있다. 과연 아이들은 어떻게 자신의 자아상을 왜곡시키는 환경으로부터 스스로 보호할 수 있을까?

사람들은 환경이 자신의 자아상을 왜곡하지 못하도록 하기도 한다. 자신의 자아상이 왜곡될 위협적인 상황에 들어가기 전에 자신이 가장 소중히 여기는 가치관을 재확인한다는 것이다. 이것이 앞서 소개한 클로드

---

* 자기가 예언하고 바라는 것이 실제 현실에서 충족되는 방향으로 이루어지는 현상

스틸의 '자기가치 확인 이론'이다.

이후에 데이비드 크레스웰(David Creswell)과 데이비드 셔먼(David Sherman)은 사람들이 자신이 가장 소중하게 여기는 가치를 상기한 사람이 TSST(Trier Social Stress Test, 사회 스트레스 검사)에서 스트레스 호르몬인 코르티솔 수치와 교감신경을 자극하는 에피네프린 수치가 올라가지 않았다는 것을 발견했다. 실제로 연구에 의하면, 자기가치 확인 훈련을 받은 아이들은 ① 성적을 높이고, ② 따돌림당하는 비율을 줄이며, ③ 금연에 성공하고, ④ 건강식 섭취 비율을 높이며, ⑤ 스트레스를 줄이고, ⑥ 협상 기술을 예리하게 다듬고 성과를 높일 수 있었다. 아이들은 스트레스로부터 자신을 보호하기 위해서 자기 가치를 분명하게 세우려고 한다. 다시 말해서, 사춘기 아이들이 자아정체성을 형성하는 것은 자기 가치를 세우는 일이 자신을 보호하는 방법임을 본능적으로 알고 있다는 의미다.

여기서 이야기하는 자기 가치는 자아정체성의 바탕이 되고, 결국 인간이 무엇을 위해 사는가와 같은 삶의 의미와도 통한다. 즉, 아이들이 행복한 삶을 살기 위해서는 마틴 셀리그먼이 행복의 3요소라고 말한 '의미 있는 삶'이 중요하다고 볼 수 있다. 아이들이 자기 삶의 바탕이 되는 가치로 무엇을 선택하느냐, 아이들이 어떤 삶의 가치를 갖고 있느냐가 스트레스를 조절하는 중요한 요인이 된다는 것이다. 따라서 아이들이 어떻게 삶의 가치를 만들어가느냐, 어떤 삶의 가치를 선택하느냐가 이후의 행복과 관련된 학업 성취도, 사회성, 건강, 스트레스 조절 등에 영향을 준다는 것을 확인할 수 있다.

그래서 나는 아이들이 아침에 교실에 들어오면 이 문장을 읽게 한다.

나는 모든 친구를 사랑하겠습니다.

나는 모든 일에 열심히 노력하겠습니다.

나는 소리 내 웃겠습니다. 하하하

또한, 매월 급훈(지은을 최고로, 보은을 제일로, 모든 일에 함께 노력하자)을 되새기고, 문제 상황마다 도덕(도덕이란 지금 내 옆에 있는 이를 행복하게 만드는 것(德)이 인간으로서 걸어가야 할 길(道)이다)의 의미를 물어보며, 매월 시(일 년에 총 9편)를 외우고 그 의미를 묻고, 매일 위인들의 글을 읽고 자기 생각을 써 본다(글똥누기).

이러한 과정은 아이들이 스스로 자기 인생의 가치를 찾도록 돕기 위해 만든 것이다. 돈으로 살 수 없는 고귀한 가치를 접하고, 생각하고, 느끼고, 경험하도록 돕기 위해서다. 일 년 내내 끊임없이 자기 가치를 확인하고, 이를 통해 각자의 자아정체성을 확립하도록 도와주며, 이러한 가치를 더욱더 자기 삶으로 연결 지어 가도록 함께 생각을 나눈다.

가정에서도 부모는 자녀와 자기 삶의 가치를 나눌 수 있다. 사춘기 아이들의 발달과 성장을 이해하고, 한 사람의 동등한 인격체로서 삶을 나누어야 한다. 부모가 진지하게 자기 삶의 어려움을 이야기하고 이를 함께 해결해나가야 한다. 가족이 추구하는 가치를 공유하고, 이를 실현하기 위해 부모로서의 노력을 보여주어야 한다.

부모의 사회성이
곧 아이의 사회성이다

아이는 부모의 등을 보고 자란다.
- 속담 -

    많은 아이가 부모의 등을 보고 자란다. 다시 말해, 부모가 하는 말이나 행동을 그대로 따라 하는 경우가 많다. 왜일까? 세상에 태어나 처음으로 경험하는 일들에 적응하기 위해서는 가장 신뢰하고 친밀한 관계에 있는 부모의 모습에 아이는 늘 주의를 기울여야 한다. 가정이란 안전한 환경에서 가정 밖의 사회를 간접적으로 접하게 도와주는 이들이 바로 부모다. 아이들이 세상에서 만나는 1차 학교가 바로 부모와 함께 지내는 가정인 셈이다.

    부모의 모습을 기억하고 모방해서 행동하는 것을 앨버트 반두라(Albert Bandura)는 모델링(Modeling)이라고 했다. 물론 아이가 부모의 모든 말과 행동을 모방하는 것은 아니다. 반두라는 아이가 흥미와 가치에 따라 타인의 행동을 모델링할 수도 있고 안 할 수도 있으며, 특히 행동 모델링은 단순한 모방이 아니라 자신의 동기화 과정을 거친 결과라고 말했다.

자녀는 부모를 닮는다. 아이가 친척이나 이웃을 대하는 태도는 부모가 친척이나 이웃을 대하는 태도와 유사하다. 사회적 행동의 경험이 없는 아이는 가장 신뢰하는 대상을 통해 학습하기 때문이다. 또한, 부부의 관계에도 영향을 받는다. 여자아이는 아버지를 대하는 어머니의 태도를 통해 남성을 대하는 태도가 학습되는 경우가 많다. 반대로 남자아이는 아버지가 어머니를 대하는 태도와 어머니가 아버지를 대하는 태도를 통해 여성을 대하는 태도가 학습되는 경우도 많다.

학교에서도 유사한 모습으로 드러난다. 아버지가 어머니를 존중하는 가정의 남자아이는 여자아이를 존중하고, 어머니가 아버지를 존중하고 배려하는 가정의 여자아이는 남자아이를 존중하고 배려하는 모습을 보일 때가 많다. 물론 아이가 부모처럼 성숙한 행동을 하지는 못한다. 다만 사람을 대하는 태도가 학습되는 것이다. 아이의 사회성과 직결되는 것이다.

그래서 아이의 사회성에서 가장 중요한 것은 부모가 서로를 대하는 태도다. 아버지가 어머니를, 어머니가 아버지를 대하는 태도가 중요하다. 미성숙한 타자의 입장에서 아이는 제일 처음 부모를 통해 사람과 사람이 만나 서로를 대하는 태도를 관찰하기 때문이다. 예를 들어, 처음 운동을 배우는 사람은 운동을 가르치는 사람의 말이나 행동에 온 신경을 기울인다. 그래야 좀 더 빨리 운동을 습득할 수 있기 때문이다. 아이들도 마찬가지다. 사람을 대하는 태도가 어떠해야 하는지 부모의 말과 행동을 통해 처음으로 학습하게 되므로 늘 주의를 기울이며 부모의 말과 행동을 따라

하는 것이다.

더불어 부모가 타인과 맺는 관계의 양과 질도 중요하다. 부모가 이웃에게 인사하는 모습을 보며 아이도 따라 인사한다. 할머니 할아버지에게 자주 안부 전화를 드리는 모습, 힘들어도 아이와 함께 찾아가 인사드리고 식사하며 시간을 같이 보내는 모습을 보고 아이들은 할머니 할아버지를 대하는 태도를 배운다.

매스텐과 리드(Masten & Reed, 2002)가 아동과 청소년의 리질리언스에 대한 연구에서 밝힌 리질리언스의 3가지 보호 요인 중 하나가 바로 가족 요인이다. 가족 요인을 높이기 위해 부모 간의 갈등이 아이에게 최소화된 가족의 모습을 강조하고 있다. 즉, 아이들 앞에서는 다투는 모습을 최대한 보이지 않도록 노력해야 한다. 부부가 서로 존중하는 태도를 보여주어야 한다. 부모의 안정적인 관계가 아이의 불안을 줄이고 가정을 안전기지로 여기게 하기 때문이다.

캐럴 리프(Carol Ryff, 2002)는 리질리언스에 영향을 주는 요인으로 다음 6가지를 들었다.

1. 자기수용
2. 개인적 성장
3. 삶의 목적
4. 환경적 통제
5. 자율성
6. 다른 사람과의 긍정적인 관계

아이의 사회성은 바로 긍정적 관계와 이어진다. 여기서의 긍정적인 관계는 시간과 같은 '양' 뿐만 아니라 정서적 상호작용과 같은 '질' 을 포함한다. 따뜻하고 만족스러우며 신뢰할 수 있는 타인과의 관계를 의미하는 것이다.

아이의 사회성은 부모의 사회성과 매우 유사하다. 아이의 사회성을 높이기 위한 그 어떤 프로그램보다 부모의 삶 자체가 훨씬 강력하다. 그러므로 남편이 아내를, 아내가 남편을 아끼고 사랑하며 가족이 함께할 시간을 늘리기 위해 가사와 양육에도 함께 참여해야 한다. 여가활동도 함께하며 이웃과 인사를 나누는 부모의 모습이 그 어떤 사회성 증진 프로그램보다 효과적이다.

아이들은 직관적이다. 부모의 태도가 진심인지 아닌지 아이들은 금방 알아차린다. 그래서 어쩌면 아이 때문에 어른이 되는지도 모른다. 아이를 통해 자신을 돌아보고 보다 더 성숙한 부모가 되기 위해 노력할 수 있기 때문이다.

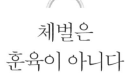

체벌은
훈육이 아니다

모범을 보이는 것은
다른 사람에게 영향을 미치는
가장 좋은 방법이 아니다.
유일한 방법이다.
- 앨버트 슈바이처 -

체벌은 훈육이 아니나. 체벌은 학생이나 자녀에게 교사나 부모로부터 '정서적 지지를 철회' 당하는 듯한 경험을 하게 한다. 교사나 부모가 아이를 체벌하는 까닭은 성숙한 행위를 기대하기 때문이다. 성숙한 행위란 공공장소에서 사회적으로 허용되는 행위를 하는 것, 자신의 성장을 위해 배움에 노력을 기울이도록 하는 것, 가족끼리 서로를 위해 양보하고 배려하는 행위를 하는 것 등이다.

이러한 행위는 스스로 욕구를 조절할 때 가능하다. 개인의 욕구를 상황과 맥락에 따라 적절히 조절하는 행위를 할 때 우리는 성숙하다, 어른스럽다, 배웠다, 예의 바르다 등으로 표현한다.

성숙한 행동은 자기조절에서 비롯된다. 상황에 대한 인지적 자기조절,

정서적 자기조절을 잘할 수 있어야 성숙한 행위를, 배운 사람으로서의 모습을 보일 수 있다.

자기조절과 관련 있는 유명한 실험이 하나 있다. 바로 마시멜로 실험이다. 스탠퍼드대학의 심리학자 월터 미셸(Walter Mischel)은 1966년에 653명의 4살 아이들을 대상으로 한 가지 실험을 했다. 아이가 가장 좋아하는 마시멜로 하나를 담은 그릇을 눈앞에 두고, 선생님이 나갔다가 올 때까지 먹지 않고 기다리면 두 개를 주기로 약속했다. 그리고 교사가 방을 나간 뒤에 아이가 혼자 남아 어떻게 반응하는지를 살펴보는 실험이었다. 이는 '만족 지연 능력'을 살펴보는 실험으로, 아이들은 선생님이 나가자마자 먹어버리거나 돌아올 때까지 기다렸다. 미셸은 궁금했다. 과연 먹어버린 아이들과 기다린 아이들은 어떤 차이를 보일 것인가?

15년 뒤인 1981년에 미셸은 아이들을 다시 만나 연구했고, 그 결과를 발표했다. 연구에 따르면, 마시멜로를 먹지 않고 오래 참은 아이일수록 가정이나 학교에서 참지 못한 아이들에 비해 훨씬 우수한 성취를 보였다는 것이다. 이후의 추적 연구에서도 인내심을 발휘한 아이들은 훨씬 성공한 삶을 살고 있음을 보고했는데, 이는 지능이나 인종, 민족보다 성공한 삶을 가늠하는 더 확실한 지표가 되었다.

만족 지연 능력은 타고나는 것일까? 미셸 박사팀(1989)은 이후 추가 연구 결과를 발표했다. 마시멜로가 보이지 않도록 뚜껑을 덮어놓자 기다리는 시간이 거의 두 배나 길어졌다. 1966년 실험에서 오래 기다린 아이들은 마시멜로를 보지 않으려고 손이나 머리카락으로 눈을 가리거나 천장을 보거나 하는 행동을 했는데, 1989년의 실험에서는 어른이 마시멜로를 가려준 것이다.

이들은 하나의 실험을 더 했다. 선생님이 돌아올 때까지 어떤 생각을 하는지가 기다리는 시간에 영향을 줄 것이라고 가정하고 3종류의 지시를 한 것이다.

1. 재미난 일을 생각하기
2. 기다린 다음에 두 개의 마시멜로를 받게 될 것을 생각하기
3. 아무런 지시를 받지 않기

재미있는 생각을 한 그룹은 마시멜로가 뚜껑에 덮여 있건 아니건 간에 평균 13분을 기다렸고, 아무런 지시를 받지 않은 그룹은 평균 6분을, 기다린 다음에 두 개의 마시멜로를 받게 될 것을 생각하라고 한 아이들은 이보다 더 짧게 기다렸다. '어떻게 자기 생각을 조절하느냐'가 만족 지연에 영향을 준 것이다.

그런데 마시멜로가 눈에 보이거나 안 보이는 환경적 요인, 마시멜로에 대한 생각 대신 다른 생각을 하게 하는 주의 전환에 이어 다른 요인을 밝힌 연구가 하나 더 있다. 록펠러대학의 키드(C. Kidd. 2012) 팀의 연구다. 이들의 연구는 매우 중요한 시사점을 준다. 연구팀은 3~5세 아이 28명에게 컵을 예쁘게 꾸미는 미술 활동을 할 것이라고 설명을 하고 크레용을 올려놓은 책상에 앉게 했다. 그리고 조금만 기다리면 책상 위에 놓여 있는 크레용 외에 다른 재료를 줄 거라며 기다리라고 했다. 몇 분 후 14명의 아이에게는 새로운 미술 재료를 주고, 다른 14명의 아이에게는 재료가

있는 줄 알았는데 없었다며 사과하고 재료를 주지 않았다.

그리고 마시멜로 실험을 하자, 약속한 재료를 주었던 신뢰 환경의 아이들은 평균 12분을 기다렸고, 14명 중 9명은 15분이 끝날 때까지 마시멜로를 먹지 않았다. 반면 약속한 재료를 주지 않은 비 신뢰 환경의 아이들은 평균 3분을 기다렸고, 15분을 기다린 아이는 단 한 명이었다. 신뢰 환경의 아이들이 비 신뢰 환경의 아이들보다 4배 이상의 시간을 기다린 것이다.

마시멜로를 보지 않도록 뚜껑을 덮어 놓았을 때는 2배 이상의 시간을, 어른이 약속을 지키는 것을 경험했을 때는 4배 이상의 시간을 참아내는 아이로 키울 수 있다는 것을 보여준 것이다. 그렇다. 아이를 믿어주는 것이 자기조절의 핵심인 것이다.

이번에는 신경과학적으로 자기조절을 해석해보자. 자기조절과 주로 관련된 뇌 부위가 바로 해마다. 기억, 학습, 동기와 관련이 있는 해마는 2~3세에서 발달하기 시작해서 사춘기까지 발달이 이어진다. 이 해마의 발달과 기능을 제한하는 것이 바로 코르티솔이라는 스트레스 호르몬이다. 해마에는 이 코르티솔을 인식하는 수용체가 가장 많이 존재하는데, 코르티솔이 지속적이고 강하게 분비되면 이 수용체가 파괴되어 코르티솔의 분비를 억제하지 못하게 된다. 다시 말해서, 스트레스 역치 수준이 낮아지는 것이다.

그뿐만 아니다. 코르티솔은 뇌의 청반핵(nucleus of locus ceruleus)에도 직접 작용해서 스트레스를 물리치는 호르몬인 노르에피네프린(norepinephirine)*의 분비를 억제하고, 뇌의 솔기핵(raphe nucleus)이라는 조직에도 영향을 주어 세로토닌의 분비와 세포 기능을 억제하여 우울증과 두려움, 통증을 일으키기도 한다.

코르티솔이 급격히 분비되는 행위가 바로 체벌이다. 체벌은 아이가 가장 신뢰하는 대상, 즉 교사와 부모로부터 주로 받는다. 해마의 발달을 촉진하는 행위가 바로 이 두 대상, 교사와 부모로부터 받는 정서적 지지다. 그런데 체벌을 받으면 코르티솔 분비가 급격히 많아진다. 해마의 발달을 저해하는 이러한 행위가 이 친밀한 관계로부터 '정서적 지지를 철회' 당하게 하는 것이다.

체벌과 정서적 지지 철회는 앞서 마시멜로 실험의 신뢰 환경과 동일하다. 믿고 기다리기보다는 지금 내 앞의 욕구를 해결하는 것이 더 낫다는 것을 아이는 '학습' 한 것이다. 믿고 의지하는 성숙한 성인이자 인생의 역할모델이 되어 줄 교사나 부모에게 더 이상 의지할 수 없다는 절망감을 경험하는 것이다. 이를 통해 아이는 많은 코르티솔이 분비되고, 코르티솔은 해마의 발달과 기능을 억제하며, 기억은 감퇴시키고, 학습은 효율이 떨어뜨리며, 내적 동기는 낮아진다.

아이 처지에서 정리해보면, 체벌은 아이의 주의를 학습에서 자기보호 혹은 생존으로 전환시킨다. 스스로 하려는 내적 동기, 공부에 대한 주의를 기울이게 하려는 의도와는 정반대로 콜버그(Lawrence Kohlberg)의 도덕성 발달 1단계인 외부적인 보상이나 처벌에 근거하여 판단하고 행동하

---

* 사람이 흥분하면 부신에서 노르에피네프린이 분비하여 전두엽을 깨우고 변연계의 편도체와 해마에 신호를 주어 과거의 기억을 되살리고 현재의 위험에 대처하도록 돕는다.

게 만드는 것이다.

그렇다. 체벌은 비교육적이다. 하지만 아무리 이론을 알고 있다고 해도, 막상 아이가 스스로 노력하지 않거나, 비도덕적인 행위를 할 때 교사는 외적 보상이나 체벌과 같은 부적 강화를 선택하기 쉽다.

그래서 교사에게도 학부모에게도 공부 모임이 필요하다. 교사의 교수 행위와 부모의 양육 행동에 대하여 동일한 가치를 추구하는 타인과 정기적으로 상호작용을 해야 한다. 자기 행위를 인식하고, 이에 대해 적절한 피드백을 주고받는 단련 없이는 이론을 실천하기 어렵다. 이론은 수많은 사람의 삶에서 드러난 패턴을 학문으로 나타낸 것이다. 그러나 개인은 자기 삶 속에 갇혀 있을 때가 많아서 그 패턴을 인식하기 어렵다.

이것이 다른 사람과 상호작용이 필요한 이유다. 초등교사인 이영근 선생님이 학부모와 함께하는 공부 모임인 으뜸 헤엄이, 정유진 선생님이 하는 공부 모임인 행복교실이 많은 교사로부터 지지받고 오래도록 이어지는 이유가 여기에 있지 않은가 생각하는 이유다.

포옹과 스킨십이
중요한 이유

원하든 원하지 않든 간에 우리는 서로 연결되어 있다.
그래서 나 혼자만 따로 행복해지는 것은 생각할 수도 없다.
- 달라이 라마 -

삶에서 스트레스는 피할 수 없다. 아이들 역시 마찬가지다. 어른들은
부모가 의식주를 전적으로 해결해주는 아이들의 일상에 어떤 스트레스
요인이 있는지 모르는 경우가 많다. 아이들은 미성숙한 존재다. 우리 눈
에는 보이지 않지만, 매일 아이들의 혈관을 타고 성장호르몬이 투입되고
있고, 뇌 속의 뉴런들은 성장과 전지를 반복하고 있다.

신체적, 심리적, 정서적 성장과 발달이 빠르게 진행되는 아이들은 어
제와 다른 오늘, 오늘과 다른 내일의 자기 모습에 불안해한다. 그 불안의
원인을 스스로 인식하지 못하기에 스트레스 호르몬인 코르티솔이 많이
분비되기 마련이다. 더구나 코르티솔의 분비를 촉진시키는 환경에서 생
활하는 아이는 학습은 물론 신체적 발달도 늦고, 정서적 미성숙 기간도

길어지기 마련이다.

그러나 대안이 없는 것은 아니다. 앞서 이야기한 카우아이 연구 등의 공통점은 사회적 지지였다. 이 사회적 지지는 곧 관계를 의미한다. 타인과 정서적 상호작용을 하는 경험이 인간을 다시 일어서게 했다. 이와 관련한 화학물질이 바로 옥시토신이다.

스위스 취리히대 에른스트 페르 교수는 옥시토신을 코에 뿌리면 상대에 대한 신뢰감이 증대된다는 연구 결과를 발표했다. 즉, 체내에 옥시토신이 분비되면 상대에 대한 신뢰감이 높아진다는 말이다. 이시형 박사는 『옥시토신의 힘』이라는 책에서 이 호르몬의 효과를 소개했는데, 옥시토신은 혈압 상승을 억제하고, 심장 기능을 원활하게 하며, 스트레스 역치 수준을 높여준다고 한다.

75년 동안 인간의 삶을 관찰한 하버드대학의 그랜트 연구에 따르면 두려움, 우울, 불안이 장기간 지속될 경우 통증 역치(고통을 느끼는 자극의 크기)가 낮아지고 디스트레스 호르몬인 코르티솔 수치와 혈압이 해로운 수준으로 상승하여 만성화될 수 있다고 했다. 그러나 체내에서 옥시토신이 지속해서 분비되면, 코르티솔 수치와 혈압은 감소하고 통증 역치는 상승하며, 차분하고 평온한 상태가 유지된다고 했다.

다시 말해서, 마음의 상처가 깊어지면 작은 자극에도 아파하게 되는데, 이 상처를 치유하는 호르몬이 바로 옥시토신이라는 것이다. 옥시토신은 또 한 가지의 특징이 있는데, 반드시 타인과의 상호작용을 통해서만 분비된다는 것이다.

그렇다면, 어떻게 해야 옥시토신을 더 효과적으로 분비시킬 수 있을까? 그건 바로 포옹이나 스킨십이다. 우는 아이를 떠올려보자. 어떻게 해야 울음을 그치게 될까? 아이의 주 양육자가 안아주어야 비로소 아이는 울음을 그치게 된다. 아이의 심리적 불안은 주 양육자의 포옹이라는 행위를 통해 진정이 되는 것이다. 성인도 마찬가지다. 깊은 슬픔에 빠지거나 혹은 극심한 고통에 시달릴 때 친밀한 타인의 토닥임이나 포옹은 큰 위로가 된다. 이와같은 스킨십에 의해 심리적 안정감을 느끼는 이유가 바로 접촉에 의해 옥시토신이 분비되기 때문이다. 이처럼 악수나 어깨의 토닥임, 머리를 쓰다듬거나 꼭 안아주는 등의 스킨십은 관계의 친밀함과 더불어 심리적 안정감을 불러온다.

스킨십과 관련해서 소개할 연구가 하나 있다. 위스콘신대학 심리학 교수 해리 할로우(Harry Harlow)의 원숭이 실험이 그것이다. 동물학자였던 그는 어린 원숭이를 엄마 원숭이에게서 떼어 놓고 우유를 주는 철사로 된 대리모와 우유를 주지 않고 천으로 된 대리모를 선택하게 했다. 이 연구에 따르면, 원숭이들은 우유를 주는지 안 주는지를 따지지 않고, 천으로 된 대리모를 철사로 된 대리모보다 더 선호하는 것으로 나타났다. 접촉 그 자체가 심리적인 안정감을 주는 것이다.

학자들에 따르면 스킨십은 뇌의 시상하부에서 엔도르핀을, 뇌하수체에서는 옥시토신을 분비시켜서 행복감과 안정감을 끌어내며, 대부분의 동물이 마음의 안정이 필요할 때 스킨십을 최대로 할 수 있는 행동을 선호한다고 한다.

코넬대학의 마이클 골드스타인(Michael Goldstein) 박사의 연구에 따르면, 아기의 옹알이에 대해 엄마가 언어적으로만 반응할 때보다 부드럽게 스킨십을 하며 대했을 때 두 배 이상의 옹알이를 했다. 아이들의 언어발달에도 스킨십이 얼마나 중요한지 알 수 있다.

포옹과 스킨십이 심리적 안정감을 준다는 것은 불안과 스트레스를 낮춰준다는 뜻이기도 하다. 부부가 출근할 때나 아이들이 등교할 때 서로 포옹하거나 하이파이브를 하는 것, 퇴근 혹은 하교 후에 온 가족이 서로 포옹하거나 가족만의 스킨십 제스처를 하는 것이 좋다는 뜻이다.

포옹이나 스킨십은 전화나 문자 따위로는 불가능하다. 직접 사람과 사람이 만날 때 가능한 행위이기 때문이다. 백 마디 말보다 한 번의 포옹이 효과적일 때가 있다. 우리 아이들을, 혹은 가족끼리 자주 포옹하며 스킨십을 해야 하는 이유가 여기에 있다.

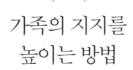

가족의 지지를
높이는 방법

내가 좋아하는 사람이 나를 좋아해 주는 건 기적이야.
- '어린 왕자' 중에서 -

시카고대학의 레빗과 두브너(Steven D. Levitt & Stephen J. Dubner)는 자녀의 학교 성적은 '부모가 아이에게 무엇을 해주는지'가 아니라 '부모가 어떤 사람인지'와 관련이 깊다고 했다. 따라서 가족의 지지를 높이는 방법으로 부모가 어떤 사람인지를 잘 드러낼 수 있도록 했다.

또 하나, 관계는 절대 일방향이 아니다. 많은 사람이 부모가 바뀌지 않으면 아이도 바뀌지 않는다고 말한다. 그러나 아이를 통해서 부모가 바뀌기도 한다. 관계는 서로에게 영향을 주는 상호작용이기 때문이다. 이번에는 부모와 자녀 양쪽이 서로 지지하기 위해 어떤 노력을 기울여야 하는지에 대해 이야기하고 싶다.

가족 좌담회

해마다 학부모 상담 기간에 되면, 아이와의 관계에 대해 많은 고민을 듣게 된다. 그중 하나가 아이와 소통하고 싶다는 것이다. 아이가 클수록 부모의 말을 듣지 않으며, 짜증을 자주 내고 가족 여행을 가자고 해도 가지 않는다. 그래서 나는 가족 좌담회를 권유한다. 가족 좌담회는 말 그대로 가족끼리 마주 앉아 이야기를 나누는 것이다.

이때 두 가지 조건이 있다. 하나는 한 사람이 이야기할 때 끼어들지 않는 것이다. 보통은 아이의 이야기를 끝까지 들어주지 않는다. 바쁘기도 하지만 아이들이 하는 이야기는 첫마디만 들어도 다 안다는 부모의 태도 때문이다. 중요한 것은 아이가 말하는 내용이 아니라 아이가 자기 생각을 끝까지 이야기하고 이에 귀 기울여주는 부모의 행위에 있다. 그런 의미에서 끼어들지 않는다는 조건은 중요하다. 물론 시간제한을 두는 것이 좋다. 제한된 시간은 자신의 생각을 잘 정리해서 이야기하도록 돕기 때문이다.

두 번째 조건은 전등을 끄고 촛불을 하나 켜는 것이다. 촛불은 심리적 이완을 돕는다. 그 이유는 초가 나타내는 빛의 색깔 때문이다. 블루 라이트* 계열의 빛이 사람을 긴장이나 각성케 한다면, 촛불의 옐로우 계열의 빛은 이완을 돕는다. 이렇게 심리적으로 이완된 상태에서 자신의 감정이나 생각을 충분히 꺼내놓을 수 있도록 한다.

---

* 가시광선 중 380~495nm(나노미터)의 푸른색을 띠는 빛으로 눈의 각막, 수정체로 흡수되지 않아서 망막에 도달해 기능을 저하시키고, 시력에 영향을 미칠 수 있는 가장 큰 에너지를 갖고 있는 것으로 알려진 빛

학교에서 수련 활동 마지막 날 밤에 캠프파이어를 하면서 부모님 이야기를 꺼내면 아이들도 교사도 눈시울이 젖는다. 왜 그럴까? 캄캄한 밤에 옐로우 계열의 빛이 잔뜩 긴장한 마음을 이완시키고, 이에 어울리는 낮은 목소리로 누구나 경험하는 부모와의 이야기를 털어놓는 순간 감정이 격해지기 때문이다.

사실 온 가족이 마주 앉아 서로의 이야기에 귀를 기울일 시간을 갖는다는 것은 매우 힘든 일이다. 하지만 한 달의 하루, 그것도 하루의 전부가 아닌 한 시간 정도 서로에게 고마웠던 일이나 바라는 일을 가만히 들어주는 것이 얼마나 의미 있는 일인지 모른다. 실제 이 활동을 실천해본 가정의 아이들은 반드시 변화가 있었다. 아이들이 느끼는 가정의 중요함은 학교의 중요함보다 분명히 크기 때문이다.

역발상 생일 프로젝트

처음 발령받고 제일 싫었던 것이 생일파티다. 과자와 음료를 준비하고, 어떤 경우에는 케이크까지 사서 파티를 한다. 아이들이 준비하고 먹고 치우지만 '이것이 정말 교육적일까?' 하는 의문이 들어서 대안을 생각했다.

우리 반 급훈은 '지은을 최고로, 보은을 제일로 모든 일에 함께 노력하자'이다. 은혜를 아는 사람이 최고이고, 그 은혜를 갚는 사람이 제일이다. 세상 모든 일은 이 두 가지를 알고 실천하지 않아서 갈등과 다툼, 불행이 시작된다고 나는 믿는다. 성인의 말씀 중에 '은혜를 모름을 축생이라 하고'라는 구절이 있다. 교육을 받은 학생이 그까짓 은혜를 모르는 사람으로 자란다고 해서 축생, 즉 짐승과 같은 삶을 살게 될지도 모른다는 우려는 '지나친 염려'일지도 모른다. 그러나 나 같은 교사 한 명쯤 있어야 한다는 믿음으로 생일파티를 하자는 아이들의 아우성과 비난을 견뎠다.

역발상 생일 프로젝트를 하려면, 먼저 아이들에게 은혜에는 무엇이 있는지를 가르쳐야 한다. 아이들에게 물어본다. "너희가 아는 은혜에는 무엇이 있니?" 그럼 아이들은 대답한다. "부모님이요", "선생님이요." 나는 맞다고 말한다. 그리고 하나를 덧붙인다. 옛날에는 나라 혹은 임금의 은혜에 보답해야 했지만, 지금은 민주주의 시대이니 조금 달라졌다고. 바로 나와 연이 있는 사람들의 은혜에 보답해야 한다는 것이다. 우리가 사용하는 양말을, 신발을, 옷을, 연필을, 지우개를, 필통을, 가방을 만들어주신 분들. 우리가 먹는 음식, 살고 있는 집을 지어주신 분들. 그분들의 은혜에 보답하는 길은 우리가 사용하는 물건의 쓰임을 다할 수 있도록 잘 사용하는 것이라고 말한다. 그리고 하나 더, 우리가 사용하는 물건을 만들어주시는 분들이 우리 친구들의 아버지이고 어머니라는 것을 말해준다.

그러므로 그 은혜에 보답하는 길은 친구를 소중히 여기는 것에서 출발한다고 이야기한다. 친구가 학교생활을 즐거워하고, 행복해하면 친구의 부모님도 행복해진다. 행복한 친구의 부모님은 직장에서도 동료들과 사이좋게 지내실 거라며 '도덕적 상상력'을 펼쳐간다.

역발상 생일 프로젝트는 3가지 미션으로 진행된다.

첫 번째로 늘 생일선물이나 축하를 받기만 했던 아이를 위해서 부모님께 한 가지 부탁을 드린다. 아이를 가졌을 때 음식과 이동에 관련된 에피소드 같은 특별한 기억을 떠올려 적어달라고 부탁한다. 가장 속 썩일 사춘기 시절 아이들. 이 아이들의 어린 시절을 부모님이 다시 한번 상기하게 하기 위해서이자, 아이에게는 이토록 자신을 사랑하는 부모님이 계시다는 것을 느껴보게 하고 싶었다.

두 번째로 생일인 아이에게 부모님과 즐거웠던 추억, 감사했던 일, 미안했던 일들을 적어보게 한다. 부모와의 좋았던 기억을 떠올리는 것만으로도 정적인 정서를 경험할 수 있으며, 감사함을 느끼게 할 수 있기 때문이다.

세 번째로 학급의 나머지 아이들에게 생일인 친구의 장점 3가지와 친구의 부모님께 전하는 감사의 문구를 하나씩 쓰도록 한다. 그 문구들은 생일인 친구의 부모님에게 감사의 선물로 드린다. 소중한 친구를 건강하게 키워주신 은혜에 감사하는 것이다. 이것이 세상에 대한 감사함의 작은 보답이 아닐까 싶었다. 생일인 친구의 장점과 부모님께 감사를 전하는 활동은 부모가 가진 자녀의 학교생활에 대한 불안을 줄이고, 자녀를 대하는 양육 태도를 스스로 점검하게 하여 아이들의 심리적 안정감을 가져올 수 있다.

사람의 마음을 이어주는 것이 선이고, 분열시키는 것이 악이라고 나는 스승께 배웠다. 그래서 나는 아이들과 부모, 아이들과 친구, 아이들과 세상의 마음을 이어주고 싶다. 그것이 아이들이 내가 없어도 세상을 멋지고 훌륭하게 살아나갈 리질리언스를 키우는 길이라고 믿기 때문이다.

할머니 할아버지와 닮은꼴 찾기

5월은 가족의 달이다. 5월 5일은 어린이날이고, 8일은 어버이날이며,

21일은 부부의 날이다. 이렇게 가족의 의미를 되새기고 화목함을 뽐내야 하는 5월의 한 가운데에 스승의 날이 있다. 그래서 어떻게 하면 가족이 더 화목해질 수 있을까를 고민해보았다. 그것이 스승의 날을 더 가치 있게 만든다고 생각했기 때문이다.

많은 아이가 부모를 사랑하면서도 두려워한다. 왜 두려워할까? 공부나 미성숙한 생활 태도가 주된 이유다. 학업 성적이 낮아서, 휴대폰만 들여다보아서, 게임만 해서, 친구랑 놀기만 해서, 늦게 자고 늦게 일어나서 등 아이들이 부모에게 야단맞는 이유는 셀 수 없이 많다.

그래서 생각해보았다. 부모님은 원래 아이들을 야단치고 싶어 할까? 자식을 야단치는 것보다 칭찬이나 격려하고 싶은 것이 본래 부모가 가진 마음일 것이다. 아이들의 부모가 처음 부모가 되었을 때로 돌아가도록 도와주기 위해 만든 문장이 몇 개 있었다.

예를 들어, 다음과 같은 질문이었다.

- (외)할머니, (외)할아버지와 어머니(아버지) 그리고 나의 닮은 점이 궁금해요.
- (외)할머니, (외)할아버지와 어머니(아버지)의 좋은 추억 하나만 소개해주세요.
- 어린 시절 어머니(아버지)께서 (외)할머니, (외)할아버지를 기쁘게 했던 일을 한 가지만 소개해주세요

아이에게 닮은 점을 이야기하려면 아이의 좋은 점을 떠올려야 하고,

부모님과의 좋은 추억을 떠올리면 자녀에게도 좋은 추억을 남겨주려 할 거라는 생각에서 드려본 질문이었다. 또한, 단절된 가족관계를 다시 한 번 상기시켜 아이들 가족의 지지를 높여보고 싶어서 만든 활동이다.

자녀에게 편지쓰기

보통은 자녀가 부모에게 편지를 쓴다. 자녀가 부모에게 편지를 받는 경우는 드물다. 우리 반 급훈이 '지은을 최고로, 보은을 제일로 모든 일에 함께 노력하자'이다. 아이들이 부모를 떠올리며 써준 편지의 고마움을 알고, 그 고마움에 보답하는 것이 부모로서, 어른으로서 응당 해야 할 일이 아닐까 싶었기 때문이다.

그래서 5월에는 부모님께 편지를 부탁드린다. 편지를 받기만 하던 부모의 입장에서 자녀에게 편지를 쓰는 일은 매우 의미 있었다. 부모님이 써주신 편지를 읽고 자신을 생각하는 부모의 마음을 느끼는 아이들이 있었고, 이는 학교생활에도 매우 긍정적인 영향을 주었다. 아이 자신에 대한 가족의 관심을 확인하는 일, 즉 리질리언스의 가족 요인이 높아진 것이다.

4장

지지 않는 힘을
기르는 요인 3
- 사회 요인 -

사회경제적 지위의 차이를 넘어서는 리질리언스

우리는 사실 서로 이어져 있으며
우리가 하는 일 하나하나가 세상 전체에 영향을 미칩니다.
우리가 좋은 일을 하면 그것이 번져 나가
다른 곳에서도 좋은 일이 일어나게 만듭니다.
그러므로 그것은 인간 전체를 위하는 일이 됩니다.
- 남아프리카 공화국 데스몬드 투투 대주교 -

맹모삼천지교.

맹자의 어머니가 자식의 교육을 위해 세 번 이사했다는 의미로 인간이 성장하는 데 환경이 중요함을 이르는 말이다. 그래서일까? 내가 어렸을 때, 가까웠던 한 친구는 가정형편이 어려웠던 나와 어울리지 말라는 이야기를 자신의 어머니에게 들었다고 했다. 가난한 집 아이는 잘 먹지도, 입지도 못해서 남의 물건에 쉽게 손을 댈 거라는 생각이었을 것이다. 이것이 과연 그 어머니만의 편견이었을까? 사실, 이건 편견이 아니다.

왜 편견이 아닌가? 소득이 낮은 가정의 아이들이나, 소득이 높은 가정의 아이들 모두 자기조절을 잘하지 못한다. 자신의 욕구를 지연시키는 만족 지연 능력이 성인에 비해 낮다는 말이다. 만족 지연 능력을 높이기 위한 요건 중 가장 중요한 것은 신뢰할 수 있는 양육환경이다. 부모가 약속한 것을 지키는 것이 아이의 자기조절력 향상에 가장 중요한 요인이라는 것이다. 그러나 소득이 낮은 가정의 부모는 아이와의 약속을 지키기가 쉽지 않다. 아니 약속을 지키지 않는 것이 아니라 지키지 못한다.

낮은 사회경제적 지위는 주로 소득과 관련이 깊다. 소득이 낮은 가정은 기본생활비를 얻기 위해 더 많은 시간의 노동을 해야만 한다. 기본 생활을 유지하기에도 버거운 이들에게 취미는 말할 것도 없고, 여가 생활은 거리가 멀다. 하루 8시간의 노동으로는 기본적인 생계유지가 어려울 만큼 소득이 낮기 때문에 야근은 물론, 주말 근무도 필수다. 그렇다. 아이의 곁에 부모가 없다. 아이 옆에 있고 싶어도 있을 수가 없다. 삶이 전쟁이기 때문이다.

소득이 높은 가정의 아이들은 다양한 예체능 교육을 받는다. 피아노와 같은 악기 교육과 태권도나 축구, 수영은 물론이고 다양한 사회체육 교육을 받는다. 반면 소득이 낮은 아이들의 과외활동은 주로 교과보충 교육에 한한다. 직장생활로 바쁜 부모와 상호작용이 힘든 아이들은 학습에 대한 관심을 지속하기가 어렵다. 따라서 이들은 주로 보습학원을 위주로 다니게 된다. 어릴 때부터 여가활동의 영역이 제한되는 것이다.

소득의 양극화는 소득이 낮은 가정의 아이들에게 심리적인 충격을 준다. 열심히 노력하는 부모의 삶이 나아지지 않는 것을 지켜보는 아이들. 그 아이들이 느끼는 미래에 대한 절망감은 그 뿌리가 점점 깊어진다. 연구에 따르면 아이들의 고등교육 기회, 교육 단계별 이행을 다루는 학력격차에 부모의 사회경제적 지위가 높을수록 긍정적 영향을 미친다.

그렇지만 사회경제적 지위가 낮다고 해서 반드시 범죄자가 되거나, 학교를 중퇴하거나, 정서적인 문제로 고통받는 삶을 살지는 않는다. 위험에 노출되었다고 반드시 위험해지지는 않는다는 말이다. 그 까닭은 대체 무엇일까?

마이어스(Myers)의 2000년 연구에 따르면, 서로를 위하는 화목한 가족은 경제적인 어려움에 직면해도 아이의 성공적인 발달과 성장을 촉진한다고 했다. 버크너와 그의 동료들(Buckner, Mezzacapa, Beardslee, 2003)의 연구에 따르면, 탄력적인 아이들은 다음과 같은 모습을 보였다.

1. 부정적 생활 사건의 빈도와 강도가 낮았다.
2. 만성적인 스트레스가 낮았다.
3. 높은 지적 능력을 갖고 있었다.
4. 자기 존중감이 높았다.
5. 자기조절 기술이 높았다.

여기서 이야기하는 부정적 생활 사건이란 가족 안에서 벌어지는 부부 싸움이나, 부모와 자식 간의 갈등, 가족의 정신질환 같은 것을 의미하고, 만성적인 스트레스는 먹을 것이 부족하거나, 안전함을 느끼지 못하는 등의 가난과 관련된 일상적인 어려움과 걱정을 말한다.

소득이 낮은 가정의 아이가 잘 성장하도록 도우려면 어떻게 해야 할까? 먼저 가족이 화목해야 한다. 화목한 가정은 어떻게 만들어질까? 가족이 저녁을 함께 할 수 있는 사회, 주말을 같이 지낼 수 있는 사회가 되어야 가능하지 않을까? 야근을 자랑으로, 주말 근무를 훈장으로 여기는 사회에서 희생되는 가정은 누가 지켜줄 수 있을까? 기업의 지속 가능성도 결국 노동자 각각의 화목한 가정이 바탕이 되는 것이 아닐까? 또한, 가정이 화목하려면 기본적인 의식주에 소외되는 계층이 없도록 사회복지 시스템이 잘 기능해야 한다. 이를 위해서 사회복지 업무 담당 공무원의 수를 늘려야 한다. 사회복지 공무원의 과로는 어제오늘 일이 아니다. 이들의 과로는 필연적으로 사회복지 시스템이 미치지 못하는 영역을 만들어낸다. 의식주와 관련된 기본적인 일상이 보호받을 수 있도록 만들어야 한다.

마지막으로 학교는 아이들의 지적 능력, 자존감, 자기조절 기술을 향상시키기 위해 애써야 한다. 이는 교사와의 상호작용을 통해 발달한다. 업무보다 수업을 중시하는 학교문화 속에서 교사는 아이가 위치하는 발달의 지점을 파악하고, 이에 적절한 피드백을 제공할 수 있어야 한다. 따라서 학교 교육과정의 자율성은 필수다. 사전에 계획된 교육과정이 아이들의 발달과 성장에 초점을 맞춰 이뤄질 수 있도록 교육청이나 교육부 사업을 축소하고 단위 학교 예산을 높여주어야 한다.

방과후학교나 돌봄 교실을 지자체에 이관하여 방과후 강사와 돌봄 강사의 고용 안정성을 보장해야 하며, 교사의 업무를 정상화해야 한다. 교사와 학부모 사이를 소원하게 만드는 녹색학부모회, 도서 도우미, 학부모 폴리스 같은 자원봉사를 가장한 '봉사 강요'를 막아야 한다. 교육부나 교육청이 기관 간 협력을 통해 학교 주변의 안전을 사회적으로 보장하고, 학교에 필요한 사서와 상담사를 명칭 그대로 채용하여 사서와 상담사 등의 전문성 및 사회적 지위를 보장해야 한다. 이러한 정책이 교사들이 수업과 생활지도에 전념할 수 있는 환경을 만드는 데 중요한 역할을 하며, 이는 교사가 아이들의 사회적 지지 체제를 구축하는 데 중요한 요인이 된다.

아이 한 명을 키우기 위해서는 온 마을 사람이 나서야 한다는 아프리카 속담처럼, 한 사람 한 사람을 소중히 여기는 교육을 위한 사회가 되었을 때 아이들은 가난이라는 환경 따위에 지지 않고 일어설 수 있게 된다고 믿는다.

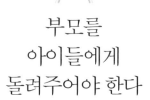

부모를
아이들에게
돌려주어야 한다

여행은 그대에게 적어도 다음 3가지의 유익함을 가져다줄 것이다.
하나는 타향에 대한 지식이고,
하나는 고향에 대한 애착이며,
마지막 하나는 그대 자신에 대한 발견이다.
- 브하그완 -

　다음에 나오는 그래프는 2011년 통계청이 실시한 사회조사의 '청소년의 여가 활용'이다. 그래프에서 볼 수 있듯이 13~19세까지의 청소년들이 실제로 하고 싶어 하는 여가활동의 1위는 놀랍게도 '여행'이다. 2위는 문화예술 관람, 3위는 스포츠 활동, 4위가 컴퓨터 게임 및 인터넷 검색이고 5위가 자기 계발이었다. 반면 실제 하는 것은 압도적으로 TV 및 DVD 시청이 1위를 차지했다. 2위는 컴퓨터 게임 및 인터넷 검색이었다.

　하고 싶어 하는 활동 중 '컴퓨터 게임 및 인터넷 검색'과 'TV 및 DVD 시청'을 제외한 나머지가 86%인 반면에 실제 하게 되는 활동에서 '컴퓨터 게임 및 인터넷 검색'과 'TV 및 DVD 시청'이 차지하는 비율은 거의 60%에 이른다.

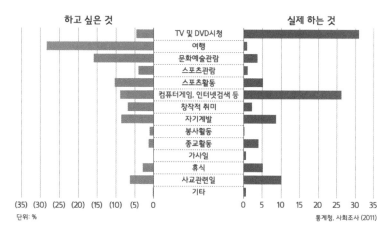

청소년의 여가 활용

하고 싶은 것 | **실제 하는 것**

- TV 및 DVD시청
- 여행
- 문화예술관람
- 스포츠관람
- 스포츠활동
- 컴퓨터게임, 인터넷검색 등
- 창작적 취미
- 자기계발
- 봉사활동
- 종교활동
- 가사일
- 휴식
- 사교관련일
- 기타

(35) (30) (25) (20) (15) (10) (5) 0   0 5 10 15 20 25 30 35
단위: %   통계청, 사회조사 (2011)

2015년 통계청의 전국 맞벌이 가구 비율 및 통계자료에 따르면, 맞벌이 가구의 비율은 43.9%였다. 그런데 18세 미만 자녀를 둔 가정의 경우 연령대별로 조금씩 차이가 있었다. 6세 이하의 자녀가 있는 가구는 맞벌이 비율이 38.1%인 반면에 초등학교에 입학하는 시기인 7~12세의 자녀를 둔 가구의 맞벌이 비율은 51.6%에 달했다. 13~17세까지의 중·고등학교에 다니는 자녀를 둔 맞벌이 가구의 비율은 57.6%에 달했다.

자, 다음 그래프를 조금 더 자세히 살펴보자. 13~17세까지의 자녀를 둔 맞벌이 가정의 비율이 57.6%였고, 위 그래프의 청소년이 주말이나 휴가에 보내는 여가 활용 중 컴퓨터 게임 및 인터넷 검색과 TV 및 DVD 시청이 차지하는 비율이 57.2%였다. 물론 13~17세까지의 자녀를 둔 모든 맞벌이 가정의 아이들이 컴퓨터 게임 및 인터넷 검색과 TV 및 DVD 시

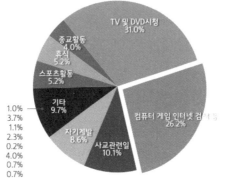

청소년의 주말/휴가 여가 활용 (주된 응답)

- TV 및 DVD시청 31.0%
- 종교활동 4.0%
- 휴식 5.2%
- 스포츠활동 5.2%
- 기타 9.7%
- 컴퓨터 게임 인터넷 검색 등 26.2%
- 자기계발 8.6%
- 사교관련일 10.1%

여행	1.0%
문화예술관람	3.7%
스포츠관람	1.1%
창작적 취미	2.3%
봉사활동	0.2%
종교활동	4.0%
가사일	0.7%
기타	0.7%

통계청, 사회조사 (2011)

청으로 여가 활용을 한다는 것은 아니다. 다만, 부모가 직업 활동과 더불어 가사노동과 자녀 양육까지 해내기에는 짊어져야 할 짐이 너무 크다는 것이다. 그 이유를 잠깐 살펴보자.

지난 2017년 1월 29일 한국노동사회연구소의 '노동시간 실태와 단축 방안' 보고서에 따르면, OECD 평균 1년 노동시간이 1,766시간인데 한국과 멕시코 그리고 그리스는 2,000시간을 초과했다. 정부는 지난 2011년 연간 노동시간을 점차 단축해서 2,020년까지 1,800시간으로 줄이겠다고 했다. 그러나 통계청의 경제활동인구조사에 따르면, 2013년에는 1년 노동시간이 2,247시간이었는데 2015년에는 2,273시간으로 오히려 증가했다.

대한만성피로학회가 2016년 직장인 1,235명을 대상으로 '만성피로도'를 조사한 결과 위험선(46점 이상)을 넘은 비율이 24.3%(300명)이었다.

약 25%가 과로사의 위험에 노출되어 있는 것이다. 시간당 노동 생산성은 31.5달러로 OECD 국가 중에서 최하위였다.

일주일에 15시간 미만으로 일하는 '초단시간 노동자' 10명 중 7명은 여성이었고, 초단시간 노동자의 월평균 임금은 2002년 55만 원에서 2015년 현재 30만 1,000원으로 45%나 줄어들었다. 비정규직인 초단시간 노동자의 수가 크게 증가했기 때문에 초단시간 노동자의 임금도 크게 줄어든 것이다. 한국비정규노동센터에 따르면, 2016년 8월 기준으로 전체 임금노동자 중 여성 정규직의 비율은 20%인 반면 비정규직의 비율은 23.9%에 달했다. 2016년 비정규직의 임금은 정규직 임금의 53.5%에 불과했다.

이는 무엇을 뜻할까? 정규직으로의 취업은 어려워지고, 비정규직의 임금은 낮아지는 상황에서 가계소득을 책임져야 하는 부모는 아이의 교육과 생존을 위해 야근과 주말 근무를 택할 수밖에 없다는 뜻이다.

따라서 아이들의 여가활동은 비용을 최소화해야 한다. 여행, 문화예술 및 스포츠 관람, 창작적 취미 활동 등은 전부 기본 생활비에 더해지는 비용이다. 반면 컴퓨터 게임이나 인터넷 검색, TV 시청은 가계의 고정지출 비용에 이미 포함되어 있다. 아이들은 최저 비용으로 여가생활을 하고 있는 셈이다.

아이들의 여가활동과 관련하여 주목해야 할 연구가 하나 있다. 하버드대학교 정치학자인 로버트 퍼트넘(Robert Putnam)과 동료들에 따르면, 미국의 부유한 고등학생의 경우 지난 수십 년간 특별활동에 대한 높은 참여율이 꾸준히 지속된 반면, 가난한 고등학생의 특별활동 참여율은 급감

했다는 것이다. 그 이유는 바로 비용이었다.

부모의 낮은 경제력이 아이들은 집안에 가두고, 부모는 집 밖으로 내몬다. 낮은 경제력의 원인은 우리나라 노동자의 게으름이 아니라 낮은 임금체계 때문이다. 아이들은 돌봄이라는 핑계로 학교에 남겨지고, 부모는 근면한 노동자로서 회사에 남겨진다. 남겨진 아이들은 TV나 인터넷 같은 매체와 상호작용 하는 데 익숙해지고, 뒤늦게 돌아온 부모는 미안한 마음에도 불구하고 늦은 밤 잠 자리에 들어야 하기에 아이들과 시간을 함께하지 못한다.

아이들이 부모와 함께할 시간을 마련하는 일은 부모나 교사 혹은 아이들의 노력만으로 이뤄지기 어렵다. 우리 아이들이 다양한 여가생활을 할 수 있는 비용과 시간 그리고 공간을 제공하는 것, 더불어 여가생활을 부모와 함께 보낼 수 있도록 사회적 제도를 마련하는 것은 아이들의 리질리언스를 높이는 데 매우 중요하다. 이것이 부모를 자녀에게 돌려보내는 일보다 효과적인 돌봄 정책은 없다고 생각하는 이유다.

피그말리온이 주는
두 가지 의미

피그말리온 효과는 긍정적인 기대나 관심이 사람에게 좋은 영향을 미치는 효과를 말한다. 사실 피그말리온은 조각가다. 그는 갈라테이아(Galatea)라는 여인상을 조각했다. 자신이 만든 갈라테이아를 세상 그 어떤 여자보다 사랑했던 피그말리온. 피그말리온의 사랑에 감동한 아프로디테가 갈라테이아에게 생명을 불어넣어 주었다는 그리스 신화가 피그말리온(Pygmalion)의 어원이다.

심리학에서는 로젠탈 효과(Rosenthal Effect)라는 것이 있다. 캘리포니아 주립대학의 로버트 로젠탈은 1968년 초등학교 교장 선생님과 함께 샌프란시스코의 한 초등학교 학생들을 대상으로 실험을 진행했다. 먼저 전교생의 지능을 검사한 다음 결과와 상관없이 담임선생님들에게 '이 아이들은 특별히 지능이 높다'며 무작위로 뽑은 20%의 학생들에게 높은 학업 성취를 기대하도록 했다. 8개월 후 실제로 이전 IQ와 상관없이 IQ가 높게 나온 것은 물론 학업성취도 높은 결과를 얻었다.

로젠탈은 흥미로운 실험을 한 가지 더했다. 교사가 어떤 학생을 평가하는 장면을 학생에게 보여준 후 교사가 긍정적으로 평가하는지, 부정적으로 평가하는지를 맞혀보게 했다. 음량을 최소화해서 말소리를 전혀 듣지 못했음에도 아이들은 대부분 정확히 교사의 평가 내용을 맞혔다.

메라비언의 법칙(The Law of Mehrabian)이 있다. 한 사람이 상대방에게 받는 인상은 시각이 55%, 청각이 38%, 언어가 7%에 이른다는 것이다. 이는 UCLA 심리학과 명예교수인 앨버트 메라비언이 1971년에 출간한 저서 『사일런트 메시지(Silent Massages)』에 발표한 내용이다.

로젠탈과 메라비언의 이야기에는 공통점이 있다. 사람은 말보다 표정이나 목소리, 눈빛 같은 비언어적 표현을 통해 의사소통을 한다는 것이다. 얼굴은 마음의 창이다. 교사가 학생에게 어떤 기대를 걸고 있는지를 알려면, 어떤 말을 하는지보다 어떤 태도로 학생을 대하는지를 보면 된다.

교사나 부모는 어떤 태도로 아이들을 대해야 할까? 그 힌트를 바로 피그말리온 효과가 설명하고 있지 않을까? 아이들은 미성숙하다. 아직 배워야 할 것이 많고, 느껴야 할 것이 많으며, 경험해야 할 일이 많다. 따라서 아이가 배우는 과정에서 일어나는 실수나 실패는 피할 수 없다. 누구나 피할 수 없는 실패라는 과정에서 누구는 회피의 길을 선택하고, 누구는 접근의 길을 선택한다.

아이가 회피의 길을 선택하게 하느냐, 접근의 길을 선택하게 하느냐는 온전히 교사나 부모의 반응에 달려 있다. 주어진 삶의 과제를 마냥 회피만 해서는 성장할 수 없다. 자기 삶에 주어진 다양한 과제를 마주하고 이를 자기 성장의 밑거름으로 삼는 데 필요한 것은 무엇일까? 그것은 바로 신뢰가 아닐까? 피그말리온이 갈라테이아의 아름다움에 빠져 깊이 사랑한 끝에 사랑의 결실을 얻었듯이 우리가 아이들의 가능성을 깊이 신뢰하고 격려해야 변화할 수 있지 않을까?

조세핀 킴의 『교실 속 자존감』에서 읽은 문장이 생각난다.

You always came back.

매일 친구에게 욕을 하는 아이, 친구가 싫다고 해도 장난을 멈추지 않는 아이, 숙제를 하지 않는 아이, 교사에게 거짓말을 하는 아이 등 '과연 나아질 수 있을까?' 싶은 아이들을 마주할 때가 있다. 욕을 하지 말라고, 장난을 멈추라고, 숙제를 하라고, 거짓말 하지 말라고 한 번 말하고, 열 번 말하고, 백 번을 말해도 아이들은 변하지 않는다. 그렇다면 어떻게 아이를 신뢰하고 격려할 수 있을까?

여기서 잠깐 데이비드 스콧 예거(David Scott Yeager)의 실험 이야기를 통해 보다 구체적인 방법을 살펴보자. 연구진은 중학생들에게 자신이 영웅으로 여기는 사람에 대한 글짓기 과제를 제출토록 했다. 학생들의 글짓기 과제를 모아 무작위로 두 집단으로 나누어 각각 서로 다른 간단한 평가와 피드백을 덧붙였다. 1번 그룹에는 "네가 쓴 글에 내 의견을 조금 덧붙인다"라고 썼고, 2번 그룹에는 "내가 이렇게 말하는 이유는 네게 큰 기대를 하고 있기 때문이야. 선생님은 네가 할 수 있다고 믿는다"라는 '현명한 비판'을 덧붙였다. 평범한 메모를 받은 1번 그룹 학생의 40%가 과제를 다시 제출한 반면, 현명한 비판을 받은 2번 그룹의 학생들은 80%가 글쓰기 과제를 다시 제출했고, 수정한 분량도 1번 그룹에 비해 2배나 많았다. 학생들에게 '현명한 비판'을 더한 교사의 피드백이 평가란 학생의 한계를 가늠하는 것이 아니라 성장의 가능성을 가늠하는 것임을 인식하게 도와준 것이다.

아이들이 실수해도 또 믿어주고 기회를 주는 곳이 바로 학교이고, 교사여야 한다. 아이들은 성인이 아니다. 아이들은 과거에도 성장했고, 지금도 성장하고 있으며, 앞으로도 계속 성장할 것이다. 따라서 교사는 아이들이 어떻게 성장해야 하는지 끊임없이 연찬해야 하고, 얼마나 성장할 수 있는지 지켜보아야 하며, 스스로 성장을 지속할 수 있도록 격려해야 한다. 이 점이 피그말리온 효과가 이야기하는 교육에 대한 메시지가 아닐까 생각한다.

스승의 날 받고 싶은 선물

천경호

스승의 날 이런 선물이 받고 싶습니다.

스승의 날이란 스승에 대해 생각해보는 날입니다.

진정한 스승이란 무엇인가?

내 인생에 있어 스승이라 할 분이 계셨던가?

내 인생의 스승은 누구인가?

스스로 자기 자신에게 물어보는 시간을 갖는 날입니다.

지난 몇 년 동안 스승의 날이 되면, 오히려 이런 날이 없었으면 좋겠다는 생각을 많이 했습니다. 그 이유는 진정한 선물의 의미를 모르는 사람이 너무도 많기 때문입니다.

물질로 감사함을 표하는 것은 쉬운 일입니다. 그러나 마음으로 감사함을 표하기란 쉬운 일이 아닙니다. 행동으로 감사함을 표하기란 더욱 어려운 일입니다.

스승이 제자에게 진정으로 바라는 것이 무엇일까요?

그것은 제자의 행복입니다.

스승은 제자의 행복은 물질로 얻을 수 없다는 사실을 알고 있습니다.

진정한 행복이란 올바른 일을 행했을 때 생깁니다.

타인을 위해 진력하는 삶을 살았을 때, 바르고 성실한 삶을 살았을 때 행복해집니다.

미국의 일류 대학에 다녔던 어떤 분에게 들은 이야기가 있습니다.

대학에 입학하면서부터 들었던 가장 인상 깊었던 것은 배우지 못한 사람들을 위해 배움을 펼쳐야 한다는 것입니다.

타인의 불행 위에 자신의 행복을 만들지 않겠다는 것입니다.

남을 위해 자신의 배움을 쓸 수 있도록 하기 위해서 공부해야 한다는 것입니다.

저는 여러분이 이처럼 남을 위해 자신의 지식을 마음껏 쓸 수 있도록 열심히 배우기를 바랍니다.

그것은 작은 데서 출발합니다.

친구를 용서할 때 생깁니다.

내 주변에 떨어진 쓰레기를 지나치지 않는 데서 시작합니다.

공부 안 하는 친구를 격려하는 데서 생깁니다.

우울한 표정의 친구의 안색을 살피는 데서 시작합니다.

궂은일을 나서서 하는 데서 생깁니다. 부모님께 웃는 얼굴을 보여드리는 데서 생깁니다.

힘들어도 웃음을 잃지 않는 데서 생깁니다.

맛있는 것을 양보하는 데서 생깁니다.

누가 알아주건 알아주지 않건 간에 자신이 옳다고 믿는 것을 실천하고자 노력하는 데서 생깁니다.

저는 그런 선물을 받고 싶습니다.
그 어떤 아름다운 카네이션보다도, 그 어떤 값비싼 선물보다도
어제보다 노력하겠다는 결의를 원합니다.
어제보다 더 다른 이를 위해 고생하려는 실천을 원합니다.

제가 원하는 오직 하나의 선물.
그건 그 어떤 값비싼 선물이 아니라
바로 여러분의 따듯한 마음이며 여러분의 훌륭한 행동입니다.
제가 오로지 바라는 것.
그것은 여러분이 행복해지는 것이기 때문입니다.

이 글은 2007년 5월 15일을 앞두고 아이들에게 보냈던 편지이다. 이후 해마다 스승의 날을 앞두고 이 글을 보냈다. 나는 왜 이런 편지를 보냈을까? 스승의 날이 불편했기 때문이다. 당시 동료 교사로부터 놀라운 이야기를 들었다. 학부모를 가장하고 온 교육청 감사관이 케이크 밑에 상품권을 넣었다고 한다. 어쩔 수 없이 받은 케이크를 확인하지 않은 교사가 퇴근할 무렵 감사관이 검거했다는 것이다. 사실인지 아닌지는 확인하지 못했다. 다만, 사회가 교사를 대하는 태도가

지금도 크게 다르지 않다는 점만은 분명하다.

이 편지는 혹시나 있을지 모를 학부모의 감사 선물을 사전에 정중하게 예방하기 위해서 쓴 것이다. 더불어 스승의 날의 본래 의미를 나 자신과 우리 반 아이를 비롯하여 학부모 모두가 되새겨 보자는 의미로 썼다. 감사함을 잃어버린 사회에서 고마움이란 무엇인지, 고마움에 진정으로 보답하려면 어떻게 해야 하는지를 이야기하고 싶었다.

업무는 교사를
학생으로부터 멀어지게 한다

즉, 결과보다는 '어떻게'라는 과정을 궁금해하고
그걸 경험하게 된다면 아이들도 기억하게 되겠죠.
- 지식채널e '先生' 중에서 -

교사의 역할이 중요한 이유 중의 하나는 바로 학생과의 상호작용 때문이다. 왜 학생과의 상호작용이 중요한가? 상호작용이 학습을 통한 학생의 성장에 결정적 요인으로 작용하기 때문이다. 존 해티의 『비저블 러닝』은 학생의 학업성취에 대한 메타 연구 800여 개의 논문을 분석한 책이다. 이 책에서 소개하는 학업성취에 영향을 주는 변인들의 효과크기 1위부터 10위까지 살펴보자.

1위. 자기보고 등급(평가 전 스스로 기대치를 설정하는 것) Self-report grades
  1.44
2위. 피아제 프로그램 Piagetian program 1.28

3위. 형성 평가 Providing formation evaluation 0.9

4위. 마이크로 티칭 Micro teaching 0.88

5위. 촉진 Acceleration 0.88

6위. 교실 행동 Classroom behavioral 0.8

7위. 학습 어려움에 대한 종합적 개입 Comprehensive interventions for learning disabled 0.77

8위. 교사의 명확성 Teacher Clarity 0.75

9위. 또래 교수법 Reciprocal teaching 0.74

10위. 피드백 Feedback 0.73

피아제 프로그램은 피아제의 인지발달에 따른 교육과정 운영을 의미한다. 자기보고 등급을 제외하고는 대부분 교실 내 상호작용과 관련이 있다. 교사와 학생, 학생과 학생 간 상호작용이다. 특히 교육과정과 평가 그리고 교수법이 중요한 것을 알 수 있다.

특히 피드백은 평가와도 관련이 있다. 존 해티의 '비저블 러닝' 홈페이지에는 피드백에 대해 기억해야 할 것들을 이야기하고 있다. 이를 3가지로 정리해보면 다음과 같다.

1. 피드백으로 등급이나 점수를 부여하면, 사람들은 습관적으로 점수나 등급만 읽을 뿐 무엇이 부족한지 어떤 노력을 해야 하는지에 관심을 기울이지 않는다.

2. 효과적인 피드백은 학습하는 동안에 이뤄진다.

3. 실수를 해도 안전한 곳임을 느껴야 피드백을 사용하기가 더 쉽다.

효과적인 피드백에는 3가지 원칙이 있다. 간격을 좁게, 즉시, 자주 피드백이 이루어져야 한다. 우리 뇌의 뉴런은 학습을 통해 새롭게 연결된다. 새로운 학습에 의해 연결된 뉴런은 다시 교사의 즉각적인 피드백을 통해 뉴런 간 연결을 강화하고, 교사가 피드백의 시간적 간격을 좁게, 자주 함으로써 뉴런 간 연결을 더욱 강화시키는 것이다. 이것이 학습(學習)의 습(習-익히다, 숙달하다)에 해당하는 것이다. 하지만 교사의 업무가 많으면 혹은 수업보다 업무가 우선시 되면 이 원칙들은 무너지기 쉽다.

교사는 학생에게 점수나 등급만을 제공하고 무엇이 부족한지, 어떤 노력을 기울여야 하는지 구체적인 정보를 제공하기 어렵다. 수업 시간 내에 피드백하기 어려워진다. 교사로서 당연히 해야 하는 수업 준비에 더하여 수업과 직접 관련이 없는 업무 처리를 하게 되면 인지적 과부하가 걸린다. 더구나 업무의 양이 수업에 직접적인 영향을 줄 정도가 되면 학생에게 필요한 피드백을 적절한 시기에 제공하지 못할 가능성이 크다. 이는 학생이 학습 결과에 대해 실수를 해도 안전한 곳임을 느끼지 못하게 할 가능성을 크게 한다.

우리나라 학교의 업무를 상징하는 공문의 수는 몇 개나 될까? 교사 정성식의 『교육과정에 돌직구를 던져라』에 2013년도 한 해에만 10,898개의 공문을 처리한 것으로 나타났다. 반면 핀란드의 학교는 일 년에 5건이 안 된다. 핀란드에 비해 약 2,180배의 공문을 처리하는 셈이다. 그만큼 교사가 수업을 준비할 시간이 적다는 뜻이며, 학생과 얼굴을 마주하고 상호작용할 여유가 없다는 뜻이다. 자녀의 담임교사가 부장교사라는 이야기를 들은 부모들이 한숨을 쉬는 데에는 다 이유가 있는 것이다. 학급 담임이 학생에게 기울여야 할 관심과 노력이 업무에 분산되기 때문이다. 업무는 학교 관리자(학교장 혹은 교감)나 상급기관과 관련이 있어서 급한 일이 되기 쉽고, 수업과 생활지도처럼 교사에게 중요한 일은 뒷전이 되기 쉽다는 뜻이다.

"측정이 없으면 개선도 없다." 영국의 물리학자 윌리엄 켈빈 경이 한 말이다. 교사로부터 피드백을 받지 못하면, 학생의 성장은 없다. 교사로부터 더 자주, 간격을 좁게, 더 빨리 피드백을 받을 수 있다면, 아이들은 더 잘 성장할 것이다.

교육권은 교사의 수업권과 학생의 학습권을 포함한다. 학생의 학습권을 보장하기 위해 교사의 수업권을 보장하는 것이다. 학생의 학습권만 보장하고 교사의 수업권을 보장하지 않으면 학생의 학습권이 침해된다. 교사의 수업권만 보장하고 학생의 학습권을 보장하지 않으면 역시 학생의 학습권이 침해된다. 따라서 교사의 수업권을 보장해야 한다. 과도한 업무는 교사의 수업권을 침해한다.

많은 교사가 업무의 과중함을 이야기하고, 피하려는 이유도 이와 같다. 더불어 오래전부터 교사들 사이에서 이야기해왔던 돌봄 교실과 방과후학교 업무의 지자체 이관도 같은 맥락에서 시작된 주장이다. 교사들이 수업과 생활지도에 전념할 수 있도록 돕는 근본적 해결책은 결국 불필요한 업무를 없애는 것이라고 생각하는 이유가 여기에 있다.

떠드는 아이와 지적하는 교사,
그 악순환의 고리 끊기

우리를 신뢰하는 자가 우리를 교육한다.
- 조지 엘리엇 -

하버드대학교의 심리학자 댄 베그너(Dan Wegner, 1994)는 생각하지 않으려고 애쓰는 생각의 빈도는 잠시 동안 감소할 수 있지만, 이내 이전보다 더 증가한다는 것을 보여주었다. 그 생각은 사고 과정에서 훨씬 더 중심석이 되어서 반응을 유발할 가능성이 더 높아진다. 사고 억제는 단지 상황을 악화시킬 뿐이다. (『마음에서 빠져나와 삶 속으로 들어가라』 p.71)

이는 정신통제의 역설적 효과를 말한다. 수업을 방해하는 학생의 행위를 억제하는 것은 어렵다. 행위를 억제한다고 부정적 반응이 소거되는 것은 아니기 때문이다. 따라서 교사는 수업을 방해하는 학생의 행위보다는 집중하는 학생의 행동에 주의를 더 기울여야 하지만, 이 또한 매우 어렵다. 그 까닭으로 두 가지 이유를 들 수 있다.

첫째, 아이들 앞이기는 하지만 타인을 대상으로 논의를 펼쳐야 하는 교단은 교사에게 스트레스 상황이다. 타인 앞에서 이야기한다는 것은 사실 굉장한 무게로 다가온다. 수십 개의 시선이 오로지 한 개인에게 모이기 때문이다. 그래서 긴장과 각성이 시작되고, 심장박동은 빨라지며, 호흡은 가빠진다. 특히 공개수업을 처음 하는 교사를 보면 이러한 장면을 쉽게 목격할 수 있다. 그렇다고 경력이 많은 교사들이 편안하게 느끼는 건 아니다. 이는 쉬는 시간에 카페인이나 설탕이 들어간 커피 혹은 과자를 찾아 연구실로 가는 교사들을 보면 알 수 있다.

왜 연구실에서 음료나 간식을 섭취할까? 그 까닭은 바로 디스트레스 호르몬인 코르티솔 때문이다. 코르티솔이 근육을 긴장시키고 감각 기관을 각성 상태로 만들며, 이로 인해 혈액의 흐름이 빨라지고 이는 심장박동 수를 늘리며 에너지의 소모량이 늘어난다. 급격히 소모된 에너지를 보충하기 위해서 위에서는 '허기'를 느끼게 하고, 이는 결국 교사를 연구실로 향하게 한다.

한편 교사의 각성된 감각 기관은 타인, 즉 학생의 반응에 예민하게 반응하며, 그래서 교사의 뒤통수에 '눈'이 하나 더 달렸다는 말을 듣는다. 하지만 이때 학생의 행위에 대한 교사의 즉각적인 반응은 편도체와 관련된 정서회로를 작동시킨다.

편도체와 관련된 정서회로는 크게 두 가지로 나뉘는데, 시상-편도체 회로와 피질-편도체 회로가 있다. 긴장과 각성 상태의 교사는 시상-편도체 회로가 작동하기 쉽다. 이 회로는 대략적인 정보만을 해석하고 즉

각 반응하기 때문에 아이의 행동을 오해하기 쉽다.

예를 들어, 학생이 수업 시간에 뒤를 돌아봐서 교사가 야단을 쳤다. 교사의 시상−편도체 회로가 작동한 것이다. 그런데 나중에 다시 살펴보니 뒤에 있는 친구가 물어봐서 가르쳐주었던 것이다. 이러한 오해는 사과로 풀어야 하지만, 보통은 전후 사정을 듣지 않고 상황이 종료되기에 십상이다. 수업 시간은 제한되어 있기 때문이다.

두 번째 이유는 무력감이다. 아무리 몸에 좋은 약도 환자가 먹지 않으면 효과가 없다. 뛰어난 투수가 칼날 제구력으로 공을 아무리 잘 던져도, 받을 준비가 되지 않은 포수가 앉아 있다면 아무 소용이 없다. 아무리 좋은 수업도 학생이 참여하지 않으면, 교사의 존재 가치가 줄어든다. 열심히 수업을 준비한 교사의 노고 따위는 보지 않은 채 일말의 관심도 기울이지 않을 때 교사는 깊은 무력감을 느낀다. 맹자는 인생의 3가지 즐거움 중의 하나를 이렇게 말했다.

득천하영재이교육지(得天下英才以敎育之)가 삼락(三樂)이니 _『맹자』진심편

맹자는 천하의 영재(英才)를 만나 가르치는 일이 군자의 3가지 즐거움 중 하나라고 했다. 도대체 영재란 어떤 학생을 가리키는 것일까? 1만 시간의 법칙을 이야기한 안데르스 에릭슨(Anders Ericsson)의 이론에 따르면, 누구에게나 재능이 있다. 여기 진지하고 열정적으로 배우려는 태도를 가진 학생이 있다. 배우려는 태도를 가진 학생이 효과적이고 적절한 피드백을 주는 교사를 만난다. 적절한 피드백을 주는 교사에게 배우며 1만 시

간을 노력하면 누구나 원하는 재능을 꽃피운다는 것이 에릭슨의 주장이다. 맹자가 이야기한 영재가 바로 에릭슨이 말하는 진지하고 열정적으로 배우려는 태도를 가진 학생이 아니었을까 싶다.

따라서 수업을 방해하며 교사로부터 배우려고 하지 않는 학생을 만나는 일은 즐거움이 아니라 고통이 아닐까 생각한다. 교사가 무기력하고, 무개념한 학생을 만났을 때 자기 역량에 회의를 느낄 가능성이 크다. 그래서 수업을 방해하는 학생을 비난하기 쉽다. 교사가 수업을 방해하는 학생을 비난하는 데 몰두하게 되는 까닭은 어쩌면 교사 스스로를 보호하려는 방어로 볼 수도 있다.

하지만 아이들의 행위를 통제할수록 아이들은 그 행위에 더 몰두한다. 학생 스스로도 자신의 부적응 행동을 의식하지 못한 채 말이다. 교사도 수업에 참여하지 않는 아이들에게 신경을 덜 쓰려 하지만 오히려 더 신경이 쓰이고, 결국 수업에 대한 동기는 물론 인간은 더 이상 나아지지 않는다는 잘못된 신념을 세우고, 이 신념에 알맞은 정보를 찾아서 확인하는 일에 몰두한다.

이는 학생에 대한 교사의 부정적 확증편향*이 작동하는 것이며, 자신을 보호하기 위한, 즉 학생의 변화와 성장에 대한 기대 대신, 더 이상 변화하지 않고 성장하지 않는 아이라고 판단하고 아이에 대한 지지를 철회한다. 이는 인간을 불신하는 것과 다름없다. 학생을 불신하는 교사를 만

---

* 선입관을 뒷받침하는 근거만 수용하고, 자신에게 유리한 정보만 선택적으로 수집. 자기가 보고 싶은 것만 보고 믿고 싶은 것만 믿는 현상으로써. 정보의 객관성과는 상관없음

난 학생 역시 교사를 불신하게 된다.

그렇다면, 어떻게 해야 이 역설적 효과로부터 교사와 학생 모두 벗어날 수 있을까?

손이 많이 가는 자식이 더 훌륭해지는 법입니다. _ 도다 죠세이

앞서 정신통제의 역설적 효과에 대해 이야기했다. 아이들의 행위를 통제하려 할수록 아이는 자신도 모르게 통제하려는 행위에 더욱 몰두하는 역설. 참여하지 않는 아이를 통제하려는 행위에 몰두함으로 인해 다른 아이에게 피드백의 기회를 주지 못하는 교사. 어떻게 해야 악순환의 고리를 끊을 수 있을까?

도다 죠세이는 손이 많이 가는 자식이 더 훌륭해진다고 했다. 과연 그럴까? '손이 많은 가는 자식'이라는 표현의 뒤에는 포기하지 않는 부모의 태도가 숨어 있다. 이를 학교 상황으로 바꿔서 생각해보면, 학생을 포기하지 않는 교사가 아닐까 한다. 그렇다면, 학생을 포기하지 않는 교사가 어떻게 이 악순환의 고리를 끊어낼 수 있다는 것인가?

교사가 교단에 서는 순간 생기는 스트레스에 대한 반응은 두 가지로 나눠 생각해볼 수 있다. 디스트레스와 유스트레스다. 디스트레스가 심리적 고통을 수반하는 스트레스라면, 유스트레스는 희열을 수반하는 스트레스다.

『우리는 왜 위험한 것에 끌리는가』에서 네덜란드의 심리학자들이 실시한 한 가지 실험을 소개한다. 그들은 천식 환자들이 부정적인 감정 상

태에서 자신의 상태를 더욱 심각하게 자각해서 호흡곤란, 폐 기능 저하 등의 증상이 더 심각해진다는 것을 발견했다. 그리고 이번에는 환자들에게 긍정적인 감정 상태를 경험하도록 했다. 환자들이 좋아하는 롤러코스터를 타도록 유도한 것이다. 그러자 천식 증상 중 일부가 감소했다. 롤러코스터를 타는 동안 코르티솔 대신 엔도르핀이 분비되었기 때문이다.

여기서 한 가지 통찰을 얻을 수 있다. 앞서 편도체와 관련된 정서회로는 시상-편도체 회로와 피질-편도체 회로가 있다고 했다. 이 중에서 피질-편도체 회로가 작동하려면 교단에 서는 교사의 스트레스가 유스트레스로 기능해야 한다. 교사가 교단에 설 때 엔도르핀을 생성하는 유스트레스로 받아들여 피질-편도체 회로가 기능하게 만들면 된다.

그럼 어떻게 해야 스트레스 상황에서 유스트레스로 기능하게 만들까? 여기에는 3가지 조건이 필요하다고 생각한다.

첫째, 발달에 대한 깊은 이해다. 아이들의 신체적, 정서적, 심리적, 도덕적 발달의 수준이 어디쯤인지 깊이 이해해야 한다. 발달에 대한 이해는 '너의 실수나 미성숙한 행동쯤은 이미 가늠하고 있었다'고 대응할 수 있게 해준다. 이는 교사 마음속에 꿈틀거리는 불안을 잠재워 스트레스 수준을 낮춘다.

둘째, 수업에 대한 이해다. 지금 준비한 수업에 대해 깊이 이해하고 있으면, 아이들의 어떤 부정적 반응에도 피질-편도체 회로가 작동한다.

이상의 두 가지는 교사가 교단에 섰을 때 스스로 유능감을 경험하기 위한 조건에 해당한다. 또한, 학생의 부적응 행동을 교사 자신의 역량을 키울 기회로 인식할 수 있으므로 유스트레스 상황으로 받아들인다.

마지막 세 번째 조건은 교사를 지지해주는 학생이다. 아이들이 먼저 다가와 포옹을 해주거나, 교사와 하이파이브를 하거나, 안마를 해줄 때가 있다. 이러한 작은 지지 행동은 우리 체내에 옥시토신을 분비시켜 긴장과 각성을 이완시켜준다. 수업 시간에 적극적으로 참여하는 태도와 눈빛 역시 옥시토신을 분비시킨다. 적극적인 태도와 눈빛은 교사의 피질-편도체 회로를 통한 정서회로가 작동하게 한다.

결국, 교사는 인간에 대한 깊은 이해를 끊임없이 추구해야 하며, 교과 지식에 대한 폭넓고 깊이 있는 배움을 추구해야 한다. 더불어 배우려는 학생, 교사의 배움과 성장을 기대하며 믿어주는 학생이 있다면 더 손쉽게 악순환의 고리를 끊을 수 있다.

그 출발은 교사가 아이를 끝까지 포기하지 않는 태도에서 비롯된다고 생각한다. 학생을 믿는 교사의 비언어적 태도는 백 마디의 말보다 빠르게 아이들에게 전해지고, 그 마음이 담긴 태도에 아이들은 감정을 전이시키며, 이러한 교사의 신뢰를 아이는 스스로 내사*시켜간다. 이것이 교사의 기대가 학생의 자기충족적 예언으로 넘어가는 과정이 아닐까 한다. 그러므로 교사가 학생을 믿는다는 것은 인간에 대한 깊은 믿음이고, 인간에 대한 깊은 믿음은 사람은 자신에 대한 믿음에 반드시 부응하여 변화하고 성장한다는 신념을 바탕으로 한다.

---

* 자아 내부로 끌어 들여와 동일시하는 것

학교폭력보다
우정을 가르쳐야 한다

지식은 우정을 대신할 수 없어.
너를 잃을 바엔 차라리 바보가 될래.
- '스폰지 밥' 중에서 -

　학교폭력 문제가 심각하다. 그래서 2012년부터 교육부는 봄과 가을이
면 학교마다 온라인으로 학교폭력 실태조사를 실시하도록 하고 있다. 설
문 응답률이 학교평가 항목에 반영되기 때문에 많은 학교가 학생들이 설
문에 응하도록 권한다. 이 온라인 설문뿐만 아니라 학교 자체적으로도
설문지를 통한 학교폭력 실태조사를 매월 혹은 학기별로 실시하고 있다.
이 설문조사를 통해 친구를 따돌리거나 괴롭히는 아이를 찾아내고, 찾아
낸 가해 학생에게는 학교폭력예방을 위한 자치기구 회의를 통해 처벌의
수위를 결정한다.

　왜 모든 학교가 이와 같은 설문을 하게 되었을까? 아이들이 받는 고통
이 심각하기 때문이다. 따돌림은 가해자나 피해자 모두에게 심리적인 고

통을 안긴다. 미국 소아과학회의 임상 보고서(2016.06.27)에 따르면, 만 8세 시절 가해자였던 어린이들은 나이 들어서 자살 시도를 하거나 자살하는 비율이 평균보다 높았고, 고교 시절에 왕따를 경험한 사람들은 몇 년 후 정신적으로 문제가 생기는 비율이 매우 높았다. 학자들의 연구에서뿐만 아니라 실제 많은 아이가 학교폭력 때문에 스스로 목숨을 끊거나 피해자에서 가해자로 변화하여 자신이 받은 피해를 동일한 방법으로 보상받으려 한다. 이렇게 늘어가는 학교폭력을 더는 방치할 수 없기 때문에 매년, 매 학기 혹은 매월 아이들에게 학교폭력 실태조사라는 설문을 실시하고 있다.

프레이밍 효과(framing effect)라는 것이 있다. 질문이나 문제 제시 방법(틀)에 따라 사람들의 선택이나 판단이 달라지는 현상으로 특정 사안을 어떤 시각으로 바라보느냐에 따라 해석이 달라진다는 이론이다. 예를 들어, 의사가 실시하는 환자의 수술 생존율이 70%인 경우 내놓을 수 있는 답변은 두 가지다. 첫째는 사망률이 30%라는 것, 둘째는 성공률이 70%라는 답변이다. 결과는 같지만, 어느 쪽에 초점을 두느냐에 따라 해석이 정반대로 바뀔 수 있다는 이야기다.

프레이밍 효과를 학교로 가져와 보자. 매년 2회에 걸쳐 실시하는 학교폭력 실태조사 설문 문항은 학교폭력 피해·가해 경험과 예방 교육 효과에 관한 문항으로 구성되어 있다. 학교폭력 피해 또는 가해 경험에 대한 문항은 또래 친구들이나 같은 학교에 다니는 선후배로부터 학교폭력 피해를 당한 적은 없는지, 혹은 학교폭력을 가한 적은 없는지를 묻는다. 다시 말해 친구들을 학교폭력의 가해자로, 자신은 피해자로 프레이밍 하게 한다. 이러한 질문이 아이들에게 어떤 영향을 줄까?

학교폭력 예방에 가장 걸림돌이 되는 요인을 고르자면, 크게 두 가지를 말할 수 있다. 첫째로 발견이 어렵다. 학교폭력은 주로 교사가 없는 시간에 발생하며, 교사가 이를 발견하기 위해서는 교사와 학생 간의 상호 작용이 충분히 이루어질 수 있는 시간을 보장해야 한다. 그러나 업무에 시달리는 교사의 시야는 좁아져 있고, 아이들은 그 시야 너머에서 서로 괴롭힌다.

둘째, 침묵하는 다수의 아이들이다. 1997년 11월 서울 시내 중·고등학생 2,565명을 대상으로 삼성생명 사회정신건강연구소에서 학교생활에 관한 조사연구를 실시했다. 이 조사에서 76.5%가 자기 주변에 따돌림당하는 친구가 있어도 선생님께 말하지 않는다고 했고, 전체의 35.8%의 아이들, 특히 중학교 여학생의 경우 50.8%가 따돌림을 당하는 아이를 친구로 사귀지 않는다고 했다.

그렇다면, 해마다 국가가 전체 학생을 대상으로 학교폭력 실태조사를 실시하고 있는 현재는 따돌림과 같은 학교폭력이 쉽게 발견되고 있을까? 더불어 따돌림을 당하는 아이들에게 방관하는 아이들이 친구가 되어주고 있을까? 교육부의 2015년 2차 학교폭력 실태조사 결과 분석에 따르면, 학교폭력을 목격 후 알리거나 도와주었다는 비율이 82.7%에 이르렀다. 아이들이 학교폭력을 목격하거나 피해나 가해를 했을 경우 이를 신고하는 방법이 매우 쉬워졌다. 다시 말해, 학교폭력의 발견은 쉬워졌다고 볼 수 있다. 그렇다면, 학교폭력은 정말 줄어들고 있을까? 2015년 상반기 교육부 학교폭력 통계자료에 따르면, 2013년도 같은 기간에 발생했던 9,713여 건보다 9.8% 증가한 10,662여 건이었다. 어쩌면 아이들은 친구보다 학교폭력 가해 학생을 찾는 데 능숙해진 것은 아닐까?

도대체 언제부터 학교폭력은 사회적 이슈가 되었을까? 우리나라에서 집단따돌림, 학교폭력, 왕따, 이지메 등이 알려진 시기는 1990년대 중반부터였다. 1990년대 우리나라는 수도권 비대화로 대도시의 인구와 기능을 분산하기 위해 일산, 분당, 산본, 평촌, 중동과 같은 신도시 및 신시가지 개발 사업이 본격화되었다. 서울을 비롯한 수도권 지역에 우리나라 전체 인구의 절반이 넘게 살게 되었고, 단독주택보다는 공동주택에 거주하는 비율이 훨씬 높아졌다. 공동주택이 많아지고 도시 근로자가 늘어나면서 지방의 많은 학교는 학생 수가 급격히 줄어들었고, 수도권 신도시의 학교들은 과밀학급이 되어갔다. 부모들은 이웃과 인사조차 나눌 여유가 사라지고, 아이들은 이웃을 멀리하기 시작했다. 다시 말해, 아이들의 사회적 관계는 급속이 결핍되어 간 것이다.

어른들 사이에서 이웃 간의 정이 사라지면서, 아이들 사이에서 친구 간의 우정이 사라졌다. 친구와의 우정을 쌓아가는 시간보다 친구를 이기기 위해 공부할 시간이 더 중요해졌다. 학교는 성적순에 따라 아이들을 차별했고, 아이들은 '행복은 성적순'이라고 말하는 어른들에게 자신의 인생을 맡겼다. 벗과 우정을 나누는 경험을 해야 할 시기에 친구를 이겨야 할 경쟁상대로 인식해버린 것이다.

친구는 더 이상 벗이 아니고 적이 되었다. 아이들은 벗을 만들려고 노력하기보다는 적을 이기기 위해 애쓰게 되었다. 이는 결국 아이들의 공감 능력을 빼앗았고, 학교폭력은 점점 잔혹해지기 시작했다. 이에 더하여 매년 또는 매월 설문조사를 통해 학교폭력의 피해 경험 혹은 가해 경험을 떠올리게 한다. 이렇게 아이들은 친구를 적으로 여기는 프레이밍 효과에 빠져든다.

이러한 경험은 뇌를 고착화시킨다. 10대 초반에 발달하는 변연계로 인해 아이들의 감정표현은 극적이지만, 감정표현을 조절하는 전두엽의 발달은 10대 후반에 이뤄진다. 청소년 초기의 뇌는 회백질의 밀도가 증가했다가 급격히 감소하는데, 이때 뇌의 가지치기(pruning)와 수초화(myelination)가 이뤄지므로 정서적 신경회로가 서로 밀접하게 연결되도록 하여 타인의 정서적 상태와 경험을 이해하고 이것에 정서적으로 반응하는 능력을 키워주어야 한다. 이 시기에는 새로운 정보에 뇌가 매우 민감하게 반응할 뿐만 아니라 표정을 통해서 타인의 감정을 알아채고 자신의 정서를 조절하게 된다. 정서와 관련된 신경회로가 12개가 있는데, 사춘기에 8개가 완성된다고 하니 청소년 시기에 사회적 관계 경험은 매우 중요하다.

그렇다면, 우린 아이들에게 무엇을 가르쳐야 할까? 학교폭력이 무엇인지를 가르쳐야 할까, 우정이 무엇인지를 가르쳐야 할까? 과연 학교에서 학교폭력에 대한 이야기를 많이 하고 있을까, 우정에 대한 이야기를 더 많이 하고 있을까? 학교에서 친구가 자신을 괴롭혔는지 혹은 자신이 친구를 괴롭혔는지를 생각하도록 하는 것보다 친구가 자신을 도와주었는지 혹은 자신이 친구를 얼마나 행복하게 만들었는지 생각하도록 하면 안 될까? 친구와 함께 우정을 나누기 위해서는 무엇을 해야 하는지 우리 어른들은 아이들에게 이야기할 수 있을까?

학교폭력을 가장 먼저 발견하는 사람은 누구일까? 바로 아이들이다. 따라서 학교폭력을 발견하는 것도, 예방하는 것도 아이들끼리의 도움이 훨씬 직접적이고 효과적이다. 물론 아이들 옆에 부모가 있지만, 부모의 맞벌이와 긴 노동시간은 아이들의 목소리에 귀 기울일 부모의 여력을 빼앗아 갔다. 부모보다 가까이에 교사가 있지만, 교사 역시 학생지도나 수업보다 더 우선해서 처리해야 하는 업무에 갇혀 아이들에게 눈 돌릴 여유조차 없다. 지금 당장 부모와 교사를 아이들 옆으로 보내기에는 넘어야 할 산이 너무 많다. 그렇다면, 우린 이대로 포기해야만 할까?

교육의 3주체는 학생, 학부모, 교사다. 3주체가 각자의 위치에서 어떤 노력을 해야만 학교폭력을 예방하고, 벗과 우정을 나눌 수 있을까? 먼저, 교사의 역할부터 살펴보자. 앞서 이야기한 바와 같이 학교폭력 실태조사가 주는 프레이밍 효과는 벗을 가해자 또는 피해자로 여기게 한다. 그렇다면, 아이들의 인식틀을 바꾸어야 한다. 벗과의 우정을 재는 척도를 마련하고, 스스로 더 나은 벗이 되기 위해 무엇을 해야 하는지 가르쳐야 한다. 또한, 교사가 학생 한 명 한 명의 목소리에 귀를 기울일 수 있도록 업무보다 수업과 생활지도를 우선하는 학교문화가 만들어져야 한다.

다음으로 부모의 역할을 살펴보자. 부모는 자녀의 목소리에 귀 기울여야 한다. 자녀의 목소리에 귀 기울일 수 있는 가장 손쉬운 방법이 있다. 가족 좌담회다. 아이들은 자신의 이야기를 들어주는 사람을 좋아한다. 잘 들어주려면 어떻게 해야 할까? 2015년 5월 TED에 소개된 헤들리(Celeste Headlee)는 10가지 비법을 소개하고 있다.

첫째, 다른 모든 것을 버리고 오로지 대화에 집중할 것

둘째, 가르치려 들지 말 것

셋째, 어떤 느낌이었는지, 어떠했는지와 같은 단순한 질문을 할 것

넷째, 아이와 대화 중에 생각난 것을 기억하고 아이에게 말하려 하는
　　　식으로 대화에 소홀히 하지 말 것

다섯째, 모르면 모른다고 할 것

여섯째, 부모의 경험을 아이의 경험과 동일시하지 말 것

일곱째, 했던 말 또 하지 말 것

여덟째, 연도나 이름, 날짜와 같은 세부적인 정보에 집착하지 말 것

아홉째, 들을 것

열 번째, 짧게 말할 것

이 모든 것이 가족 좌담회 속 대화의 광장에서 이뤄진다. 가족 좌담회
를 할 때 초를 켜두면 더 좋다. 어둠 속의 불빛은 사람의 정서를 자극하고
대화에 집중하도록 만들기 때문이다.

마지막으로 아이들은 어떤 노력을 해야 할까? 먼저 기억해야 할 문장
이 하나 있다.

"이 세상에서 비참이라는 두 글자를 없애고 싶다."

이것은 내 스승의 비원이었다. 이는 나와 인연이 있는 모든 사람을 행
복하게 만들겠다는 서원이다. 나를 아는 모든 친구를 행복하게 만들려면
먼저 인사하는 사람이 되어야 한다. 먼저 인사를 하려면 용기가 있어야
한다. 먼저 인사를 나누고 안부를 묻는 친구가 많은 학교와 교실을 만들

어야 한다. 이것은 부모도 교사도 아닌 바로 학생만이 할 수 있는 일이다.

벗과 벗이 서로 인사를 나누고 안부를 묻는 교실, 벗과 나누는 우정을 가르치는 학교, 그 우정을 키워나가고 지속시킬 수 있도록 격려하는 가정이 늘어간다면 언젠가는 더 이상 학교폭력이나 따돌림이 우리 사회에 발붙일 수 없지 않을까?

이런 꿈을 꾸게 하는 것이 셀리그먼이 말한 행복의 3요인 중 '의미 있는 삶'이라고 생각한다. 우정이라는 가치를 추구하는 삶을 살게 하기 때문이다. 더불어 앞날에 대한 낙관적인 전망과 정서 및 충동을 조절하고 통제하는 능력과 관련된 개인적 요인, 버크너와 그의 동료들이 말한 문제의 중요한 측면에 주의를 기울이고 노력을 경주하는 인지적 자기조절에 해당한다고 본다.

학교폭력이나 따돌림에 대한 근본적인 해결은 결국 우리 가슴에 잊었던 꿈, 잊었던 우정을 꿈꾸게 하는 것에서 출발해야 한다. 벗과의 아름다운 우정을 경험한 사람이 많아질수록 성인이 되어서도, 노인이 되어서도 더 행복한 삶을 살 것이 자명하기 때문이다.

감사와
거울뉴런

바둑판 위에 의미 없는 돌이란 없다.
- '미생' 중에서 -

　　대학 시절 이케다 다이사쿠(池田大作)의 연설문에서 인상 깊은 구절을 읽었다. 그는 대학생들에게 한 가지 질문을 했다.

　　"대학에서 가장 중요한 사람은 누구인가요?"

　　많은 사람이 대답했다.

　　"총장님이요." "교수님이요." "학생이요."

　　그러자 이케다 다이사쿠는 대답했다.

　　"아닙니다. 학교를 지켜주시는 분입니다. 여러분이 마음껏 공부할 수 있도록 청소를 해주시는 분, 경비를 해주시는 분, 책상이나 의자, 전등과 같은 시설을 관리하고 고쳐주시는 분들입니다. 이분들이 계시기에 여러분이 마음껏 공부하는 것입니다."

"보이지 않는 곳에서 노고하시는 분들에게 감사하는 마음을 갖고, 보은하기 위해 공부를 열심히 해야 합니다. 공부란 배우지 못한 분들을 위해 해야 하는 것입니다."

그래서 나는 같은 신앙을 믿는 후배들과 청소해주시는 분, 경비를 해주시는 분들께 스승의 날 카네이션과 카드를 선물로 드렸었다.

학교에 발령을 받고 생각해보았다. 어떻게 해야 아이들에게 이것을 가르칠 수 있을까? 어떻게 하면 보이지 않는 곳에서 고생하시는 분들의 감사함을 알고, 그 감사함에 보답하도록 할 수 있을까? 스승의 바람은 제자가 훌륭해지는 것이다. 교사의 로망은 '청출어람'이기 때문이다. 그래서 스승의 날을 활용하기로 했다. 스승의 날 아이들을 위해 보이지 않는 곳에서 애쓰시는 분들에게 감사의 카드를 드리기로 한 것이다.

고학년을 주로 담임하다 보니 국어 교과에 면담하기가 꼭 있었다. 그래서 3월이면 아이들에게 과제를 주었다. '학교에서 선생님들을 제외하고 너희를 위해서 애쓰시는 분들의 이름을 알아오라'는 과제였다. 아이들이 이름을 전부 알아오면 모둠별로 면담을 할 시간과 장소를 잡도록 했다. 그리고 면담한 내용을 발표하고, 소감을 나눈 후 스승의 날 감사의 카드를 쓰는 활동이었다. 이후 2학기에는 일 년 동안 애써주신 것에 감사하는 마음으로 아이들이 모금한 돈에 조금 더 보태서 핸드크림이나 장갑을 선물해 드렸다. 크리스마스카드와 함께.

학교를 지켜주시는 숙직 기사님, 청소해주시는 미화원님, 급식실의 영양사, 조리사, 조리종사원 분들, 행정실의 주무관님과 실장님들, 과학실과 교무실의 행정 실무사님들까지. 사실 이분들이 어떤 일을 하시는지 아무도 알지 못했다. 그리고 알려고 하지도 않았다. 더구나 아이들은 알 길이 없다. 막연히 학교에 일하러 오시는 분들이라고 생각할 뿐 그 고마움은 생각할 수 없었다.

그래서 많은 분이 고마워하셨다. 어떤 조리종사원께서는 십 년 넘도록 한 번도 감사 카드를 받아본 적이 없었는데 이번에 받게 되어서 너무 고마웠다고 눈물을 흘리시기도 했고, 한 행정실장님은 다른 학교로 갑작스레 전출을 가게 되었음에도 따로 메시지를 보내며 감사하다고 이야기하셨으며, 한 분은 남편이 넥타이공장에서 일하며 만든 넥타이를 졸업식 날 선물로 주시기도 했다.

아이들은 학교에서 고생하시는 분이 많다는 것을 알게 되었고, 감사편지에 보답으로 사탕이나 과자를 선물로 받기도 했다. 보답을 바라고 한 행위가 아니었음에도 마음을 담은 감사의 선물을 받은 것이다. 그래서 아이들은 기뻐했다.

피터슨과 박(Peterson & Park, 2004)은 감사는 아동의 연령이 증가할수록 행복과 높은 상관을 보인다고 했고, 셀리그먼 등(Seligman et al., 2005)에 따르면 감사편지를 직접 전달하는 것도 행복감을 증진시키며, 루보머스키(Lyubomirsky, 2008)는 8주 동안 어떤 한 사람에게 한 주에 15분씩 감사편지를 쓰는 것이 행복을 증진시키며 연구가 종료된 이후 9개월 동안이나 효과가 지속된다고 했다. 감사를 생각하고, 느끼고, 경험하는 것이 아이들의 연령이 높아질수록 행복과 높은 상관을 보인다는 것이다. 더불어 누군가에게 감사의 편지를 쓰고, 직접 전달하는 자체가 행복을 증진하며 오래도록 행복감을 지속시킨다는 것이다.

스코틀랜드 스털링대 연구진(2015)은 주변 환경을 긍정적으로 인식하고 주어진 삶에 감사하는 사람은 그렇지 않은 사람에 비해 심장병 발병 확률이 3분의 1 가량 낮았다는 것을 확인했고, 같은 대학의 2012년 연구에서는 긍정적이고 현재 상황에 만족한다고 판단하는 실험자의 경우 자연적으로 형성되는 면역 세포가 1.4배 더 높게 나타났다.

워릭대 알렉스 우드 교수팀의 2009년 연구에 따르면 감사하며 사는 사람으로 분류된 실험자의 40% 모두가 질 좋은 수면을 하는 것으로 밝혀졌고, 같은 팀의 2008년 연구에 따르면 삶을 감사하게 여기는 사람이 불행하다고 대답한 이들에 비해서 우울증 증세를 보인 경우가 50%가량 낮게 나타났다.

거울뉴런(mirror neuron)이라는 것이 있다. 이탈리아의 유명한 신경심리학자인 리졸라티(Giacomo Rizzolatti) 교수는 실험을 통해 한 원숭이가 다른 원숭이나 주위에 있는 사람의 행동을 보고만 있는데도 자신이 움직일 때 반응한 뉴런과 같은 부위의 뉴런들이 반응함을 발견했다. 직접 행동을 할 때와 보거나 듣기만 할 때 서로 동일한 반응을 하는 뉴런이 있다는 것이다.

아이들이 학교에서 애쓰시는 분들의 노고를 보고, 그에 보답하기 위해 편지를 쓰고, 모금 활동을 하고, 선물을 직접 전달하며 서로의 행동을 지켜보고 이에 대한 느낌을 나눈다. 아이들은 감사함에 보답하기 위해 편지를 쓰는 활동을 보고, 듣는 경험을 하게 된다. 아이들의 거울뉴런에 감사가 보이는 것이다.

이를 통해 마더 테레사 효과를 경험할 수 있다. 아이들이 서로 학교에서 고생하시는 분들의 노고에 보답하는 실천을 하고, 실천하는 친구의 모습을 보면서 'Ig A' 라는 면역항체가 증가할 것이다.

또한, 아무런 대가 없이 스스로 남을 돕기 때문에 앞서 소개한 '헬퍼스 하이'를 경험하게 될 것이다. 남을 돕는 봉사를 한 후에 혈압과 콜레스테롤 수치가 좋아지고, 엔도르핀과 면역항체 Ig A가 3배 이상 분비될 것을 예측할 수 있다. 남의 앞을 밝히면 내 앞이 밝아진다는 성인의 말씀처럼 보이지 않는 곳에서 애쓰시는 분들의 노고를 알고, 이에 보답하기 위해 감사의 편지를 쓰는 활동이 결국 아이들을 위한 행동임을 과학이 증명하고 있다고 나는 생각한다.

욕망이 아니라
희망을 가르쳐야 한다

별을 보려면 어둠이 꼭 필요하다.
- 정호승 -

아이들에게 장래희망을 물어보면, 대개 명사로 표현한다. 더구나 직업을 선택하는 기준은 철저하게 소득이다. 높은 소득 혹은 안정적 소득을 원한다. '2015년 한국복지패널 기초분석 보고서'에 따르면, 초등학생의 약 40%가 '문화, 예술, 스포츠 전문가 및 관련직'을 원하는 직업으로 꼽았다.

연기자, 가수, 운동선수, 연극 및 영화 연출자, 공연 기획자 등을 말하며, 이들의 높은 소득 때문에 많은 아이가 선호한다고 한다. 다음으로 12% 정도가 '교육전문가 및 관련직'으로 교사, 교수 및 강사에 해당하며 안정적인 소득을 선호하기 때문이라고 한다.

미네소타대학의 특성요인이론*을 바탕으로 다위즈와 로프퀴스트(Rene

Dawis & Lloyd Lofquist)의 동료들이 35년 이상 연구한 이론 중 하나가 직업 발달 적응 이론(Applying Career Development Theory to Counseling)이다. 원래 직업 발달 적응 이론은 직업 재활 훈련을 받는 사람들을 위해 만들어졌지만, 진로선택이나 직업 적응에 도움을 주는 이론으로 적용하고 있다. 직업 적응은 만족(Satisfaction)과 충족(Satisfactoriness) 두 가지 구성요인으로 이루어져 있다. 만족은 한 일에 대한 자기만족을 말하며, 삶의 만족과 같은 안녕감과 관련된다(Fabian, 2009). 충족은 개인이 한 일에 대한 타인의 평가와 관련이 있다.

다위즈와 로프퀴스트는 만족이 직업 적응의 핵심 지표라고 했다. 직업이 다양한 만큼 필요한 기술도 많고, 더불어 직업의 다양함만큼 개인의 욕구도 많아서 기술과 욕구를 측정하기가 어렵다. 그러나 능력은 다양한 기술 사이의 공통요인이 되고, 가치는 다양한 욕구를 의미 있게 묶어내는 기능을 한다. 흥미는 능력과 가치의 관계를 반영하는 과정에서 생겨난 구성개념이다.

라운즈(Rounds, 1990)는 직업 가치와 직업 흥미가 직업의 만족에 미치는 영향을 평가 분석을 했다. 흥미와 가치 둘 다 중요하지만, 흥미보다 가치가 직업에 대한 만족을 더 잘 예측한다는 결론을 내렸다.

많은 부모는 아이의 흥미나 적성에 따라 직업을 선택해야 한다고 생각한다. 아이가 무엇을 좋아하는지, 무엇을 잘하는지를 빨리 찾아서 그 능

---

* 다양한 장면에서 나타나는 개인의 지속적인 행동. 감정. 사고 등의 반응 경향성이 시간이나 상황의 변화와 상관없이 안정적인 특성을 갖고 있다는 이론

력을 키워주는 것이 부모의 역할이라고 생각한다. 그런데 여기서 생각해 볼 문제가 하나 있다. 바로 아이의 행복이다.

아이들이 성인이 되고 나서 경험하는 직업의 수는 평균 5~6가지라고 한다. 한 가지 직업을 선택한 후 직업에 대한 만족도는 급격히 내려가는 경우가 많은데 그 이유는 직업에 대한 흥미가 사라지기 때문이다.

나이가 들면서 자신이 하고 있는 일이 익숙해져서 더 이상 의미 없게 느껴질 때가 있다. 무언가 새로운 일을 찾고 싶어 하는 것이다. 막상 자신의 흥미나 적성에 따라 선택을 했지만, 어느 순간 일에 의미를 잃어버리게 되고, 이는 자기 삶의 만족도를 급격히 떨어뜨리는 원인이 된다. 그래서 흥미와 적성을 중심으로 직업을 선택할 경우 직업의 만족도가 점점 낮아지는 경우가 많다고 한다.

흥미와 적성뿐만 아니라 가치탐색을 중요시해야 한다. 앞서 이야기한 진로발달 적응 이론에 따르면, 자신이 추구하는 삶의 가치와 부합하는 일이라면 직업이 달라진다고 해도 직업의 만족도가 높고, 삶의 가치와 부합하는 일을 할수록 자기 삶의 만족도, 즉 행복과도 높은 정적 상관을 보였다.

따라서 아이들이 자기 삶의 가치를 탐색하도록 돕는 일이 중요하다. 아이들은 어떻게 삶의 가치를 탐색할 수 있을까? 앞서 이야기한 감사가 가장 효과적이다. 내가 하는 일이 타인에게 중요한 영향을 미친다는 걸 인식하게 도와주고, 타인으로 하여금 자신이 하는 일의 중요성을 깨닫게 도와주기 때문이다. 이처럼 감사를 통해 낯선 타인들의 평범한 일상이 얼마나 중요한지, 그들이 하는 일의 의미를 생각하게 도와줄 수 있다.

다양한 분야의 많은 사람이 추구하는 삶의 가치나 일의 의미를 생각하고 접하는 과정에서 아이들은 자신이 추구하고 싶은 삶의 가치를 찾을 수 있을 것이다. 아이들 자신이 찾은 삶의 가치에 부합하는 진로를 찾도록 돕는 것이 우리 아이들을 진정으로 행복하게 만드는 길이라고 생각한다.

5장

행복은
성장이다

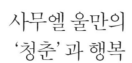

사무엘 울만의
'청춘'과 행복

청춘의 실패란 실패가 두려워 도전하지 않는 것이다.
- 이케다 다이사쿠 -

청춘이란 인생의 어떤 한 시기가 아니라

마음가짐을 뜻하나니

장밋빛 볼, 붉은 입술, 부드러운 무릎이 아니라

풍부한 상상력과 왕성한 감수성과 의지력

그리고 인생의 깊은 샘에서 솟아나는 신선함을 뜻하나니

청춘이란 두려움을 물리치는 용기,

안이함을 뿌리치는 모험심,

그 탁월한 정신력을 뜻하나니

때로는 스무 살 청년보다 예순 살 노인이 더 청춘일 수 있네.

누구나 세월만으로 늙어가지 않고
이상을 잃어버릴 때 늙어 가나니
세월은 피부의 주름을 늘리지만
열정을 가진 마음을 시들게 하진 못하지.
근심과 두려움, 자신감을 잃는 것이
우리 기백을 죽이고 마음을 시들게 하네.

그대가 젊어 있는 한
예순이건 열여섯이건 가슴 속에는
경이로움을 향한 동경과 아이처럼 왕성한 탐구심과
인생에서 기쁨을 얻고자 하는 열망이 있는 법.

그대와 나의 가슴속에는 이심전심의 안테나가 있어
사람들과 신으로부터 아름다움과 희망, 기쁨 용기,
힘의 영감을 받는 한
언제까지나 청춘일 수 있네

영감이 끊기고
정신이 냉소의 눈에 덮이고
비탄의 얼음에 갇힐 때
그대는 스무 살이라도 늙은이가 되네
그러나 머리를 높이 들고 희망의 물결을 붙잡는 한,

그대는 여든 살이어도 늘 푸른 청춘이네.

— 사무엘 울만, '청춘'

울만은 '청춘(靑春)'이란 인생의 어느 한 시기, 즉 나이가 아니라 마음 가짐이라고 했다. 그는 사람이 늙었다는 것은 영감이 끊기고 냉소주의에 빠져 자기 삶을 비탄하는, 즉 이상을 잃어버릴 때라고 말한다. 그렇다. 이 상을 잃어버린 삶은 노인이 되었다는 신호다.

유명한 정신의학자이자 신경학자이며 '의미치료(意味治療, logotherapy)'를 창시한 빅터 프랭클은 『죽음의 수용소에서』라는 자신의 책에서 자기 삶의 의미를 간절히 찾아 헤맸다. 그는 말했다. 자기 스스로 왜 살아야 하는지에 대한 답을 해야 한다고. 자기 삶의 목적을 찾는 것만이 인간이 행복해지는 길이라는 것이다.

심리학자 마틴 셀리그먼과 그의 동료들이 말한 행복의 3요인 중 하나인 'Meaningful life'가 말하는 의미 있는 삶. 셀리그먼은 의미 있는 삶은 자신보다 더 큰 무언가에 연결되는 것을 뜻한다고 했다. 결국, 사무엘 울만이 말하는 '이상을 꿈꾸는 삶'이 바로 빅터 프랭클이나 마틴 셀리그먼이 말한 의미 있는 삶이 아닐까?

여기서 한 가지 알아둘 심리학 개념이 있다. 바로 쾌락의 수레바퀴(hedonic treadmill)다. 어떤 물건을 얻으면 그 행복감이 오래도록 지속할 것으로 여기지만, 쟁취한 순간부터 하락이 시작되어 원래의 상태로 내려간다는 것이다. 이런 과정의 반복을 쾌락의 수레바퀴라고 한다. 실제로 소비심리학에서는 원하는 물건을 손에 쥐는 순간 행복감이 절반으로 줄어든다고 한다. 그만큼 물질로 얻은 행복의 지속성은 짧다는 것이다.

행복에 대한 개념을 외부 혹은 물질에서 찾느냐, 내부 혹은 가치에서 찾느냐가 행복감의 지속성에 영향을 준다. 무엇이 우리의 행복을 지속시킬까? 행복을 지속시키기 위해서 내 삶은 무엇을 채워야 할까? 그 답을 사무엘 울만의 시에서 찾을 수 있다고 나는 생각한다.

누구나 세월만으로 늙어가지 않고 이상을 잃어버릴 때 늙어 가나니
자기 가슴 속의 이상을 잃어버리지 않고,

아이처럼 왕성한 탐구심
늘 배우려는 마음으로 하루하루를 살아가며,

경이로움을 향한 동경
더 훌륭한 것, 더 뛰어난 것을 볼 줄 아는 안목을 갖고,

풍부한 상상력과 왕성한 감수성과 의지력
영감이 끊기고 정신이 냉소의 눈에 덮이고 비탄의 얼음에 갇힐 때
경계하며 살아가는 것이 평생 청춘의 삶을 사는 길이 아닐까 생각한다.

평생 청춘의 삶을 사는 교사들과 함께하는 학생들이라면 과연 얼마나 행복할까? 아! 생각만으로도 가슴이 뛴다.

학업 탄력성과 성인독서
그리고 삶의 만족

어리석은 사람은 좋은 옷으로도
자신의 어리석음을 가릴 수 없다.
- 이솝 -

"공부에는 다 때가 있는 법이다."

어른들이 아이들에게 흔히 하는 말이다. 아이들에게 이 말을 하는 이유는 무엇일까? 그 힘들고 괴로운 공부는 학생일 때만 하라는 것이 아닐까? 아니면 혹시 어른들은 공부는 학생들만 하는 것이라고 여기는 것은 아닐까?

공부에 때가 있다고 말하지만 스스로 공부하지 않는 어른들의 모습을 보는 아이들은 공부하는 것을 어떻게 생각할까? 평생 배우는 삶을 살고 싶어 할까? 아니면 대학에 갈 때까지만 혹은 취업할 때까지만 이 힘든 공부를 하고, 그 이후에는 하지 말아야지 하고 생각할까?

학업 탄력성(academic resilience)이라는 말이 있다. 학업 장면에서 개인이 실패 상황, 낮은 성취, 학교에서의 압력, 과도한 스트레스 상황 등에도 이를 극복하고 잘 적응하거나 오히려 성공의 결과를 이끌어내는 것을 말한다(김누리, 2008). 그러나 여기서는 삶의 매 순간 배움을 놓지 않는 특성을 학업 탄력성이라고 이름 붙여 본다.

사람은 누구나 스트레스를 받는다. 스트레스를 조절하는 방법에 대한 연구가 있다. 영국의 서식스대학 인지신경심리학자 데이비드 루이스(David Lewis)에 따르면, 스트레스를 줄이는 효과적인 방법으로 게임이 21%로 5위, 4위는 산책으로 42%, 3위는 커피로 54%, 2위는 음악 감상으로 61%, 그리고 1위는 독서로 68%에 이른다.

여기서 주목해보려고 하는 것은 바로 독서다. '2015년 국민 독서 실태 조사'에 따르면, 전국 성인 65.3%가 일 년 동안 1권 이상의 책을 읽었다고 한다. 전체 평균은 9.1권이니 월 1권도 채 되지 않는다. 전 세계 192개국 중에서 166위에 불과하다고 하니 얼마나 책을 읽지 않는지 알 수 있다. 스트레스를 줄일 수 있는 가장 효과적인 방법을 얼마나 멀리하고 있는지 알 수 있는 사회적 척도가 아닌가 싶다.

앞의 서식스대학 연구에 따르면, 잠들기 전 6분간의 독서는 스트레스 수치를 68%로 감소시켰다. 또한, 독서를 시작하면 근육이 이완되고 심박수가 안정적으로 변하며 잠들기 좋은 상태로 변화했다. 독서는 수면에만 도움이 되는 것이 아니다. 독서를 많이 한 사람들은 타인의 마음을 이해하는 데 높은 점수를 받았고, 타인과 대화도 잘하며, 공감 능력이 높고 사회성이 좋아졌다.

더 놀라운 사실이 있다. 전 생애에 걸쳐서 독서를 꾸준히 한 사람은 기억력은 물론이고, 지능지수도 높은 것으로 확인되었으며, 나이를 먹으면서 낮아지는 유동지능의 감퇴 속도도 늦춰졌다. 한마디로 인지적 노화에 브레이크가 걸리는 셈이다. 인지적 노화뿐만이 아니다. 꾸준히 독서나 신문읽기를 한 사람들은 기억력 장애가 읽기를 하지 않은 그룹에 비해 40%나 적었다.

미국정신의학회에 따르면, 전 세계 노인의 32~45%가 다양한 원인의 불면증에 시달리고 있다고 했다. 불면증에 시달리는 노인이 3명 중 1명 꼴인 셈이다.

나이가 들수록 치매 발생률도 높아진다. 통계에 따르면 치매 발생률이 우리나라 65세 이상의 노인은 8~10%, 85세가 넘으면 20~40%에 이른다고 한다. 특히 친밀한 사회적 관계가 없는 노인일수록 치매 발병률은 높아진다. 노인 인구가 급증함에 따라 치매 환자 역시 늘어나고 있으며, 최근에는 정부가 나서서 치매 국가책임제 시행을 추진하고 있다.

나이가 들어서도 잠을 잘 자려면, 다양한 연령대의 사람들과 서로의 입장을 공감하며 폭넓고 따뜻한 관계를 맺으려면, 정신적으로 건강하게 삶의 마지막까지 살아가려면, 결국 책을 읽어야 한다. 그래서 학업 탄력성이 중요하다.

아이들이 공부란 좋은 성적을 얻기 위한 것이 아니라 좋은 삶을 위한 것임을 생각하도록, 느끼도록, 경험하도록 도와주어야 한다. 꼭 책을 읽지 않아도 배운다는 것이 얼마나 자기 삶을 풍요롭게 하는지, 행복하게 만드는지를 깨닫게 해주어야 한다. 삶의 마지막 순간까지 스스로를 성장시키는 삶이 아이들을 평생 행복하게 만들어줄 테니 말이다.

청소년과 노인의 삶이
닮아 있다

언제까지 계속되는 불행이란 없다.
- 로맹 롤랑 -

우리나라 청소년의 삶은 고통스럽다. 부모와 함께하는 시간은 적고, 의지할 친구나 친척은 없다. OECD의 '2015 삶의 질(How's life?)' 보고서에서 밝힌 OECD 국가의 아동과 부모가 함께하는 시간은 평균 151분이었다. 반면 우리나라는 아동과 부모가 함께하는 시간이 평균 48분에 불과했다. 또한, 어려울 때 의지할 친구나 친척이 있는지를 알아보는 사회 연계 지원(perceived social network support) 부문은 34개 국가 평균 88.02에 훨씬 못 미치는 72.37로 꼴찌였다.

2015년 청소년 백서에 따르면, 청소년의 우울감 경험률이 24.6%에 이르렀다. 통계청의 2011년도 사회조사의 청소년의 여가생활을 살펴보면 TV나 DVD 시청이 31%, 컴퓨터 게임, 인터넷 검색이 26.2%에 이른다.

아이들의 우울감이 해소되지 못한 채 쌓여만 가는 것이다. 그래서일까? OECD 전체 국가의 1990~2010년까지 청소년 자살 사망률은 7.9명에서 6.3명으로 감소하는 경향을 보이나, 우리나라 청소년의 자살 사망률은 5.9명에서 9.4명으로 오히려 증가했다.

우리나라 노인의 삶은 고통스럽다. 나이가 들어 세상을 떠나는 친구가 점점 늘어나고, 옆에 있는 가족은 제 먹고살기 바쁘다. 통계청 조사에 따르면, 1990년 8.9%에 불과하던 독거노인 비율은 2000년에 16.1%, 2015년에는 18.6%로 급격히 늘어나고 있다. 더구나 2016년 12월 6일에 발표된 한국보건사회연구원의 '최근 빈곤 추이의 특성과 정책적 함의' 연구 결과를 보면, '절대적 빈곤' 상태의 노인 중 독거노인의 비율이 2006년 27.1%에서 2015년 45.9%로 약 두 배가량 늘어났고, 상대적 빈곤 상태는 30.8%에서 49.1%로 많이 늘어났다.

독거노인 53.6%는 최저 생계비 미만이며, 전체의 약 3분의 1이 우울 증상을 겪는 것으로 나타났다. 독거노인뿐 아니라 전체 노인의 빈곤율도 상당하다. OECD 회원국의 노인 빈곤율은 평균 11%이지만, 우리나라의 노인 빈곤율은 49.6%나 된다.

이들의 스트레스 해소 방법은 수면이나 휴식(32.5%), TV 시청(24.8%), 산책(8.4%) 순으로 나타났으며 '없음(7.4%)'도 있었다. 1인 가구 노인의 신체적 비활동 비율은 62.6%로, 가족의 보살핌을 받는 노인의 신체적 비활동 비율은 57%로 높게 나타났다. 그래서인지 2003년부터 2016년 현재까지 노인 자살률은 OECD 전체 국가 중에서 부동의 1위다.

노인들이 주로 경험하는 여가생활은 미디어 매체에 불과하고, 마주하는 사람은 가족 이외에 찾기 어렵다. 사람은 관계 속에서 성장하고, 관계 속에서 가치를 경험하며, 관계 속에서 정서적 만족을 얻는다. 그래서 공감 능력과 정적 상관을 보이는 편도체는 사람이 옆에 있어야 활성화되며, 편도체의 크기는 공감 능력과 관련이 있다고 한다.

삶을 시작하는 아동·청소년의 삶과 인생을 마무리하는 노년의 삶이 마치 데칼코마니처럼 닮아 있는 것이다. 그들 모두 가까이에 의지할 타인이 없다. 가족도 없고, 이웃도, 친척도 없다.

따라서 학교에서 우정을 가르쳐야 한다. 벗을 소중히 여기고, 오래도록 가까이에서 서로 격려하며 함께 성장하는 삶을 경험하게 해야 한다. 우정이 무엇인지 생각해보고, 느껴야 한다. 좋은 벗이 되기 위해 어떤 노력을 해야 하는지 생각을 나누고 우정을 쌓아가야 한다. 나이가 들어서도 나이나 지위, 성별이나 장애, 인종이나 종교를 초월하여 누구를 만나더라도 마음을 열고 상대를 존중하며 함께 성장하는 우정을 만들 수 있어야 한다. 이처럼 건강한 우정을 오래도록 지속할 수 있어야 한다. 처음 만나는 낯선 타인과 좋은 관계를 맺을 수 있어야 한다.

이를 위해서 누구를 만나도 이야기할 수 있는 폭넓은 교양을 평생 쌓아 가야 한다. 다양한 사람의 의견을 들을 수 있는 깊은 배려를 가져야 한다. 삶의 마지막까지 배우는 삶을 살아야만 오래도록 행복하게 살 수 있다. 그렇다면 아이들에게 필요한 것은 학력(學歷)이 아닌 학력(學力, 배우려는 힘)이고, 학교는 아이들에게 배우려는 삶의 태도를 심어주는 일이 가장 중요한 일이라고 생각한다.

자기가치 확인 이론과
삶의 의미

열정, 위대한 열정만이
마음을 위대한 일로 이끌 수 있다.
- 드니 디드로 -

자기가치 확인 이론(self-affirmation theory)은 자신이 추구하는 삶의 가치를 되돌아보는 행위가 리질리언스를 높인다는 것을 말한다. 대부분 사람은 스스로에 대해서 긍정적인 자기상(self-image)을 유지하려고 노력한다.

예를 들면, 자기가치를 확인한 다음에는 자신의 수행에 대해 부정적인 피드백을 받더라도 방어적인 반응으로 이어질 가능성이 작아졌고, 인종과 역할 등에 대한 편견도 낮아졌으며, 위협에 대한 불안과 관련된 코르티솔 수준이 높아지지 않았다. 그뿐만 아니라 자기애가 높은 사람도 자기가치 확인 뒤에는 공격성이 낮아져 자존감을 보호하는 것을 확인할 수 있었다.

자신에게 무엇이 가장 중요한지를 생각해보는 활동이 그래서 중요하다. 아이들의 흥미나 적성을 탐색하는 것보다 아이들이 추구하는 삶의 가치를 탐색하는 활동이 중요하다. 아이들뿐만이 아니다. 교사도, 부모도, 자신이 추구하는 삶의 가치를 점검해볼 필요가 있다. 우리는 어떻게 자기 삶의 가치를 확인할 수 있을까? 자신이 추구하는 삶의 가치를 확인할 방법을 몇 가지 소개해보고자 한다.

첫 번째로 소개하는 방법은 친구, 가족, 창의성, 친절, 봉사 따위의 여러 가치 중에서 하나를 선택해서 자신에게 중요한 까닭과 중요했던 순간을 떠올려 짧은 글을 쓰는 것이다. 사례를 하나 소개해보자.

2011년 겨울이었다. 아파트 10층 베란다에서 아들과 함께 창밖으로 내리는 눈을 바라보고 있었다. 아들이 물었다.

"아빠, 우리 나가서 눈사람 만들자."

나는 바로 대답하지 않고 아들에게 물었다.

"저기 아저씨들 보이지?"

"응."

나는 다시 물었다.

"아저씨 둘이서 저 눈을 다 치우려면 힘들겠다. 그치?"

아들이 답했다.

"아빠, 우리 나가서 같이 치울까?"

아들과 나는 장갑을 끼고 밖으로 나가 눈을 치우고 있는 경비 아저씨들에게 다가가 물었다.

"아저씨 넉가래(눈을 치우는 삽) 어디 있어요?"

아들과 나는 경비 아저씨들과 함께 나름 신나게 눈을 치우고 있었다.

그 모습을 본 동네 아이들이 재미있어 보였던지 아들과 나에게 물었다.

"아저씨, 그거 어디서 났어요?"

그렇게 동네 아이 5명이 더 붙어서 아파트 단지 주변에 쌓인 눈을 신나게 치웠다. 눈을 다 치우자 관리사무소 직원분이 고맙다며 아이들에게 음료수를 하나씩 사주었다. 그 날 이후 아들과 나는 분리수거를 하러 나갈 때마다 관리사무소 및 경비 아저씨들과 서로 안부를 물으며 인사를 나누는 관계가 되었다.

이는 친절이나 봉사의 가치와 관련이 있다. 단순히 가치만 있는 것이 아니다. 우리 주변에서 남들이 잘 알아주지 않는 일을 하시는 분들이 계시다는 것을 알게 하는 것이다. 이분들이 어떤 노고를 하시는지 함께 경험했다. 작은 실천에 불과하지만 우리 가족의 사회적 지지를 높여주고, 서로가 서로를 존중하고 신뢰하게 되었으니 이것은 나와 인연이 있는 분들의 고마움에 보답하는 감사 행위가 아니었을까?

두 번째 방법으로 '철학하기'가 있다. 철학은 영어로 philosophy라고 한다. philo는 '사랑하다', '좋아하다'라는 뜻이고, sophia는 '지혜'를 뜻한다. 즉, 지혜를 사랑하는 행위가 바로 철학인 셈이다. 그렇다면, 지혜는 무엇이고 어떻게 해야 아이들이 지혜를 사랑하게 될까? 지혜란 나 자신에 대한 불신과 타인 혹은 사회에 대한 불신에서 벗어나는 것이 아닐까? 그래서 성인(聖人)이라 부른 이들은 사람에 대한 신뢰를 자신들의 삶으로 확인시켜 준 것이 아닐까? 그래서 생각해보았다. 일상에서 만날 수 있는 삶의 지혜는 무엇일까? 아마 이런 글이 아닐까 싶었다.

아이들이 일류의 사람들 생각을 만나고, 이에 대한 자기 생각이나 느
낌을 쓰도록 했다. 아이들만 자신의 생각이나 느낌을 쓰게 하지는 않았
다. 왜냐하면, 철학은 철저하게 대화를 바탕으로 하기 때문이다. 그래서
답글을 달았다. 아이들의 생각에 교사의 답글을 달고, 때로는 아이들의
답변이 이어지기도 했다.

사실 교육은 철학을 바탕으로 한다. 철학은 인간으로서 어떻게 살아가
야 할지 모를 때 북극성과 같은 역할을 한다. 때로는 북극성이 구름에 가
려져 있을 때 나침반으로 길을 찾아가기도 한다. 그 나침반이 잘 작동하
는지 확인하는 방법이 바로 '철학하기'라고 생각했다.

아이들에게 철학하기라는 이름으로 이야기하기에는 너무 딱딱했다.
그래서 이영근 선생님에게 양해를 구하고 '글똥누기'라는 이름으로 프
로그램을 실시했다. 이름이 근사했다. 글을 읽고 내 것으로 소화해서 글
똥으로 누는 것이니 정말 적절한 표현이었다.

글똥누기는 자신이 추구하는 삶의 가치를 탐색하는 과정이기도 하다.
한 해에 180여 개의 문장을 만나고, 이에 대한 내 생각이나 느낌을 써보
고 교사와 나누는 활동, 그 과정에서 아이들이 자기 삶의 가치를 확인하
기를 바랐다. 아이들이 자기 삶의 의미를 찾는 순간을 경험하도록 만들
고 싶었다.

앞서 설명했던 클로드 스틸의 자기가치 확인 이론에서 알 수 있듯이

자신에게 무엇이 가장 중요한지를 상기하는 것이 가장 중요하다. 이 이론의 효과를 탐구한 많은 연구는 매우 단순한 방법을 사용했다. 예를 들어 친구, 가족, 창의성, 친절, 봉사 등의 가치 중 하나를 선택해서 자신에게 중요한 까닭과 중요했던 순간을 떠올려 짧은 글을 쓰게 하는 것이다.

중요한 것은 자기 삶의 의미를 찾아내는 것이 아니라 삶의 가치를 탐색하는 과정을 경험하는 것이다. 끊임없이 자신이 추구하는 삶의 가치가, 자기 삶의 나침반이 고장 나지는 않았는지 확인해야 한다. 그래서 하워드 가드너는 다중지능 이론에 실존적 지능을 추가하고, 매슬로는 초월적 욕구를 더한 것이 아닌가 생각한다.

따라서 삶의 순간마다 겸손해야 한다. 다른 사람의 삶을 보면서 배우기를 멈추어서는 안 된다. 책을 가까이하고, 다른 사람 이야기에 귀를 기울이며 자신 삶을 돌아보아야 한다. 그렇게 자기 삶의 의미를 되새기는 습관을 갖도록 하는 것이 우리 아이들을 평생 행복하게 살아가도록 돕는 길이라고 생각한다.

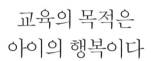

교육의 목적은
아이의 행복이다

교육은 누적되며, 인류에 영향을 준다.
- 플라톤 -

　우리나라에서 태어난 모든 사람은 교육을 받을 권리와 의무가 있다. 왜 우리는 모든 사람이 의무로 교육을 받도록 할까? 그 이유는 교육이 인간을 행복하게 만들기 때문이다.

　미성숙한 아이들이 학교라는 안전한 환경에서 배운다. 오랜 시간 많은 이의 삶에서 꼭 필요하다고 생각한 내용을 발달에 맞게 가르쳐준다. 그래서 초등교육은 교대에서, 중등교육은 사범대에서 교사를 양성한다. 인간의 발달에 따라 가르치는 방법과 내용이 다르기 때문이다.

　교육으로 아이들은 자기 말고도 다른 사람들이 세상을 바라보는 방식을 알게 된다. 국어, 수학, 사회, 과학, 음악, 미술, 체육, 실과, 영어와 같은 과목은 각기 다른 방식으로 세상을 이야기한다. 그 속에는 학문이 있다.

무질서해 보이는 삶에 나름의 방식을 발견하고, 이를 기록으로 남긴 것이 바로 학문이다.

교과 내에서 분류되는 다양한 영역은 그 방식이 다양함을 보여준다. 국어라는 과목 안에 시나 소설 같은 문학이나 혹은 문법 등의 여러 학문 분야는 언어로 세상을 바라보는 시각이 여러 가지임을 알려준다. 수학도, 사회도, 과학도, 다른 모든 과목이 그러하다. 여러 과목과 과목 내 많은 영역의 학문을 공부하면서 세상에 대한 균형 잡힌 시각을 자신도 모르게 경험하게 된다. 때로는 숫자로 세상을 만나고, 때로는 도형으로 세상을 경험하고, 때로는 시로 세상을 느끼며, 때로는 생물로 나 말고도 다른 생명의 삶을 확인한다.

학문의 길은 어렵고 힘들다. 누가 알아주지도 않는다. 하지만 수많은 사람은 아무도 알려고 하지 않는 분야에서 스스로 배우고, 성찰하고, 기록을 남겼다. 그리고 이들의 기록은 우리가 배우는 학문의 토대가 되었고, 현재를 살아가는 우리가 세상을 살아가는 데 높은 출발점에서 시작하도록 도와주었다.

자의건, 타의건 그들의 노력은 후대인 우리를 더 편안하고 행복하게 만들어주었다. 이는 과거 백 년 전과 비교해 줄어든 전쟁 사망자 수를 보면 알 수 있다. 무엇이 세상을 더 나아지도록 만들었을까? 그것은 아마도 많은 이가 의무로 학교라는 공간에서 배울 기회를 얻었기 때문이 아닐까? 많은 이가 책으로 민주주의가 무엇인지 배울 수 있었다. 그들은 반민주주의적인 사회가 만들어진 과정을 간접적으로 목격했다. 그리고 독재 치하에서 깨어나 서로 연대하여 국민으로서 주권을 회복하는 민주화의 과정을 각자의 삶으로 읽어냈다. 잠깐 퇴보가 있었지만, 가장 평화로운 방법으로 반헌법적인 정권을 몰아냈다.

만약 공교육이 없었다면 이토록 많은 이가 민주주의가 무엇인지 생각하고, 느끼고, 경험할 수 있었을까? 해마다 수십만 명의 아이가 학교에 들어와 교육을 받는다. 아이들은 더 나은 삶을 살기 위해 서로 협력하는 법을 배우고, 건강한 신체를 기르기 위해 최소한 일주일에 세 번은 운동장에서 운동을 하며, 매일 아침 학교에 가기 위해 규칙적인 생활 패턴을 유지하고 있다. 읽기 싫은 책을 읽어야 하고, 풀기 싫은 수학 문제를 풀면서 수많은 교사에 의해 강제적으로 문해력이 높아지고, 문제해결력이 향상되고 있다.

그뿐인가? 학습이 부진한 아이들을 위해 해마다 두드림(부진아 지도 프로그램) 예산을 배정하고, 전문 인력을 투입하여 더 나은 학습능력을 갖추도록 돕고 있다. 학습이 부진한 아이들은 공부를 멀리한다. 공부를 멀리하는 아이들을 교사라는 권위를 이용해서 가르치고 있는 것이다. 교사의 질은 OECD 국가 중에서 최고 수준이다. 더구나 핀란드 같은 교육 선진국보다 2,000배도 넘는 업무 강도에 시달리는 교사들이 가르치는 아이들의 학업성취는 세계 최고 수준이고, 보편 공교육을 받고 자란 시민의 민주주의 의식은 높다.

교육은 아이들을 보호하는 사회적 안전망이다. 특히 공교육의 모든 학교는 아이들을 보호하기 위해 존재한다. 학교에 다니지 못하는 후진국의 많은 아이는 노동자로 살아가고 있다. 만약 학교가 없다면, 부모가 지켜주지 못하는 수많은 아이는 어디로 가야 할까? 형편이 어려운 가정의 아이들은 무엇을 해야 할까? 다양한 계층의 아이들과 어울리는 경험을 하지 못한 채 자란 아이들은 성인이 되어서 어떻게 살아갈까?

아이는 부모를 선택할 수 없다. 훌륭한 부모를 만나는 아이가 있는 반면, 그렇지 못한 아이도 있다. 심지어 자신을 사랑해주는 부모가 아니라 학대하는 부모를 만나기도 한다. 하지만 학교에서 만나는 교사의 질은 부모에 비해 균일하다. 오랫동안 공부를 하고, 국가가 공인하는 교원임용시험을 정식으로 통과한 교사는 아이에게 삶의 마지막 희망이다. 우리 사회의 모든 교사는 수많은 아이와 날마다 얼굴을 마주하고, 삶을 나누며, 더 나은 삶을 살아가도록 도와주고 있다. 그들이야말로 우리 아이들의 마지막 사회적 지지체계다.

교육이 목적하는 것은 아이들의 행복이다. 아이들은 누구나 실수를 하고, 실패를 하며, 좌절을 겪는다. 그때마다 다시 일어설 수 있도록 학교라는 안전한 환경에서 교사라는 전문가의 도움을 얻는다. 아이들이 어떤 좌절에도 다시 일어설 힘을 얻도록 도와주는 일이 바로 교육이다. 배움을 통해 누구나 자신이 가진 잠재력을 마음껏 끌어내도록 돕는 일, 인간이 인간답게 살아가는 법을 배우는 일, 그것이 아이들을 진정으로 행복하게 만드는 일이라고 믿는다. 그것이 바로 교육의 목적이라고 나는 생각한다.

다시 일어설 수 있기를

"저 같은 아이는 다시 태어나야 해요."

한 십여 전의 일이다. 교실 앞 과학실에서 한 아이가 의자를 친구들에게 던지며 난동을 부리고 있었다. 아이는 죽고 싶다고 했다. 자신은 쓰레기이며 다시 태어나야 한다고 했다. 한 시간을 넘도록 아이는 같은 이야기를 반복했다. 아이의 이야기를 차분히 들어 보았다. 아이는 태권도 띠로 목을 매고 문에 매달려 보기도 하고, 스스로 목을 졸라보기도 했다고 말했다. 이야기를 듣는 내내 가슴이 무너졌다. 그래도 아이의 마음이 바뀔 때까지 버텨야 했다. 결국, 아이 스스로 마음을 바꾸고 돌아갔고, 아이의 부모님께 반드시 정신과 치료를 받도록 이야기했다.

두 달쯤 지나고, 다시 과학실에서 소란이 일어났다. 그 아이였다. 아이는 이번에도 죽고 싶다고 했다. 아이와 한 시간 반을 넘게 이야기했으나 아이는 변함없이 울면서 자신을 비하하고, 세상을 혐오했다. 이야기를 듣는 나 역시 너무 괴로웠다. 반드시 정신과 치료를 받도록 부모에게 확답을 받아야 한다고 아이의 담임선생님께 이야기하고 퇴근했다.

그리고 5일 후, 엄마와 아이 그리고 아이의 동생이 함께 세상을 떠났다. 아이의 엄마가 우울증이 심했던 것으로 알려졌고, 아이는 세상을 떠나고 말았다. 나는 손을 쓸 수 없었다. 아이를 구할 수 없었다. 교사로서 나는 무기력했다.

가르친다는 것은 무엇일까? 아이들은 무엇을 배워야 할까? 아이들은 왜 배워야 할까? 아이들은 왜 학교에서 친구들과 함께 배워야 할까? 교육의 목적은 과연 무엇일까? 교육의 목적은 결국 아이들의 행복이 아닌가? 아이들이 행복해지려면 다시 일어설 수 있는 힘을 길러야 하지 않을까? 리질리언스라는 긍정심리학의 구성개념은 이 질문에 대한 답을 알려주고 있었다.

아이의 뒤에는 가정이 있고, 가정의 뒤에는 사회가 있다. 걸음마를 배우는 아이가 넘어지면 손잡아 줄 부모가 있고, 배움에 가로막힌 아이가 있으면 가르쳐 줄 교사가 있으며, 사회경제적 곤란으로 힘들어하는 어른이 있으면 다시 일으켜 줄 사회복지제도가 있다. 우리가 살아가는 사회는 이렇듯 발달에 따라 다시 일어설 기회를 주고 있다.

학교는 어떤 이유에서도 모든 아이의 보호 요인이다. 아이들 발달에 맞게 교육할 수 있는 환경을 제공해야 하고, 발달에 맞는 교육 내용을 제공해야 하며, 발달을 이해하는 교사들이 교육해야 한다. 그래서 초등과 중등의 교사 양성과정이 다르다. 하지만 학교 환경은 아이들 중심이 아니다. 아이들 움직임과 신체적 성장을 고려한 시설은 언감생심이다.

가정에 비데가 보편화된 지도 오래되었지만, 학교는 여전히 화변기(쪼그려 앉아 볼일을 보는 바로 그 변기 말이다)를 사용한다. 복도에서 걸어가는 사람이 있다는 것을 알 수 있을 정도로 교실은 외부의 자극에 취약한 아이들을 보호하지 못한다. 어른에 비해 주의가 산만한 아이들에게 불필요한 자극을 차단해 줄 공간 따위는 고려되지 못한다.

복도 바닥에 분필로 수학 문제를 풀던 스웨덴 아이들을 본 적이 있다. 복도 구석구석에 모여 조별 토의를 하던 아이들이 생각난다. 우리나라 학교 복도에서 아이들이 조별 협의를 한다면 어떨까? 아마 다른 반 수업에 방해가 된다고 조용히 시켜야 할 것이다.

학교는 아이들에게 불친절하다. 아니 사회는 교육에 불친절하다. 기업이 원하는 인재를 양성하는 것이 교육의 목적이 아님에도 사회적 성공을 위해 교육이 존재한다고 사람들은 말한다. 행복은 성적순이 아니라고 사람들은 오래도록 말했었다. 하지만 여전히 사람들에게 교육은 대학 입학이 시작이고 끝이다.

교육의 목적은 인간의 행복에 있다. 인간의 행복은 대학 입학으로 결정되지 않는다. 삶의 마지막까지 어떤 삶을 살았느냐로 결정되는 것이 인간의 행복이 아닐까? 스무 살, 서른 살, 마흔 살… 삶의 마지막 순간이 되었을 때 '과연 나는 후회없는 삶을 살았는가?' 돌이켜 볼 것이다. 그렇다면, 우리는 아이들에게 무엇을 가르쳐 주어야 할까? 그건 사람에 대한 깊은 신뢰가 아닐까?

사람과 사람 사이의 갈등, 관계의 결핍, 학교폭력, 가정불화, 국가 간 분쟁 등 사람과 사람 사이를 가로막고(障), 사람이 사람을 거리끼는(碍) 사회적 문제의 핵심은 결국 인간에 대한 불신이 아닐까? 이 불신이라는 장애의 벽을 넘어서기 위해 리질리언스가 필요하다고 나는 생각한다.

아이들이 자신이 가진 내면의 힘을 믿고, 발휘하도록 돕는 것, 이를 지지하는 가정과 사회를 구축하는 것, 어린아이들이 어디를 가건, 언제 나가건 안심할 수 있는 세상을 만드는 것이 바로 교육의 목적이 아닐까? 이 꿈을 이루기 위해 우리 아이들에게 리질리언스를 길러주어야 한다고 나는 생각한다.

끝으로 감사드리고 싶은 분들이 있다. 리질리언스에 대해 깊이 이해하고 공부할 수 있도록 가르쳐주신 용문상담심리대학원의 이정미 교수님, '선생님이 없어도 열심히 하는구나'라고 말씀해주셨던 지금은 은퇴하신 장경창 교장 선생님, 가난했던 가정형편을 알고 장학금을 받도록 도와주시고 대학에 입학하고서도 챙겨주셨던 존경하는 차순일 선생님, 실천교육교사모임의 정성식 선생님과 차승민 선생님, 난생처음으로 〈우리교육〉에 인터뷰를 할 수 있도록 해주신 권재원 선생님, 교직생활하며 제 이야기에 가장 귀 기울여주시고 격려해주신 원영효 교감 선생님, 긍정심리와 교육을 주제로 매월 함께 공부해주시는 WITH 모임 학부모님과 선생님들, 부족함이 많은 후배임에도 늘 칭찬과 격려를 보내주신 윤일호 선생님, 페이스북에서 만난 수많은 훌륭한 페친 분들, 철딱서니 없고 모자람 투성이었던 나를 선생으로 두었던 많은 아이들 덕분에 이 책을 쓸 수 있었다.

무엇보다도 지은을 최고로, 보은을 제일로 도리를 다하는 것이 행복한 삶이라는 것을 가르쳐주신 부모님과 스승님, 이 글을 쓴다고 마음껏 놀아주지 못한 천희재와 천희서, 내 빈자리를 메꾸느라 늘 애써준 나의 아내 최미화에게 가장 큰 감사와 사랑을 전하고 싶다.

참고 자료

논문

1. Adey P, Csapo B, Demetriou A, Hautamaki J, Shayer M.(2007) "Can we be intelligent about intelligence? : Why education needs the concept of plastic general ability", Educational Research Review 2(2), 75–97.

2. Allan Luks & Peggy Payne (2001). The Healing Power of Doing Good: The Health and Spiritual Benefits of Helping Others. iUniverse

3. Ames, E. W. (1997). The development of Romanian orphanage children adopted to Canada (Final report to the National Welfare Grants Program: Human Resources Development Canada). Burnaby, British Columbia, Canada: Simon Fraser University.

4. Buckner, J. C., Mezzacappa, E., & Beardslee, W. R. (2003). Characteristics of resilient youths living in poverty: The role of self-regulatory processes. Development and Psychopathology, 15, 139–162.5. Carstensen, L. L., Isaacowitz, D. M., & Charles, S. T (1999). Taking time seriously: A theory of socioemotional selectivity. American Psychologist, 54, 165–181.

5. Baumeister, R., & Voh, K. D. (2002) The pursuit of meningfulness in life. In C. R. Snyder & S. J. Lopez (Eds.), Handbook of positive psychology (pp. 608–617). NewYork: Oxford University Press.

6. Carstensen, L. L., Isaacowitz, D. M., & Charles, S. T (1999). Taking time seriously: A theory of socioemotional selectivity. American Psychologist, 54, 165–181.

7. Fredrickson, B. L. (2001). The role of positive emotions in positive

psychology: The broaden-and-build theory of positive emotions. American Psychologist, 56, 218-226.

8. Fredrickson, B. L., & Losada, M. F. (2005). Positive affect and the complex dynamic of human flourishing. American Psychologist, 60, 678-686.

9. Janoff-Bulman, R., & Frieze, I. R. (1983) A theoretical perspective for understanding reactions to victimization. Journal of Social Issues, 39, 1-18.

10. Ai Kawakami, Kiyoshi Furukawa, Kentaro Katahira & Kazuo Okanoya (2013) Sad music induces pleasant emotion. Frontiers in Psychology, 13 June 2013.

11. Masten, A. S. (2001) Ordinary magic: Resilience processes in development: American Psychologist, 56, 227-238.

12. Masten, A. S., & Reed, M. J. (2002). Resilience in Development. In C. R. Snyder & S. J. Lopez(Eds.), Handbook of positive psychology(pp. 74-88). New York: Oxford University Press.

13. Nolen-Hoeksema, S., & Davis, c. g. (2002). Positive reponses to loss: Perceiving bebefits and growth. In C. R. Snyder & S. J. Lopez (Eds.), Handbook of positive psychology(pp. 598-607). NewYork: Oxford University Press.

14. Norman Counsins (1979) Anatomy of an Illness as Perceived by the Patient: Reflections on Healing and Regeneration

15. Ryan, R. M., & Deci, E. L. (2000). Self-determination theory and the facilitation of intrinsic motivation, social development, and well-being. American Psychologist, 55, 68-78.

16. Ryan, R. M., & Deci, E. L. (2001). On happiness and human potentials: A review of research on hedonic and eudaimonic well-being. Annual

Review of Psychology, 52, 141-166.

17. Ryff, C. D., & Singer, B. (2002). From social structure to biology: Integrative science in the pursuit of human health and well-being. In C. R. Snyder & S. J. Lopez(Eds), Handbook of Positive Psychology(pp. 541- 555). New York: Oxford University Press.

18. Seep, B., Glosemeyer, R., Hulce, E., Linn, M & Aytar, P, (2000) 'Classroom Acoustics - A resource for creating learning environments with desirable listening conditions', Acoustical Society of America Publications.

19. Seligman, M. E. P., & Csikszentmihalyi, M. (2000). Positive psychology: An Introduction. American Psychologist, 55, 5-14.

20. Wegner, D. M., Schneider, D., Carter, S. R., & White, T. L.(1987). Paradoxical effects of thought suppression. Journal of Personality and Social Psychology, 53, 5-13.

21. Werner, E. E., & Smith, R. S. (1982). Vulnerable but invincible: A study of resilient children. New York: McGraw-Hill.

22. Werner, E. E., & Smith, R. S. (1992). Overcoming the odds: High-risk children from birth to adulthood. Ithaca, NY: Cornell University Press.

23. 김누리 (2008) 학업탄력성 척도 개발 및 타당화. 숙명여자대학원 대학교. 박사학위 논문.

24. 김유선 (2017) '노동시간 실태와 단축방안' 보고서. 한국노동사회연구소.

25. 김유선 (2016) 비정규직 규모와 실태-통계청의 경제활동인구 부가조사(2016.3) 결과-한국노동사회연구소. 2016 제4호.

26. 김희연 (2013) 무연사회(無緣社會), 우리의 미래인가?. 경기도개발연구원. 이슈 & 진단 NO. 113

27. 노대명, 김문길, 오미애, 전지현, 박형존, 신재동 외 13명 (2015) '2015년 한국복지패널 기초분석 보고서'. 한국보건사회연구원.

28. 백원근 외 10명. (2015) 국민 독서실태 조사. 한국출판연구소.

29. 삼성생명 사회정신건강 연구소 (1997) 친구 관계가 학교 부적응에 미치는 영향.

30. 송정아 (2016) 서울 청소년의 건강생활, 지난 10년간 얼마나 변했나?

31. 여성가족부 (2015) 청소년 백서.

32. 임완섭 (2016) '최근 빈곤 추이의 특성과 정책적 함의'. 한국보건사회연구원.

33. 정은주 (2014) 한국아동·청소년 패널조사 V : 기초분석보고서 I –청소년 생활시간 추이 분석

34. 한국노동사회연구소 (2015) '연장근로시간 제한의 고용효과'

35. 한국노동연구원 (2013) '문화적 차이가 이혼에 미치는 영향: 가사분담공평성의 매개효과 를 중심으로'

36. 한국여성정책연구원 (2015) '2015년 여성가족패널조사'

37. 호윤정 (2015) 보육형태와 가사노동분담에 따른 여성의 정신건강수준, 이화여자대학교, 박사학위 논문.

통계

1. OECD (2015) 'How's life?'

2. 교육부 (2017) 2016년도 학생 건강검사 표본분석 결과

3. 통계청 (2011) 사회조사결과 –청소년의 여가활용 부문

4. 통계청 (2015) 「2015 일·가정 양립지표」

5. 통계청 (2015) 하반기 지역별고용조사 '맞벌이 가구 및 1인 가구 고용 현황'

도서

1. Albert Mehrabian (1972) Silent Massages-Implicit Communication of Emotions and Attitudes. LA BOOKS.

2. Amy Cuddy (2016) Presence. RHK코리아

3. Anders Ericsson & Robert Pool (2016) 1만 시간의 재발견. 비즈니스북스.

4. Baars, B. J., & Gage, N. M. (2012년). 인지, 뇌, 의식 1판: 인지신경과학 입문서. 교보문고.

5. Charles Rick. Snyder (2015) 희망 심리학. 아카데미아

6. Carol Dweck (2017) 마인드 셋. 스몰빅라이프.

7. Chip Heath & Dan Heath (2018) 순간의 힘. 웅진지식하우스

8. David Walsh (2011) 10대들의 사생활. 시공사.

9. George Vaillant (2010) 행복의 조건. 프런티어.

10. George Vaillant (2011) 행복의 완성. 흐름출판.

11. George Vaillant (2013) 행복의 비밀. 21세기북스.

12. John Hattie (2008) Visible Learning. Routledge.

13. John Hattie (2012) Visible Learning for teachers. Routledge.

14. John J. Ratey, Eric Hagerman 존 (2009) 운동화 신은 뇌. 북섬

15. Leo Nikolayevich Tolstoy (2016). 톨스토이 단편선. 문예춘추사

16. Matthew Walker(2019). 우리는 왜 잠을 자야 할까. 열린책들

17. Peter Spork (2016) 안녕히 주무셨어요. 황소자리.

18. Richard Nisbett (2015) '무엇이 지능을 깨우는가'. 김영사

19. Richard S. Sharf (2016) 진로상담(Applying Career Development Theory to Counseling). 박학사.

20. Richard Stephens (2016) 우리는 왜 위험한 것에 끌리는가. 한빛비즈.

21. Robert David Putnam (2017) 우리 아이들. 페이퍼로드.

참고 자료 **289**

22. Shane J. Lopez (2011) 정서적 경험 활용하기. 학지사.

23. Steven C. Hayes (2010) 마음에서 빠져나와 삶 속으로 들어가라. 학지사.

24. Thor Hanson (2013) 깃털. 에이도스

25. Urs Willmann (2016) 스트레스는 어떻게 삶을 이롭게 하는가. 심심.

26. 김주영 역 (2001) 베토벤, 불멸의 편지. 예담

27. 신영복 (2015) 담론. 김영사.

28. 우간린 (2014) 어떻게 원하는 삶을 살 것인가. 위즈덤 하우스

29. 이승복 (2005) 기적은 당신 안에 있습니다. 황금나침반

30. 임자헌 (2016) 군자를 버린 논어. 루페

31. 정성식 (2014) 교육과정에 돌직구를 던져라. 에듀니티.

32. 조세핀 킴 (2014) 교실 속 자존감. 비전과 리더십

33. 최인철 (2016) 프레임. 21세기북스.

34. 헤르만 헤세 (2002). 환상동화집. 민음사

35. 황선준 (2013) 스칸디 부모는 자녀에게 시간을 선물한다. 예담프렌드.

기사

1. '학원에 가느라 혼자 밥 먹는 아이들(2017.02.07. 조선일보)'

2. 숲의 재발견...플라타너스=에어컨 10대. 아시아 경제 '뉴스와이'. 2015.10.14.
   http://www.asiae.co.kr/news/view.htm?idxno=2015080515241458476

3. [YTN 사이언스] 아이들 학업 능력… 조명으로 향상 가능?. YTN 사이언스. 2016.05.09
   http://science.ytn.co.kr/program/program_view.php?s_mcd=0082&s_
   hcd=&key=201605091107269798

4. [단독]한국 노동자 5명 중 1명 주당 54시간 이상 근무. 경향신문. 2017.05.02.
   http://news.khan.co.kr/kh_news/khan_art_view.html?artid=201705021555

001&code=940702#csidxfb9934923f78d1db6b2f64388a68b0b

5. '직장인 3명 중 1명은 과로사 위험에 노출'. 매일경제. 2016.10.20.

   http://news.mk.co.kr/newsRead.php?year=2016&no=733595

6. 마시멜로 그릇 뚜껑과 멍청한 아이(마시멜로 실험) 이야기. 네이버 캐스트. 2012.11.26.

   http://terms.naver.com/entry.nhn?docId=3575520&cid=59039&category
   Id=59044

7. "게임·인터넷중독·왕따, 10대 우울증·자살과 연관 높다" 매일경제. 2016.06.28.

   http://news.mk.co.kr/newsRead.php?no=462348&year=2016

8. <창간 19주년 기획특집> 대한민국 교육 현주소 "아이들이 위험하다" ①학교폭력에 멍든
   아이들. 일요시사. 2015.05.18.

   http://www.ilyosisa.co.kr/news/articleView.html?idxno=81416

9. 생활 속의 심리학 <접촉 위안>. 글 김미라(서강대학교 교수).

   https://terms.naver.com/entry.nhn?docId=3574918&cid=59039&category
   Id=59044

영상자료

1. EBS '지식채널e' (2011) '상대에게 도움을 줄 때 내게 일어나는 작은 변화들'

2. EBS 다큐프라임 (2014) 교육대기획 10부작 제8부 '학교란 무엇인가-0.1%의 비밀'

3. 좋은 대화를 하기 위한 10가지 비법. TED. 2015.05

   https://www.ted.com/talks/celeste_headlee_10_ways_to_have_a_better_
   conversation?language=ko

크리스천을 위한 긍정의 훈육

제인 넬슨, 메리 휴스, 마이크 브록 지음 / 안미영 옮김 / 김성환 감수

성경적 지혜를 아들러와 드라이커스의 입증된 이론을 바탕으로 하는 '긍정의 훈육'과 엮어낸 이 책은 자녀를 훌륭하게 키우고자 하는 부모들에게 현실적이며 가치 있는 가이드를 제공한다.

초등교육실습운영시스템

김동민, 고은별, 김호정, 노진영, 안나, 정호중, 정유진 지음

교육실습생과 지도교사에게 꼭 필요한 교육내용과 효과적인 교육 방법, 지원체계 등을 통합해 '교육실습운영시스템'을 체계화했다. 교육실습에 필요한 운영 서식과 지도안, 큐시트도 수록했다.

격려수업+격려수업 워크북

김성환 옮김

새로운 사람처럼 생각하고 느끼고 행동하게 하는 아들러 심리학에 기반한 8주간의 '격려 상담' 당신이 겪고 있는 문제와 관련된 정보를 찾고 그로부터 그 문제를 해결하도록 돕는다.

그림책 생각놀이

그림책사랑교사모임 지음

기억 놀이에서 창의 놀이까지 그림책을 읽고 나서 할 수 있는 생각놀이를 소개한다. 그림책을 처음 접하는 사람도 쉽게 이해하고 활용할 수 있도록 친절하게 안내한다.

그림책, 교사의 삶으로 다가오다

김준호 지음

저자는 개인의 삶과 교사로서의 삶을 그림책을 통해 돌아보고 성찰한다. 학교와 교실에서 필요할 때마다 공감과 위로, 지혜와 통찰을 준 그림책이 자신에게 가져온 변화를 나눈다.

민주학교란 무엇인가

이대성, 이병희, 이지명, 이진희, 최종철, 홍석노 지음

민주학교의 길을 먼저 걸어간 저자들이 민주적인 구조와 과정을 실천하는 학교문화 속에서 민주시민교육을 핵심 교육과정으로 민주시민을 양성하는 '민주학교'가 무엇인지를 보여준다.

그림책 토론

권현숙, 김민경, 김준호, 백지원, 조승연, 조형옥 지음

누구나 쉽고 재미있게 생각과 감정을 나눔으로써 토론이 재밌어지고, 수업이 즐거워진다. 책 선정에서 읽는 방법, 실제 수업 이야기까지 그림책 토론을 해보고 싶은 교사를 위한 친절한 가이드

나랑 너랑 우리랑

박광철, 박현웅, 임대진, 공창수, 황정회, 정유진 지음

건강한 관계는 평화롭고 행복한 교실의 시작과 끝이다! 첫 만남의 순간부터 헤어짐의 순간까지 일 년 동안 학급에서 건강한 관계를 맺고 유지하고 회복하는 데 도움이 되는 활동을 소개한다.

서준호 선생님의 토닥토닥

서준호, 노동현 지음

"괜찮아요." "완벽하지 않아도 돼요." "잘하고 있어요." 교실과 학급, 수업, 학생, 학부모, 학교 내 관계 그리고 업무까지. 고민하고 아파하는 교사들에게 건네는 따뜻한 위로와 부드러운 조언.

토론이 수업이 되려면

경기도토론교육연구회 지음

교실에서 가장 많이 활용되는 찬반 토론, 소크라틱 세미나, 하브루타, 에르디아 토론, 그림책 토론의 이론적 토대와 수업 적용 방법을 여러 교과의 사례를 통해 보여준다.

그림책 학급운영

그림책사랑교사모임 지음

평화로운 학급을 위해서는 학급 구성원 간의 관계가 중요하다. 관계를 형성하려면 대화가 이루어져야 하는데, 그러려면 먼저 마음을 열어야 한다. 이 책은 그 해답으로 '그림책'을 제시한다.

회복적 생활교육으로 학급을 운영하다

강현경, 김승아, 김준호, 노슬기, 박수미, 이현주, 전안나, 한득재 지음

학급운영과 생활지도를 '회복적 생활교육'의 철학과 관점에서 풀어낸 책이다. 일 년 동안 학급을 운영하면서 적용할 수 있는 구체적인 시나리오와 다양한 사례를 담고 있다.

교육학 콘서트

밥 베이츠 지음 / 사람과교육 번역연구팀 옮김

소크라테스, 플라톤, 아리스토텔레스에서 듀이, 비고츠키, 몬테소리, 가드너 등 고대에서 현대에 이르는 백여 명의 사상가의 이론과 모델을 구체적인 도표와 다양한 사례로 쉽게 이해할 수 있다.

과정중심평가

김덕년, 강민서, 박병두, 김진영, 최우성, 연현정, 전소영 지음

2015 개정 교육과정의 핵심 내용 중 하나로, 최근 교육 현장에서 가장 큰 화두인 '과정중심평가'를 소개한다. 특히 어떻게 실천할 것인가에 대한 실마리를 제시한다.